荆楚文化丛书

（史传系列）

丛书主编／丁凤英

本系列主编／刘玉堂

荆楚军事史话

Jingchu Junshi Shihua

赵国华　郭俊然　张俊普／编著

WUHAN
PUBLISHING HOUSE
武汉出版社

(鄂)新登字08号
图书在版编目(CIP)数据
荆楚军事史话/赵国华,郭俊然,张俊普编著.—武汉:武汉出版社,2013.12
(荆楚文化丛书/丁凤英主编.史传系列)
ISBN 978-7-5430-7941-0
Ⅰ.①荆… Ⅱ.①赵…②郭…③张… Ⅲ.①军事史—湖北省
Ⅳ.①E289.63
中国版本图书馆CIP数据核字(2013)第262081号

编　　著:赵国华　郭俊然　张俊普
责任编辑:王远彦
装帧设计:刘福珊
出　版:武汉出版社
社　址:武汉市江汉区新华路490号　　邮　编:430015
电　话:(027)85606403　85600625
http://www.whcbs.com　　E-mail:zbs@whcbs.com
印　刷:武汉精一印刷有限公司　　经　销:新华书店
开　本:720mm×1000mm　1/16
印　张:15.25　　字　数:305千字　　插　页:4
版　次:2013年12月第1版　　2013年12月第1次印刷
定　价:31.80元

序

尹汉宁

荆楚文化源远流长、博大精深，在中国文化的版图上拥有重要位置。湖北是荆楚文化的发祥地，具有历史文化、红色文化、旅游文化、少数民族文化等多方面深厚的文化积淀，文化名人、文物古迹、文化遗产数不胜数，悠远厚重的历史底蕴为湖北文化建设乃至经济社会发展留下了独特而宝贵的文化资源和精神财富。

省委书记李鸿忠同志指出，深入贯彻落实党的十七届六中全会精神、推进湖北由文化大省向文化强省跨越，关键是要将湖北丰富的文化资源转化为文化力量、转化为文化产品、转化为文化事业和文化产业。这就需要我们深入挖掘、系统研究荆楚优秀传统文化，在文化认同中提升文化自信，在文化传承中增强文化自觉，为文化资源优势向文化软实力和文化生产力转化奠定坚实基础。

《荆楚文化丛书》由湖北省炎黄文化研究会组织省内五十余位专家学者，历时三年编撰而成。丛书分胜迹、史传、学术、艺文四个系列，每个系列由十卷组成，凡四十卷，约一千二百万字，首次对荆楚文化进行了全方位研究，堪称湖北历史文化研究与普及的鸿篇巨著。期望全省干部群众特别是广大文化工作者，通过阅读和学习《荆楚文化丛书》，从湖北丰富的文化资源中汲取智慧和力量，以更加强烈的文化自信和文化自觉，奋力投身建设文化强省的伟大实践！

是为序。

（作者为中共湖北省委常委、宣传部部长）

目 录

前言

所谓荆楚地区，广义上包括今湖北、湖南两省及河南、安徽部分地区，大致相当于长江中游地区，此就区域文化而言。本书取其狭义，主要是指今湖北省辖区域。历史上在此发生的战争或由此向外展开的战争，均属本书叙述的范围。

荆楚地区处于长江中游，东连吴越，南接湖湘，西通巴蜀，北达中原，具有重要的战略地位。这一战略地位主要取决于武汉、襄阳、荆州三个战略枢纽。清代学者顾祖禹认为，“以天下言之，则重在襄阳；以东南言之，则重在武昌；以湖广言之，则重在荆州。”具体说来，荆州之于荆楚，北有襄阳的遮蔽，西有夷陵的防护，东有武昌的支援，居于中央位置；武昌之于东南，处于长江上游地区，“东南得之则存，失之则亡”；襄阳之于天下，可以称为腰膂，“中原有之，可以并东南；东南得之，亦可以图西北”。所以自古以来，无论是以汉水、长江为依托的南北战争，还是在长江一线进行的东西战争，都经常把荆楚作为主要战场。

历史上，荆楚地区发生过无数次战争，主要发生在王朝更迭之际，大体经历了三个重要时期：春秋战国时期，楚国作为一个地域辽阔、人口众多的方国，军事力量较为强大，与晋国、吴国、秦国有过激烈的冲突。三国时期，荆州作为魏、蜀、吴三方争夺的焦点，演绎出一幕幕战争活剧。晚清民国时期，湖北作为南、北方之间的交通枢纽，成为太平天国运动、辛亥革命、北伐战争、抗日战争的主要战场。纵览荆楚军事史，荆楚地区的治乱兴衰，与整个国家的命运相一致。当国家统一、中央集权之时，荆楚地区能够保持稳定，总是远离战争的祸害；当国家分裂、政权轮替之际，荆楚地区难以保持稳定，总是陷入战争的漩涡。

从战争性质来看，荆楚地区发生的战争大致有五种类型：一是全国统一战争，如战国末年秦楚战争、东汉初年刘秀扫平江汉、唐朝初年李靖迫降萧铣、民国时期北伐战争；二是地方割据战争，如东汉末年刘表治荆州、东吴末年陆抗守荆州、南梁末年萧绎守江陵、十国时期高季兴守荆南；三是统治集团内战，如东晋末年桓玄之乱、刘宋时期的内乱、萧梁政权的创建；四是农民战争，如西汉末年绿林起义、唐朝末年王仙芝起义、元朝末年徐寿辉和陈友谅起义、明朝末年李自成和张献忠起义、清朝后期太平天国运动；五是近代革命战争，包括辛亥武昌首义、红色革命根据地斗争和湖北解放战争。这些不同类型的战争，对于荆楚地区和中国历史的发展，都起到了重要的作用。

在荆楚军事史上，产生过一系列著名战例，如先秦时期有晋楚城濮之战和鄢陵之战、吴楚柏举之战、秦楚丹阳之战和鄢郢之战；汉魏六朝时期有昆阳之战、曹孙刘赤壁之战和荆襄之战、吴蜀夷陵之战、吴晋西陵之战、秦晋襄阳之战、周梁江陵之战；唐宋元时期有宋元襄樊之战、郢州之战、阳逻堡之战；明清时期有太平军三克武昌、辛亥武昌起义；民国时期有贺胜桥之战、汀泗桥之战、武汉保卫战和襄樊战役，这一系列著名战例的出现，都丰富了中国军事史的内容。

正是在这一系列战例中，涌现出一大批军事人物，其中有饮马黄河，问鼎中原的楚庄王熊旅；有遇小敌怯、挡大敌勇的汉光武帝刘秀；有功在江东、名扬天下的周瑜、鲁肃、吕蒙和陆逊；有少年英武、耄年昏庸的梁武帝萧衍；有镇守荆襄、矢志北伐的岳飞；有初为君臣、终成寇仇的徐寿辉和陈友谅，有起于陕北、败死湖北的李自成等。这些军事人物的战争经验，作为中国军事史的重要内容，都给后人留下了深刻的印象。

为了弘扬荆楚文化，湖北省炎黄文化研究会组织编写“荆楚文化丛书”，我们承担本书的编写任务。本书由赵国华拟定编写提纲，撰写前言和第二、三、四章，张俊普撰写第一章，郭俊然撰写第五、六、七、八章。特别需要说明的是，本书涉及范围极广，包含内容甚丰，我们虽然各尽所能，仍会存在一些疏漏，希望读者批评指正。

第一章 先 秦

先秦时期的荆楚大地，长期是楚国的中心区域，伴随楚国的建立、壮大、繁荣、衰落和灭亡，这里发生过无数次战争。从熊绎立国到熊渠封王，从武王开拓疆土到庄王饮马黄河，从晋楚争霸到吴楚交锋，从傲视群雄到亡于强秦，楚国历史跌宕起伏，波澜壮阔。在千百年的兴亡史上，楚人创造了辉煌的文明成就，而其军事文化更是绚丽多彩。

一、楚国的崛起

一个大国的崛起，通常总会与战争相伴，楚国的崛起也不例外。从松散的部族到筚路蓝缕的立国，从开疆拓土到争霸中原，无不仰赖于楚人不懈的奋斗和频繁的征战。在这一过程中，荆楚地区经受了战争的洗礼，涌现了一批著名的军事将领，描绘了一个个生动的故事，培育了楚人勇于开拓、敢为人先的秉性，为后人留下了丰富的文化遗产。

（一）远古战争传说

荆楚地区的军事活动，可以追溯至五帝时代。那时活动于此地的人群，是传说中的三苗集团，“左彭蠡之波、右洞庭之水，文山在其南，而衡山在其北”，主要分布在今洞庭湖和鄱阳湖之间，即长江中游地区。

在远古传说中，三苗集团与华夏集团发生过大规模的战争。黄帝时，三苗参加过九黎的部落联盟。尧帝时，曾与三苗“战于丹水之浦”，打败了三苗。舜帝时，采取文教感化与武力征服相结合的办法，对三苗进行分化瓦解，把三苗的一部分流放到西北。面对三苗的侵扰，舜帝曾经领兵亲征，而最终“道死苍梧”。

大禹时，继续征伐三苗，与三苗进行过一场大战。传说当时三苗地区，太阳在晚上出来，下了三天血雨，龙在祖庙附近出现，狗在市集上哭叫，水在夏天结冰，土地开裂能看到地下的泉水，五谷不能成熟，天生异兆而百姓震惊。于是帝舜在玄宫向禹授命，禹拿着天赐的玉符，亲自去征讨三苗。战前，禹进行了一番动员：“你们众位将士，都听从我的话：不是我自己敢横行作乱，乱施征伐，而实在是苗民在蠢蠢欲动，因而上天对他们降下惩罚。现在我顺应天意，率领你们众邦将士去征讨有苗。”战争过程中，雷电大作，喊杀声震动天地，有一位人面鸟身的神恭谨地侍立在大禹身旁，用箭射死了三苗的将领，三苗部众大乱。大禹战胜三苗，就划分山川，区分上下，节制四方，神民和顺，天下安定。从此以后，三苗衰微下去，很少见于史籍。

夏 禹

有夏一代，三苗生活在江汉地区，一直臣服于夏朝。公元前 17 世纪，商汤灭夏，迁都西亳，安定中原之后，就开始向南方拓展。商汤率兵南征，打败了三苗部落。后来，商人在今武汉构筑盘龙城，作为军事据点，固守南疆。据甲骨卜辞记载，商王武丁在位时，曾经率兵讨伐荆楚，商军突破荆山险阻，攻打归（今秭归一带），夺取雩方，征服了南方一些方国，开拓了商朝的南疆。《诗经·商颂·殷武》有云，“挞彼殷武，奋伐荆楚，深入其阻，裒荆之旅”，生动反映了这场战争的情形。经过屡次的征讨活动，荆楚地区被纳入商朝的版图，“维女荆楚，居国南乡，昔有成汤，自彼氐羌，莫敢不来享，莫敢不来王，曰商是常”，成为商朝“南乡”的一部。

商朝南进的主要原因，通常被解释为争夺铜、锡等矿产资源，因为商朝有着高度发达的青铜文明，这一切必须有丰富的铜矿予以支撑，而占据丰富资源的楚人必然成为商人征讨的对象。商人的讨伐使楚人或被征服，或被驱散，他们失去了与中原文明大国分庭抗礼的实力，只能重新寻觅生存之地，在商代晚期迁徙到丹水流域。正是这些迁徙的楚人，凭借着坚强的意志和不懈的奋斗，开创了楚国的雏形。

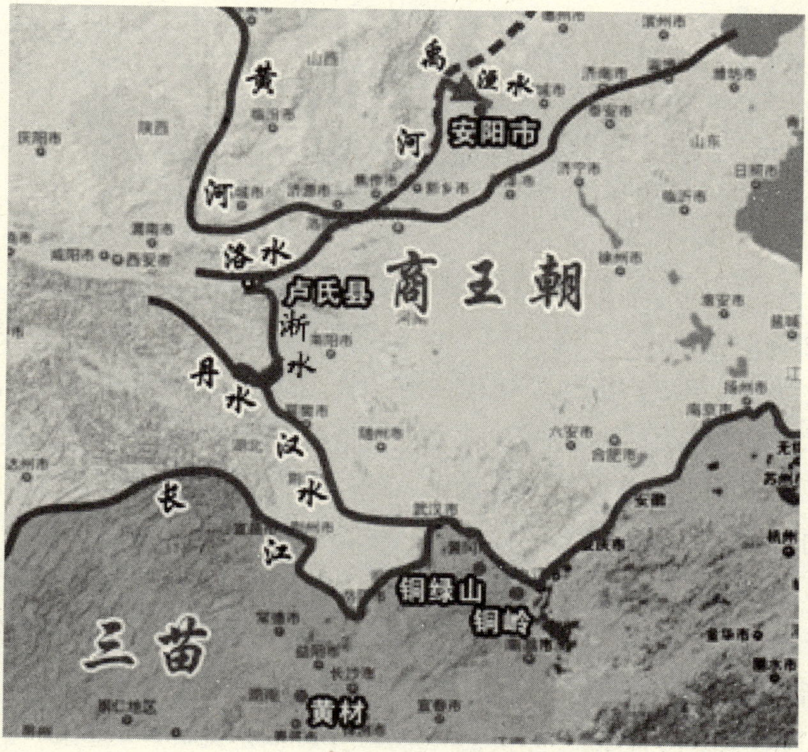

商代南铜北运图

(二)楚国的初创

商周之际，楚人活跃在丹水流域，首领叫做鬻熊。鬻熊听命于周文王，率族参加翦商活动，后来辅佐武王、成王，臣属于周王室。鬻熊是楚国的缔造者，被楚人尊奉为始祖。鬻熊死后，熊丽、熊狂相继领导楚人，惨淡经营。直到熊绎为首领，周成王分封天下，“举文、武勤劳之后嗣，而封熊绎于楚蛮，封以子男之田，姓芈氏，居丹阳”。自此，楚人正式立国，作为众多方国之一，得到周王室的认可。

传说中的鬻熊像

楚国的创立,经过了艰辛的努力。《左传·昭公十二年》记载:"昔我先王熊绎,辟在荆山,筚路蓝缕,以处草莽,跋涉山林,以事天子,唯是桃弧棘矢,以共御王事。"这形象描绘了楚国先王艰辛创业的情景。因为得到正式册封,楚国臣服于周王室,按时述职进贡,步入一段相对稳定的时期,没有大的军事活动,直到周昭王的南征。

以子爵臣服于周王室,楚国君主是不会甘心的。一方面楚国为异姓方国,从一开始就受到周天子的歧视,没有参与诸侯盟会的资格;另一方面,随着疆域的不断开拓,楚国的实力日益增强,楚国君主也不会甘心做藩臣。周昭王在位时,不能容忍楚国的挑衅,多次发兵讨伐楚国,周楚关系紧张起来。据史籍记载,周昭王伐楚有三次:周昭王十六年(公元前985年),昭王率军渡过汉水,深入到荆楚腹地,据说还遇见犀牛;周昭王十九年(公元前982年),昭王派祭公辛伯伐楚,当横渡汉水时,因为天气突变,将士十分惊恐,迅速地溃败;周昭王二十四年(公元前977年),昭王率征楚国,结果全军覆没。周人讳言此事,模糊地说"南巡不返"。

关于昭王的死因,据晋人皇甫谧《帝王世纪》的记载,是因为南征引起楚人的厌恶和反抗,等昭王渡汉水时,船人献上了底部被凿空然后用胶粘接的船只,船行驶至江中,胶液融化,船只解体,周昭王及部众全部溺死。无论这一记载是否属实,但昭王南征惨遭失败并死于军中,则是无可争议的事实。

周昭王南征的失败，对楚国来说是一件大事。楚人由此信心大增，激发了反抗周王朝的不臣之心。随着周王室由盛而衰，楚国日益发展壮大，开始与周王室分庭抗礼，迈上不断拓展的道路。

武汉东湖磨山景区中的鬻熊雕像

（三）楚国的拓展

自昭王、穆王之后，周王朝统治江河日下，至厉王时已是诸侯四叛，民不聊生。北方的猃狁、西方的犬戎、东方的淮夷、南方的荆楚，交相攻伐周王室，周王朝陷入内外交困。与这一情形相反，楚国历经百年的发展，国势日益强大，再不是偏居丹水流域的弱小之国，已经具备了向周边扩张的实力。熊绎下传四代至熊渠，楚国开始了开疆拓土的战争。

熊渠，勇力过人，胆略非凡，是楚国历史上一位著名国君。据《韩诗外传》记载："昔者，楚熊渠子夜行，见寝石，以为伏虎，弯弓而射之，没金饮羽，下视，知其为石。"看来，能"射石没羽"的人，不止汉代飞将军李广一人，熊渠还更早一些。熊渠不仅善射，勇猛善战，而且颇具政治头脑。楚国立国于丹阳，逐步拓展至汉水流域，在其间广阔的地带上，夹杂众多势力，西南有巴人，东南有扬越，向北是臣服于周王室的方国。在站稳脚跟之后，熊渠就开始有选择性地征战。熊渠心里清楚，周王朝虽然大不如前，但毕竟是实力尚存，加之属国众多，若北上向周王室挑战，显然极不明智，因而选择南下，先把矛头指向庸国。

庸国历史悠久，位于今湖北竹山，周武王灭商时曾联合西土庸、蜀、羌、髳、微、卢、彭、濮等族一同攻商。庸列于八国之首，在西周时期一直是鄂西大国。熊渠涉汉水南下，先与庸国交锋。这次伐庸，尽管没能灭掉庸国，得到领土，但有着重大的战略意义，除了巩固楚国的后方外，更重要的是削弱了庸国的地位，使它不敢东犯楚国，也扬播了楚国的声威。

熊渠攻打庸国后，就沿着汉水而下，到达今荆门、当阳、荆州一带，打通了江汉平原西部的通道，进而东向攻打扬越，打到今湖北鄂州一带。这对楚国的振兴起着巨大的作用，因为荡平鄂国后，那里的铜矿始为楚人所有，依赖丰富的铜矿，楚国军事实力大增。当这一切实现后，熊渠不再满足原来子爵之国的地位，公然地宣称："我蛮夷也，不与中国之号谥！"竟以天子自居，封长子康为句亶王，中子红为鄂王，少子执疵为越章王，开始与周王室分庭对抗。

对熊渠的公然背叛，周夷王保持沉默，没有做出任何反应。周厉王继位后，周王室势力有所增强，对周边方国重拾强势，不断兴兵讨伐，扭转了衰落的局面。也许是为了保存实力，避免正面与周王室冲突，熊渠自动去其王位，也取消对其子的分封。

周宣王在位期间，在征伐猃狁获胜之后，任命方叔为将，统领三千辆兵车，大举讨伐荆楚。这是一次规模庞大的战役，在周代军事史上都很少见。方叔出征之后，牢记昭王"南巡不返"的教训，战前周密部署，战时统一指挥，保持了强大的军事压力，终于大败荆楚，迫使楚国再次臣服。这从另一方面说明，楚国的军事力量还不够强大，所以面对周王室的进攻，很难做出有力的回击。

为了加强对荆楚的控制，周宣王采取"以藩屏周"的战略，在汉水以东以北和江、淮间，分封了不少姬姓或姻亲方国，即所谓"汉阳诸姬"，主要有随、唐、申、吕、曾、厉、贰、轸、蓼等。这些方国犹如一道屏障，紧紧地束缚住楚国，阻遏着楚国向北扩张，并可以配合周王室打击楚国。楚国若要向外拓展，必先吞并这些方国。

两周之际，周王室自顾不暇，更无意于对外征伐。楚国经若敖、霄敖、蚡冒三代君主的治理，进一步增强了实力，待到熊通即位，首先消灭权国(在今荆门、当阳一带)，设立权县，从而展开了吞并汉阳诸姬的战争。

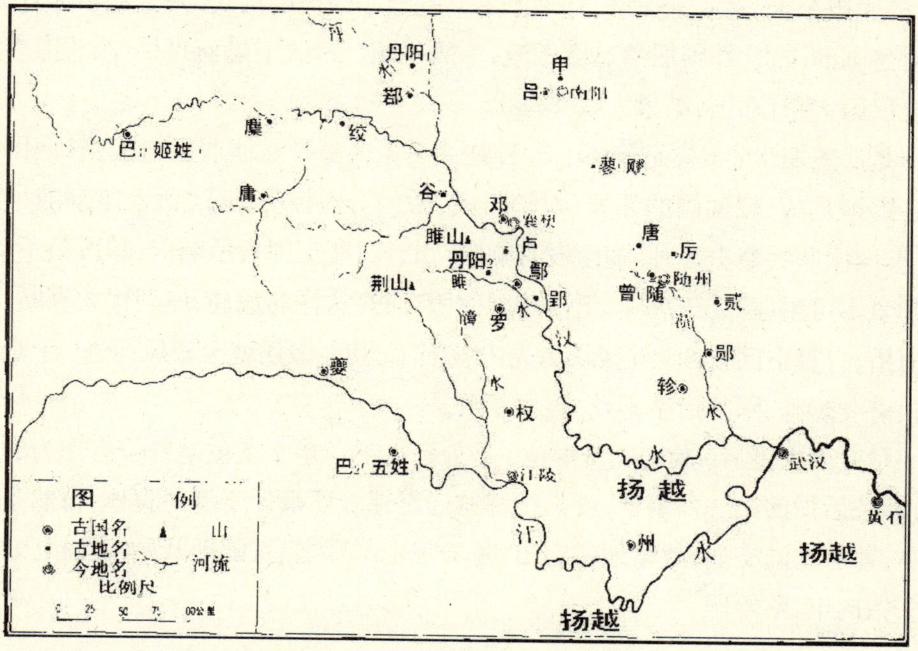

汉阳诸姬

汉水以东诸国，以随国最为强大，楚国能使随国臣服，就可以断掉汉阳诸姬之首，瓦解诸国联盟的状态，打开北上的通道。楚武王三十五年（公元前 706 年），熊通率军攻随，驻于随地瑕。随国无故遭到侵略，于是派人责问熊通。熊通回答说："我蛮夷也，今诸侯皆为叛相侵，或相杀。我有敝甲，欲以观中国之政，请王室尊吾号。"这是赤裸裸的武力威胁，公然向周王室提出挑衅。随侯慑于楚国的兵威，旋即派出使者去周王室斡旋，并听从季梁进言固守不出，楚国不久收兵回国。

楚武王三十七年（公元前 704 年），在周王室拒绝晋爵的情况下，熊通自立为王，是为楚武王。楚武王在沈鹿会盟诸侯，因为黄、随两国君主缺席，就一面派蔿章前往黄国进行指责，一面亲自率军攻打随国。随侯不听季梁谏言，偏信于少师，遂与楚师交战，结果随军溃败。随侯被迫逃走，而后表示愿意悔改，尊奉熊通为王。

楚武王自立之后，向濮人大举进攻，占据了今川、鄂交界地区。楚武王三十八年（公元前 703 年），巴国派使臣韩服来楚国，请求楚国协助与邓国交好。楚武王就派向导陪同韩服前往邓国。这一行人刚到邓国南部边地，突遭当地人的袭击，韩服被杀害。楚武王大怒，立刻派蒍章赶赴邓国提出抗议，并要求邓国负责。面对楚国的谴责，邓侯居然态度傲慢，不屑一顾。楚武王怒而兴兵，派斗廉率军联合巴国，攻打邓国，结果大败邓军。

楚武王四十年（公元前701年），楚武王派斗廉护送屈瑕去与贰、轸两国会盟。郧国是贰、轸两国的邻国，对楚与贰、轸的会盟极为担忧，因而策动随、州、绞、蓼四国联兵截击楚师。随国没有响应，州、绞、蓼三国表示响应，却按兵不动。郧师急不可耐，陈兵于蒲骚，阻挡楚国使团。面对这样的危局，屈瑕优柔寡断，不知所措，打算卜问吉凶。斗廉认为先击破陨军，其他诸侯就会望风而逃。于是出精兵奇袭郧师，郧师措手不及，很快溃败。

楚武王去世后，其子熊赀继位，是为楚文王。楚文王也是一位有作为的国君，即位后做的第一件事情，就是把都城迁至郢。郢都处于荆楚腹地，自然条件优越，兼有水陆交通，战略地位突出。楚文王定都郢之后，随即开始向北扩张，把矛头指向申、蔡等国。

楚纪南城遗址

楚文王二年（公元前688年），楚文王举兵伐申，申国在今河南南阳，伐申要经过邓国。于是，楚文王向邓侯提出假道北上的要求。邓国大臣担心楚国会借机消灭自己，纷纷劝说邓侯设计杀掉楚文王，但邓侯不允。楚文王就经过邓国，打败了申国，回师途中又攻打了邓国。楚文王北伐邓、申，夺取了两国大片的领土，打开了北上的通道。

在北伐取得初步成果后，楚文王继续图谋东扩，以拓展北上的通道。这时候，地处淮水上游的蔡、息两国发生争端，给楚文王出兵蔡、息提供了机会。息国和蔡国本是友好邻邦，蔡侯、息侯分别娶陈国公室姐妹为夫人。息侯夫人息妫貌美，自陈至息途经蔡国，蔡侯以姐夫名义相见，并有轻浮之举。息侯闻讯大怒，想出一个昏招，竟派使者向楚文王献计，请楚佯为伐息，息求救于蔡，然后楚即可伐蔡。楚文王六年（公元前 684 年），楚文王出兵攻蔡，在莘地大败蔡国，并俘虏了蔡侯。

在伐蔡四年后，楚文王趁息国不备，又出兵吞并息国，纳息妫为妻。后来，楚国又灭掉邓、申两国。这三个方国被吞并，楚国版图越过汉江北上，进入今河南南部地区。稍后，蔡国又被降服，楚国已进抵郑国南境，完全控制了中原南部地区，打通了北入中原的通道。

与此同时，齐国首先开创霸业。《史记·楚世家》云："齐桓公始霸，楚亦始大。"楚文王十一年（公元前 679 年），齐桓公与宋、陈、郑诸国会盟，开始称霸。楚文王十二年（公元前 678 年），楚文王以郑厉公复位"缓告于楚"为由，发兵讨伐郑国。郑国是春秋初期大国，楚文王竟借口惩罚，足见楚国已有挺进中原的野心和实力。齐、楚两强均以百多年的拓展，在春秋初期各自崛起，终成南、北对峙之势，掀开了大国争霸的帷幕。

（四）楚国的强盛

经过楚武王、文王的征战，到楚文王当政后期，楚国已经从一个弹丸小国迅速跃升为千里大邦，雄霸荆楚地区，声势远达中原腹地。不料，楚文王在位十五年后，死于伐巴途中，北上争霸中原的任务只能落到后继君主身上。

楚成王十三年（公元前 659 年），因为郑国与齐国通好，楚成王连续发兵伐郑，打得郑国疲于应付，难以招架。这时候，齐桓公高举"尊王攘夷"的旗号，征戎伐狄，会盟诸侯，称霸于中原地区。楚国连年攻郑，使中原诸侯无不侧目，也令齐桓公很紧张。齐桓公不能置若罔闻，放任楚国北上挑战。

楚成王十六年（公元前 656 年），齐桓公根据管仲的建议，采取名为伐楚实则攻蔡的策略，亲率齐、鲁、宋、卫、郑、陈、许、曹八国联军，大举南下伐楚。八国联军抵达蔡国境内，因为蔡军不抵抗，旋即继续南下，移师陉山，威胁楚国方城。面对大军压境，楚成王没有慌张，一方面积极动员军队备战，一方面派使者去见齐桓公。楚使对齐桓公讲："君处北海，寡人处南海，唯是风马牛不相及也，不虞君之涉吾地也，何故？"这明显是指责的意思。管仲回答说："昔召康公命我先君大公曰：'五侯九伯，女实征之，以夹辅周室。'赐我先君履，东至于海，西至于河，南至于穆陵，北至于无棣。尔贡包茅不入，王祭不共，无以缩酒，寡人是征。昭王南征而不复，寡人是问。"面对管仲的责备，楚使毫不示弱地说："贡之不入，寡君之罪也，敢不共给？昭王之不复，君其问诸水滨！"

经过这番交涉，双方相互打探虚实，齐国未能找到足够的理由伐楚，楚国派屈完为帅，率军驻守方城，以防备不测。在撤兵至召陵后，齐楚双方举行会盟。楚成王的代表屈完来到召陵后，齐桓公为展示军威，把八国联军整齐排列，邀请屈完与他同车检阅。一边检阅军队，齐桓公一边向屈完炫耀武力："以此众战，谁能御之？以此攻城，何城不克？"屈完毫不畏惧，针锋相对地答道："君若以德绥诸侯，谁敢不服？君若以力，楚国方城以为城，汉水以为池，虽众，无所用之。"齐桓公权衡得失，最终表示妥协，与屈完在召陵签订盟约，领兵北归，史称召陵之盟。

楚成王

楚成王二十九年(公元前 643 年),齐桓公病死,中原诸国相互攻伐,再度陷入混乱局面。楚国经过休整,趁机与郑国交好,正式决意中原,这使中原诸国忐忑不安。宋襄公标榜“仁义”,企图承继霸业,却有些自不量力。楚成王三十三年(公元前 639 年),宋襄公以盟主的身份,邀请楚成王和陈、蔡、郑、许、曹诸国君主到宋国的盂地(今河南睢县)会盟。楚成王发起突袭,把宋襄公羁押至楚国。后在鲁僖公的斡旋下,楚成王才释放了宋襄公。

宋襄公回国后,不甘于楚国的羞辱,也不顾重臣的劝阻,在楚成王三十四年(公元前 638 年)联合卫、许、滕三国进攻郑国。楚成王为救郑国,率军攻打宋国,宋襄公解郑之围,回师泓水(今河南柘城)附近,与楚军构成决战之势。

宋、楚两军相隔于泓水,楚军进抵泓水南岸,宋军在北岸摆好阵势。当楚军开始渡河时,宋司马公孙固建议说:“彼众我寡,及其未既济也,请击之。”宋襄公不同意,自以为仁义之师,就该堂皇地决战。等楚军全部渡过泓水,还没有摆好阵势时,公孙固又请求进攻,宋襄公仍不允许,坚持“不鼓不成列”。等楚军列阵完毕后,宋襄公下令进攻,因为楚军实力强大,被迅速打败,宋襄公本人腿部受伤,狼狈逃回国都。在这次战役中,宋襄公不顾战争双方态势,一味恪守古法,以仁义道德指导战争,不能因势而动,错失大好时机,必然遭到失败。

泓水之战后,楚国北进中原的扩张战争再无大的阻力,在其后数年间,楚国势力一度达到黄河以北。楚国向北扩张的势头受到阻遏,一直要到晋楚城濮之战之时。

二、晋楚争霸

宋楚战争之际,中原诸国萎靡不振,齐国已经中衰,晋国发生内乱,宋国新败,郑国降服,秦国偏安一隅,诸侯莫能与楚争锋。楚成王无霸主之名,却有霸主之实,楚国享受了一段惬意的日子。然而好景不长,待晋文公即位后,晋国实力迅速增强,成为楚国北进途中最强劲的对手。晋楚两国持续交锋,较大规模的战役有城濮之战、邲之战、鄢陵之战。

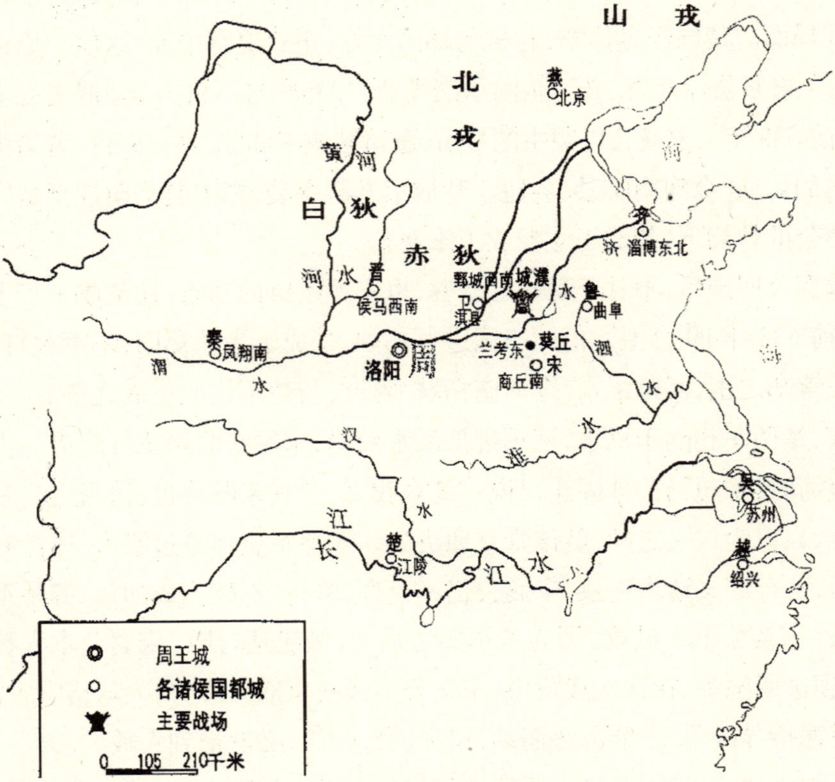

春秋列国形势图

(一)城濮之战

晋文公重耳,是晋献公的次子。晋献公晚年,宠爱妃子骊姬,骊姬为让其幼子奚齐继位,阴谋逼死了太子申生,迫使重耳和夷吾各回封地。重耳带领狐偃、赵衰、颠颉等人,离开晋国,在外流亡十九年,饱经风霜之苦。重耳在卫国、郑国都没有受到礼遇,在曹国还曾受到曹共公的侮辱。楚成王三十五年(公元前637年),重耳来到楚国,楚成王亲自设宴,以诸侯之礼接待他。席间,楚成王问重耳:"公子若返晋国,则何以报不穀?"重耳答道:"子女玉帛,则君有之;羽毛齿革,则君地生焉。其波及晋国者,君之余也。其何以报君?"楚成王追问继续说:"尽管这样,究竟用什么报答我呢?"重耳回答说:"若以君之灵,得返晋国。晋、楚治兵,遇于中原,其辟君三舍。若不获命,其左执鞭弭,右属櫜鞬,以与君周旋。"重耳的回答惹怒了楚令尹子玉,子玉请求成王杀掉重耳,以断绝后患。楚成王没有答应，对子玉说："晋公子广而俭，文而有礼。其从者肃而宽，忠而能力。晋侯无亲，外内恶之。吾闻姬姓，唐叔之后，其后衰者也，其将由晋公子乎！天将兴之，谁能废之？违天，必有大咎。"于是把重耳送到秦国。

楚成王三十六年(公元前636年)，在秦穆公的帮助下，重耳返回晋国，杀掉晋怀公，成为晋国君主。晋文公即位后，对内大力整顿政治，发展经济，整军经武；对外高举"尊王"旗帜，匡扶周室，谋取霸业。其后，晋大夫先轸提出"报施救患，取威定霸"的争霸方略。所谓"报施"，即报流亡时宋襄公厚赠重耳之恩；"救患"就是解救宋都之围。公元前633年，楚成王纠合陈、蔡、郑、许四国，出兵包围宋都，迫使宋成公屈服于楚国。等晋国强大后，宋成公念及其父宋襄公之死，公开背离楚国，转而依附晋国。楚成王闻讯大怒，于是发兵攻宋，包围了宋国都城。

面对楚国的强大压力，宋成公急忙派公孙固向晋文公求救。晋文公摇摆不定，在大夫先轸、狐偃的劝说下，开始整军备战，并把晋师增编为上、中、下三军。

楚成王四十年(公元前632年)，晋师南渡黄河，指向楚国的同盟卫国，与齐昭王在敛盂(在今河南濮阳)结盟，共谋救宋抗楚。在占领卫国后，晋师转攻曹国，经过激烈的战斗，攻破了曹都。晋文公攻打曹、卫两国，原本是希望楚军放弃攻宋，北上救援曹、卫，然而楚军不为所动，依然全力围攻宋都，于是宋国又派门尹般向晋军告急。宋国的再次求援使晋文公感到左右为难，进退维谷：如不出兵援助，宋国必然难以支撑，一定会降楚绝晋，那么自己称霸中原的宏图就会受到阻碍；如若出兵相救，则原本诱使楚军于曹、卫之地决战的战略意图就将落空，且在远离本土的情况下与楚军交战，未有十足获胜的把握。于是晋文公再次召集众将商议，中军元帅先轸提出一条计谋："使宋舍我而赂齐、秦，藉之告楚。我执曹君，而分曹、卫之田以赐宋人。楚爱曹、卫，必不许也。喜赂、怒顽，能无战乎？"晋文公大为赞赏，当即下令把曹、卫的一部分土地割给宋国，以支持宋国抗楚。齐、秦两国在接受宋国的贿赂后，纷纷出面劝说楚国罢兵，楚国围宋都多时，眼看即将攻下，自然不会退兵。齐、秦斡旋失败后，放弃中立立场，使晋楚双方的力量对比发生了变化。

楚成王闻讯之后，决定撤军，先撤回申县，派使者命令戍守谷邑的申公叔侯和围攻宋都的子玉领兵回国。楚成王特别引用《军志》中"允当则归"、"知难而退”、“有德者不可敌”三句话，告诫子玉不要恋战。但是，子玉听不进楚成王的劝告，坚决要求与晋军决战，请求楚成王增调兵力。楚成王大为恼火，但没有坚持让子玉撤军，勉强同意子玉的请求，派出西广、东宫和若敖之六卒等部队前往增援，晋楚两军展开决战。

在晋楚决战之前，子玉派使者宛春到晋军传话，提出晋国只要答应恢复卫国君主的君位，退还占领曹国的土地，楚国就解除对宋国的包围。这使晋国君臣大为不满，先轸又提出建议：“私许复曹、卫以携之，执宛春以怒楚，既战而后图之。”晋文公表示赞同。子玉打算落空，又见宛春被扣留，顿时怒不可遏，立即指挥军队撤离宋都，直奔晋军所在的卫国。

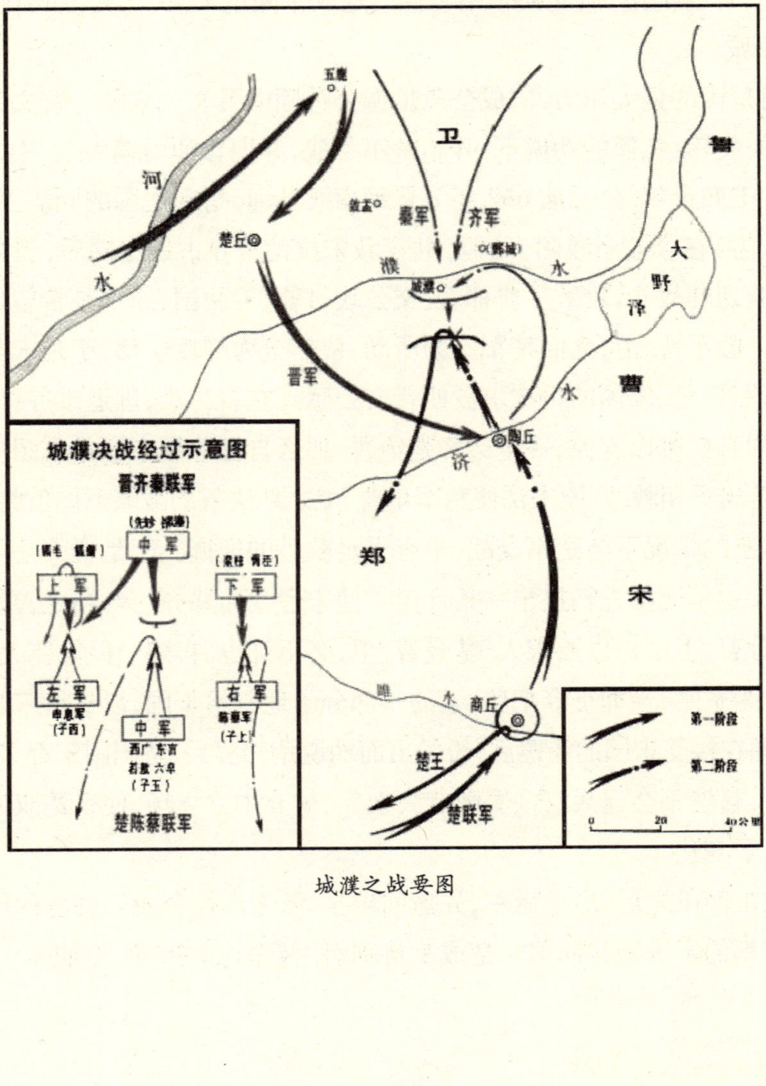

城濮之战要图

晋文公见楚军来势凶猛，为了避开楚军的锋芒，选择有利的决战时机，同时履行当初向楚成王许下的承诺，下令晋师“退避三舍”，撤到城濮一带。这不仅展示了晋文公知恩重诺的高尚品德，也成功避开了楚军的锋芒，使晋师占据有利地形，化被动为主动。子玉见此情形，认为这是聚歼晋军，夺回曹、卫两国的大好时机，就下令迫近城濮，把楚军和陈、蔡两国军队分成中、左、右三军。中军为主力，由他本人直接指挥；左翼也是楚军，由子西指挥；右翼由陈、蔡军队组成，由楚将子上指挥。

楚成王四十年（公元前632年）四月，晋楚两军展开决战，晋文公采纳先轸的计谋，针对楚军中军强、左右两翼薄弱的特点，以及楚军统帅子玉骄傲轻敌、不谙虚实的弱点，采取了先击其翼侧，再攻其中军的作战方针。先轸命令晋下军把虎皮蒙在马背上，出其不意冲击楚右军。陈、蔡军队见状惊恐，狂奔乱撞，很快溃败下来。这时，晋军上军主将狐毛故意在车上竖起两面大旗，引车后撤，假装主将引导晋军撤退。下军主将栾枝也在阵后用战车拖曳树枝，来回奔跑，飞扬起地面的尘土，制造晋军撤退的假象，引诱楚军出击。子玉不知是计，下令子西率左军追击。先轸指挥晋师中军拦腰痛击楚左军，狐毛、狐偃乘机回师夹攻，楚左军很快被击溃。子玉得知左、右两军战败，失去左右两翼的依托，唯恐被晋师合围，只好下令中军撤出战场，才得以保全中军。楚军战败后，向西南撤退到连谷，子玉被迫自杀。

城濮之战后，晋文公向周襄王进献楚俘，周襄王策命晋文公为侯伯。晋文公还在践土（今河南原阳、武陟二县交界附近）会盟诸侯，实现了称霸中原的目标。反观楚国，因为城濮之战的惨败，军事力量受到沉重的打击，自楚武王以来北上扩张的势头遭到遏制，原本争霸中原的优势也化为乌有。

（二）邲之战

经过城濮之战，晋楚双方势均力敌，开始相互遣使聘问，赢得了暂时的和平。楚穆王十二年（公元前614年），楚穆王去世，其子熊旅继立，是为楚庄王。这时，楚国外患稍定，内忧纷起。楚庄王元年（公元前613年），楚令尹成嘉率军伐舒，公子燮和斗克趁机作乱，封锁郢都，又派人行刺成嘉，阴谋失败。成嘉闻讯之后，迅速回师，公子燮和斗克挟持楚庄王外逃，途经庐邑的时候，他们被庐大夫诱杀，楚庄王得以获救，重返郢都。鉴于国势衰落，贵族纷争，加上少不经事，王位不牢，楚庄王不理朝政，故意淫逸无度。楚庄王二年(公元前 612 年)，晋军出兵讨伐蔡国，蔡国一直依附于楚国，楚庄王竟坐视不救，以致蔡庄侯与晋国签订城下之盟，因此郁闷而死。

楚庄王三年(公元前 611 年)，楚国发生大饥荒，巴国东部的山戎趁机袭扰楚国，原来臣服于楚的庸国也带领蛮族反叛，楚国面临严重局势。楚庄王却一如既往，整日郊游围猎，不关心政务，还不准臣下进谏。大夫伍举冒死进谏，看到庄王左抱郑姬，右抱越女，坐在钟鼓之间，观赏歌舞，就请庄王猜谜语："有鸟在于阜，三年不蜚不鸣，是何鸟也？"楚庄王知道伍举的意思，随即回答说："三年不蜚，蜚将冲天；三年不鸣，鸣将惊人。"伍举听了，很高兴地退出来。但是几个月过去了，楚庄王依然故我。大夫苏从又去进谏。于是，楚庄王撤除淫乐，亲理朝政，让伍举、苏从担任要职，又任用孙叔敖为令尹，稳定政局，发展生产，改革兵制，国内形势焕然一新，为楚国争霸中原奠定了基础。

楚庄王八年(公元前 606 年)，楚庄王打着"尊王攘夷"的旗号，讨伐陆浑之戎，以解周王室之患。楚军进抵伊水和洛水之间，公然在周都洛阳城郊举行盛大的阅兵仪式，使周王室颇为震动。周定王忐忑不安，慌忙派王孙满去慰劳楚庄王。据《史记・楚世家》记载，楚庄王见着王孙满，就问周王室的九鼎多大多重？王孙满很是吃惊，没有直接回答，只说"在德不在鼎"。楚庄王继续发问，并称"楚国折钩之喙，足以为九鼎"。这分明是赤裸裸的挑衅。面对这种境况，王孙满先介绍了九鼎的制作及传承过程，接着阐明了"在德不在鼎"的道理，最后得出结论："周德虽衰，天命未改。鼎之轻重，未可问也。"这一回答铿锵有力，楚庄王觉得在理，明知不好与周王室为敌，就撤兵回国。这次问鼎周室，尽管没有取得实质性的成果，但在中原诸国引起巨大的震动，楚国迈入了鼎盛的时期。

楚庄王十七年(公元前 597 年)，楚庄王借口郑国与晋国交好，出兵讨伐郑国，攻破郑国都城，迫使郑襄公屈服。晋景公不愿袖手旁观，就在楚军围郑期间，委任荀林父为中军元帅，先縠为副帅，出兵援救郑国。晋师姗姗来迟，刚到黄河北岸，便得知郑楚议和的消息。围绕是否继续前进，荀林父和先縠意见不合，其余将领颇有分歧。最后，因为先縠坚决主战，晋师开始渡过黄河。

楚庄王出征

究竟是否迎战晋师，楚军内部也有不同意见。令尹孙叔敖主张撤兵，认为楚国去年打陈国，今年伐郑国，战争频繁，晋师来势凶猛，恐不能战胜。宠臣伍参积极鼓动应战，认为晋军元帅荀林父上任不久，没有足够的威望，副帅先縠不服荀林父，自行其是，其余的将领虽欲效命，但在主帅、副帅之间无所适从，这样的军队必定失败。楚庄王被说动，下令孙叔敖把车马掉转北向，开往管邑(在今河南郑州)迎击晋师。

大战爆发前夕，郑国使者皇戌前往晋营，以楚军获胜而骄，久战而疲，全无戒备的理由，劝说晋师出击，并答应协同作战。先縠听了很高兴，认为打败楚国、降服郑国，就在这次战役。荀林父犹豫不决，迟迟不肯出兵。正在这时，楚庄王遣使前来，表明楚军此番北上，是打算安定郑国，并不敢得罪晋国。面对楚国的和解姿态，荀林父显示诚意，让上军将领士会致答辞，也有议和之意。不料先縠大为不满，认为荀林父谄媚楚国，遂派中军大夫赵括另致答辞，完全推翻士会的表态，直接挑衅楚国。

为了麻痹晋师，楚庄王再次派使求和，荀林父本无心决战，遂即答应，同时放松了警惕。楚军许伯、乐伯、摄叔等人单车挑战，大胜而归，打击了晋军的士气。此后，晋军将领魏锜、赵旃以请和的名义，向楚军挑战。于是楚军倾巢而出，猛攻晋师各部，进逼晋师大营。荀林父手足无措，竟传令全军渡河北退，并宣布先渡河者有赏。这样一来，晋中军、下军乱作一团，争相渡河逃命，因为船少人多，晋师自相砍杀，先上船的用刀砍断后来者攀着船舷的手指，船中断指多得可用手捧起。只有晋上军在士会的统领下，避免与楚军的正面对抗，保存了自己的力量。下军大夫荀首为营救被楚军俘虏的儿子知罃，率领部队来回冲杀，射死楚将连尹襄老，活捉公子谷臣，算为晋师挽回一点颜面。

邲之战后，楚庄王乘胜东进，将军队驻扎在衡雍（在今河南中牟），在这里祭祀河神，修筑楚国先君神庙，祷告战争的胜利，然后撤兵回国。

与城濮之战相比，邲之战结果相反，却颇有相似之处。在这两次战役中，晋楚双方的兵力大致相当，战争的胜败主要取决于将帅的军事素养和战时的指挥能力。邲之战中，晋师统帅部意见不一，荀林父缺乏威信，战前优柔寡断，对作战态势没有明确的判断，轻信楚国的求和，给楚军以可乘之机。战时不能当机立断，反而惊慌失措，致使晋师自乱阵脚，陷于危险境地。反观楚军，楚庄王集指挥权于一手，军令统一。战前探查晋军虚实，佯作求和麻痹晋军，完全掌握战争的主动权。战时集中兵力突然袭击，一鼓作气击溃晋军，取得了战争的全面胜利。

邲之战后半年，楚庄王举兵伐萧，灭了萧国。楚庄王十九年（公元前595年），又因为宋国杀死楚使，借机围攻宋国，迫使宋国议和。在近四年之间，楚国伐陈而定其乱，伐郑而降其君，与晋人决战而大捷，伐萧而灭其国，伐宋而使之唯命是从。诸侯莫不重足而立，屏息而听，楚庄王的霸业达到了顶峰。

（三）鄢陵之战

楚庄王二十三年（公元前591年），即邲之战六年后，楚庄王去世，楚共王继位。晋楚两国仍在较量，有争斗也有盟好，当势均力敌之时，就妥协多于征战，一旦形势发生变化，就又要展开对决。

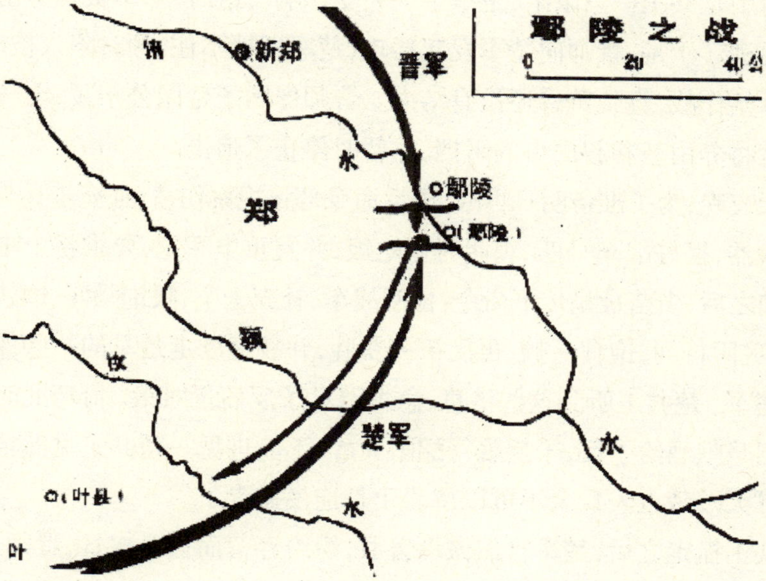

鄢陵之战

楚共王十六年(公元前575年),楚国派公子成向郑国讲和,诱使郑国背叛晋国,郑国就与楚国结盟,因而招来晋国讨伐。晋厉公令栾书率领中军、士燮辅佐,郤锜率领上军、荀偃辅佐,韩厥率领下军、郤至辅佐出战,同时派郤犨到卫国、齐国寻求援助。

郑国得知晋国出兵,马上派使者求救于楚。楚共王发兵救郑,令司马子反率领中军,令尹子重率领左军,右尹子辛率领右军,亲自随中军行进。行军路过申地,子反向申叔时请教。申叔时认为战争的胜利要靠德、刑、详、义、礼、信六个要素,现在楚国对内不施惠而无德,对外断绝友好而无义,亵渎神圣的盟约而无信,违反农时用兵而无礼,预言楚国必定失败。

两军相遇于鄢陵。为了解晋师的情况,楚共王在逃奔楚国的晋人伯州犁陪同下,登上巢车察看晋营内的动静,伯州犁向楚共王逐一解释了晋师的战前活动及准备情况。同时,晋厉公在逃奔晋国的楚旧臣苗贲皇的陪伴下,也登高台观察楚军的阵势。苗贲皇熟悉楚军情况,根据楚军精锐集中在中军的特点,建议晋厉公分出精锐部队,进击楚左、右两军,然后再集中全力,攻击楚中军,就一定能大败楚军。晋厉公接受了苗贲皇的建议。

楚共王跟随楚中军行进,遭遇晋军主力,双方相持不下。正在关键时刻,晋将吕锜射中楚共王一只眼睛,楚军士气大受影响。这时,郑军被晋师击败,郑成公落荒而逃。于是,晋师向楚军发起猛攻,楚军抵挡不住,顿时陷入被动。双方从早上开始作战,直到黄昏还没有结束。晋师俘虏了楚国公子茷,士气大振,直到受到楚将养由基和叔山冉的阻挡,才暂时停止了追击。

当天夜晚,为了准备明日再战,子反命令部将视察伤情,补充步兵与车兵,修理盔甲武器,摆好战车马匹,鸡叫时候吃饭,并且重申军纪,要求将士唯令是从。晋师得知之后,由苗贲皇传下命令:检阅战车、补充士卒,喂饱马匹、磨快武器,整顿军阵、巩固行列,饱食一顿、再次祈祷获胜,并故意放走楚军的一些俘虏,把消息带给楚军。楚共王听到这些消息,急忙召见子反商量对策。恰巧此时,子反的随从榖阳竖献酒给子反,子反喝得酩酊大醉,不能进见。楚共王见此情形,不禁感叹道:"天败楚也夫! 余不可以待。"于是连夜撤走了。

楚共王撤走之后,楚军自然做鸟兽散,纷纷弃营而去。次日,晋师进占楚军营地,楚军留下的军粮让晋师吃了三天。因为楚军败退,子反引咎自杀。鄢陵之战,以晋的胜利而告终。反观楚军,作战失败并非偶然。楚军行进过于仓促,将士疲惫不堪;楚军以司马为主帅,以令尹领左军,导致将帅不和;战时面对晋军主力合攻,不能随机应变,以致被动挨打;子反不守军纪,醉酒误事,致使楚共王丧失信心,连夜逃走,对士气影响极大。

鄢陵之战后,楚国北上中原的势头开始衰颓,尽管开拓出更为辽阔的疆域,但问鼎中原的气势已然不再,也再无力雄霸天下臣服诸侯。楚康王十四年(公元前546年),在宋国左师向戌的斡旋下,晋楚两国达成弭兵之盟。晋楚两国分处南北,各自谋求发展,再无大规模的军事冲突。倒是位于长江下游的吴国迅速崛起,成为楚国的主要对手,楚国对外战争的方向也从南北转向东西发展。

三、吴楚战争

晋楚两国的争霸战争,使得两国国力消耗巨大,加之两国内部统治不稳,都无力再掀起大的战争,中原地区得以稳定。仅就楚国而言,楚共王之后,楚灵王、平王均以非正常手段继位,王室内部尔虞我诈,楚国实力大为削弱。与此同时,位于长江下游的吴国迅速崛起，作为楚国的强劲对手，开始长期与楚国展开争斗。

（一）晋国联吴制楚

吴国的兴起，与晋国联吴制楚的战略密切相关。晋楚两国长期争霸，互有胜负，谁也不能完全占上风。特别是邲之战后，楚庄王的咄咄逼人，更令晋国感到压力，如何有效地遏制楚国北进的势头，成为晋国君臣关注的焦点。

恰在此时，申公巫臣投奔晋国，向晋侯提出出使吴国，修好晋吴关系，共同对抗楚国。这一建议正中晋国下怀，晋侯就派巫臣出使吴国。吴王寿梦信任巫臣，接受了巫臣交好晋国的建议。巫臣出使时带去三十辆战车，走的时候留下十五辆，还送给吴国弓箭手、战车手，教吴人使用战车，排兵布阵，更教他们背叛楚国，还把其子狐庸留在吴国，进一步瓦解吴楚同盟，联合晋国对抗楚国。

经过巫臣的游说活动，吴王寿梦积极扩充军备，开始摆脱臣服楚国的命运，吴国的实力逐渐增强。楚共王七年（公元前584年），吴国开始伐楚，“蛮夷属于楚者，吴尽取之，是以始大，通吴于上国。”吴国对楚国的攻伐，拉开了两国近百年的战争序幕。

（二）“无岁不有吴师”

楚共王二十一年（公元前570年），楚令尹子重率军征伐吴国，一度攻占鸠兹（今安徽芜湖），抵达衡山（今安徽天柱山）。子重派将军邓廖率领车兵三百、步兵三千，侵袭吴国。吴军以静制动，然后拦腰一击，俘虏了邓廖，楚军仅有车兵八十、步兵三百逃脱。待子重回国后，吴军渡江出击，攻占了楚国的驾地（今安徽无为）。楚国得不偿失，子重忧郁而死。

楚共王三十一年（公元前560年），趁楚共王去世之机，吴国发兵攻楚。楚国派养由基、子庚率军迎敌。养由基认为吴军乘丧作战，必然轻敌疏于防备，因而提出诱敌深入而后伏击的建议，子庚表示赞同。双方交战于庸浦（在今安徽无为），吴军遭到伏击，溃败而散，吴公子党被俘。

庸浦之战的胜利，使楚康王深受鼓励，企图重振国威。楚康王元年（公元前559年），楚康王派令尹子囊率军伐吴。子囊以棠邑（在今江苏六合）为基地，领兵攻吴。吴军坚守不战，迫使楚军撤退。子囊殿后，认为吴国不敢出战是缺乏战斗力，所以放松了警惕。不料，楚军刚到皋舟（今江苏六合），遭到吴军拦腰截击，因为首尾不能相顾，被吴军打败，公子宜谷做了俘虏。子囊领兵回国之后，吩咐司马子庚修筑好郢地的城垣，然后自杀谢罪。

楚康王十二年（公元前548年），因为舒鸠人反叛，楚康王派令尹屈建领兵讨伐，吴国派兵救援，双方再次对阵。楚左、右两军分头行动，遭到吴军穿插分割，被切断了彼此联系。双方相持七天，左军统帅子强为扭转被动形势，亲率家兵引诱吴军，命令其余将领以左军主力布阵，等待吴军。吴军不明就里，被子强诱入阵地，大败而归，楚军乘机灭掉了舒鸠。同年，吴王诸樊领兵攻打楚国巢城（今安徽巢湖），巢城守将牛臣利用诸樊勇猛轻敌的弱点，开启城门诱敌深入，诸樊果然中计，被牛臣用乱箭射杀在城门口。此后，吴楚两国的关系暂时转为和平。

楚灵王即位后，这种和平局面被打破。楚灵王三年（公元前538年），楚国以吴国收留齐国叛臣庆封为借口，出兵攻打吴国，占领朱方（今江苏镇江），诛杀庆封。吴国针锋相对，派兵进入楚国棘、栎、麻地，以报复楚国。楚灵王四年（公元前537年），楚国纠集陈、蔡、许、顿、沈、徐、越诸国之兵，再度攻打吴国。吴军部署周密，楚灵王无计可施，只好把前来请和的吴公子蹶作为人质带回郢都。

这个时候，楚国国力已经衰落，楚灵王也缺乏成王、庄王的雄才大略，但是他却踌躇满志，仿佛诸侯霸主。楚灵王五年（公元前536年），徐国公子仪楚出使楚国，楚灵王竟以徐亲吴的理由，软禁了仪楚。后来仪楚逃走，楚灵王派大夫薳洩率军伐徐，吴国出兵救徐，灵王又派令尹子荡率军伐吴，结果在房钟（今安徽蒙城）大败。

楚灵王十一年（公元前530年），楚灵王派荡侯、潘子、司马督、嚣尹午、陵尹喜等五位将领率军包围徐都，亲率楚军主力进驻乾溪，威慑吴国。但在次年，楚国爆发宫廷政变，楚灵王被迫自杀，楚军撤退回国，遭到吴军截击，所有将领均被俘虏。

楚平王继位之后，吴楚两国为了争夺州来（在今安徽凤台、寿州一带），展开了几次拉锯战。其中较大规模的一次战役，当数鸡父之战。

楚平王十年（公元前519年），为了夺取州来，吴王僚率军进攻州来，并以公子光为元帅。楚平王命令尹子瑕、司马薳越统领楚、胡、沈、顿、许、陈、蔡七国联军救援。为了避开联军的锋芒，吴军主动撤退至钟离（今安徽凤台）驻扎。恰在此时，子瑕在军中病故，楚军士气大受影响。公子光认为：对方虽为联军，但大多为小国，因为害怕楚国才出兵，并且各有弱点。子瑕去世后，楚军士气低落，加上薳越资历尚浅，难以服众，楚军是可以打败的。在公子光的指挥下，吴军出其不意地发起攻击，先诱歼轻敌冒进的胡、沈、陈三国军队，俘虏了胡、沈两国君主和陈国大夫。许、蔡、顿三国军队闻风而逃，诸侯联军乱作一团，楚军拼命溃逃，薳越自缢谢罪。

鸡父之战中，吴军充分把握战争的形势，抓住楚军士气低落，联军貌合神离的弱点，出其不意，诱敌深入，从而达到各个击破的效果。反观楚军，主帅缺乏威信，内部矛盾重重，疏于防备，准备不足，联军缺乏统一的指挥，反而成为战争的不利因素，导致楚军陷于极度被动。鸡父一战，楚国损兵失地，在诸侯国面前颜面尽失，国威大为减弱。

自鸡父之战后，吴楚战争连年不断，楚平王十一年（公元前 518 年）有卑梁之战，昭王元年（公元前 515 年）有潜邑之战，昭王五年（公元前 511 年）吴师两度袭扰，昭王八年（公元前 508 年）有豫章之战，以致形成了“楚自昭王即位，无岁不有吴师”的局面，对吴楚两国的政局产生了深远的影响。

（三）柏举之战

吴楚战争的演进，随着楚国统治集团内部的矛盾日趋尖锐和吴国军事力量的增强，最终在楚昭王十年（公元前 506 年），上演了一场吴军千里跃进，攻破郢都的著名战役。这场战役的指挥者是吴王阖闾，而实际发起人是伍子胥。

伍子胥

孙 武

伍子胥，名员，字子胥，楚国贵族出身。其父亲伍奢、兄长伍尚都在楚国为官。楚平王即位后，任命伍奢为太子太师，费无忌为太子少师。太子建非常尊重伍奢，不喜欢费无忌，费无忌遂怀恨在心。待太子建成年后，楚平王为他选娶一位秦国的女子，派费无忌去迎亲。费无忌见秦女貌美，居然建议平王自娶，平王好色，竟然采纳了费无忌的建议。因为得罪太子建，费无忌担心自己的前途，就处心积虑谋害太子建。

楚平王六年（公元前523年），楚平王听信费无忌的建议，派太子建去镇守城父（今河南宝丰）。趁太子建在外之机，费无忌又诬陷太子建和伍奢密谋连结齐、晋两国，发动叛乱。楚平王信以为真，召见伍奢严加质问，把伍奢关押起来，并派城父司马奋扬去杀死太子建。在奋扬的相助下，太子建逃往宋国。费无忌并未善罢甘休，又怂恿楚平王以伍奢为饵，诱杀其子伍尚和伍子胥，以绝后患。伍尚去见伍奢，与伍奢一同被害。伍子胥逃脱后，追随太子建辗转宋、郑、晋等国。楚平王八年（公元前522年），太子建遇难后，伍子胥带着其幼子胜逃到吴国。起初，伍子胥并未得到吴王的重用，直到楚昭王元年（公元前515年），因为帮助吴王阖闾继位，才得以走上政治舞台。

吴王阖闾是一位很有作为的君主，即位后，“立城郭，设守备，实仓廪，治兵库”，使吴国国力大增。根据伍子胥的建议，阖闾采取“扰楚疲楚”的战术，组成三支军队轮番出击，骚扰楚国。“彼出则归，彼归则出。”“亟肄以罢之，多方以误之。既罢而后以三军继之，必大克之。”楚国由此疲于奔命，且不知吴军虚实，完全陷入被动状态。

楚昭王十年（公元前506年），吴王阖闾联合唐、蔡两国，亲率其弟夫概、伍子胥、孙武、伯嚭等人，出动吴军三万多人，以最快的速度袭击楚国。吴军逆淮水西上，进抵淮汭后，舍舟登岸，在伍子胥、孙武的建议下，挑选精锐部队，越过大隧、直辕、冥阨三关（在今大别山和桐柏山之间），进入楚国境内。楚国得到消息后，仓促应战，令尹子常率兵与吴军对峙在汉水。

针对吴军千里奔袭的特点，楚国司马沈尹戌建议子常采取迂回包抄、前后夹击的作战方案，请求带领人马北上方城，调集方城的楚军，绕到吴军的侧后，烧掉吴军的船只，占领三关，切断吴军的退路，然后与大军前后合力夹击，一举消灭吴军。子常起初赞同这一建议，但在沈尹戌北上后，又听信武城黑和史皇的挑拨怂愿，出于贪功自保的心理，擅自改变作战方案，不等沈尹戌军完成包抄，就贸然向吴军进攻。吴楚两军在小别、大别之间三度合战，楚军接连失利，士气低落下来。子常准备逃回郢都，受到史皇的阻拦，只能硬着头皮继续作战。

十一月十八日，吴楚两军决战于柏举（在今湖北麻城）。清晨，吴王阖闾之弟夫概分析楚军统帅子常素来不仁，其部下必无死战的决心，认为“先伐之，其卒必奔，而后大师继之，必克。”阖闾没有采纳这一建议。于是，夫概自作主张，率领所部五千人，抢先攻打子常的私卒。子常的私卒一触即溃，吴军随之全面出击，大败楚军。史皇临阵战死，子常仓促逃往郑国。

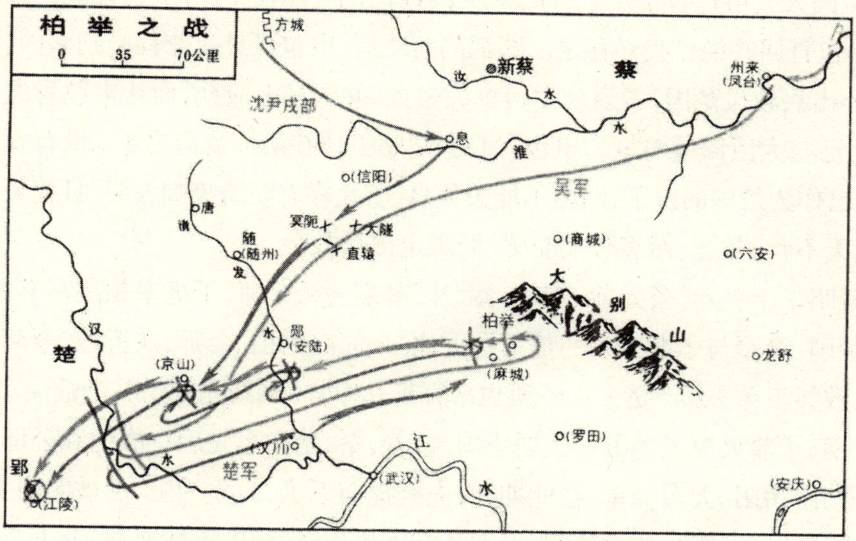

柏举之战要图

楚军在柏举遭受重创后，余部狼狈西撤。吴军尾随追击，追至清发水（今湖北安陆涢水），采取“半济击”的战法，再次击败楚军。楚军逃过清发水，继续向西撤退。吴军穷追不舍，终于赶到雍澨（今湖北京山），彻底击溃楚军残部。十一月二十八日，经过五战五捷，吴军攻入郢都。郢都陷落的前一天，楚昭王携带家眷，仓皇出逃。

在柏举之战中，吴军灵活机动，因敌用兵，收到了显著的效果。战前，吴国长期疲楚误楚，使得楚军疲于奔命，放松警惕；战时，吴军千里奔袭，出其不意，以奇兵实施远距离袭击，使楚军仓促应战；伴随着战争的进展，吴军君臣将帅随机应变，先发制人，一举击败楚军的主力；之后成功实施战略追击，不给楚军喘息之机，彻底击溃了楚国军队。反观楚国方面，被吴国长期的骚扰战术所迷惑，被动应战；当吴军千里来袭时，惊慌失措；将帅不和，主帅贪功无能，临战乏术，急于决战，必然遭受沉重打击。

（四）楚昭王迁都

吴军进入郢都之后，住进了楚国的王宫和令尹、司马等府第，“烧高府之粟，破九龙之钟，鞭荆平王之墓，舍昭王之宫”，使郢都一片狼藉。这一系列倒行逆施，让诸侯各国大为震惊，也为吴国败退埋下了伏笔。

楚国大夫申包胥是伍子胥的密友，当初伍子胥出逃时对申包胥说：“我必覆楚!”申包胥回答说：“我必存之。”郢都陷落之后，申包胥日夜兼程赶到秦国，请求秦哀公出兵救援楚国。秦哀公觉得事关重大，并未马上应允，而让申包胥先去休息，自己与大臣商量对策。申包胥心想楚昭王还在颠沛流离之中，没有安身之地，自己作为楚国的臣子，断然不能去休息，于是靠着院墙嚎啕大哭，日夜哭声不断，七天不食不饮。秦哀公大受感动，决定出兵救楚。

楚昭王十一年（公元前505年）六月，秦哀公派子蒲、子虎率领战车五百辆，救援楚国。秦军与子期率领的楚军在稷地（今河南桐柏）会师，在沂地（今河南正阳）大败吴王弟夫概。楚大夫子西也率军抵达军祥（今湖北随州），击败吴军。七月，子期、子蒲灭掉了吴国的盟国唐国。接着，秦、楚联军先后在麇地和公壻之溪（在今湖南岳阳）大败吴军。在此期间，夫概提前返国，自立为王，后被阖闾平定，夫概逃往楚国。因为前方失利，后方又有夫概作乱，阖闾不敢恋战，就下令匆匆撤军。在秦军的帮助下，楚昭王返回郢都。

然而，吴楚战争并未就此结束，特别是夫概兵败奔楚，更是阖闾的心腹之患。楚昭王十二年（公元前504年），阖闾稍作休整之后，再次大举进攻楚国。吴国太子终累打败楚国的水军，俘获潘臣子、小惟子及大夫七人，楚司马子期率军在繁阳，也被吴军打败，楚国大为恐惧。于是，楚昭王“迁郢于都，而改纪其政，以定楚国”。这次被迫迁都，对楚国是一次重大打击。

直到楚昭王二十年（公元前496年），吴王阖闾出兵攻打越国，被越王勾践击败，阖闾受伤而死，其子夫差继立。吴越关系由此开始紧张，吴楚关系则趋于缓和，彼此再无大的战争。

四、秦楚战争

楚国经历郢都沦陷、迁都避难之后，开始转向休养生息，楚昭王、惠王汲取教训，励精图治，国力得到逐步的恢复，出现了“昭惠中兴”的局面。进入战国时期，诸侯各国之间的形势发生了较大的变化。秦国经商鞅变法而迅速强盛，在秦昭王时成为超级大国，对楚国构成巨大的威胁。楚国全力与秦国抗衡，然而每每遭到失败，不仅楚怀王客死他乡，而且因为郢都陷落，最终退出荆楚地区。

（一）楚国的复兴

战国初期，诸侯国中最先变法的是魏国。楚惠王四十四年（公元前 445 年），魏文侯即位之后，起用李悝变法，使魏国国力大增，成为楚国的北方劲敌。楚悼王二年（公元前 400 年），魏国联合韩、赵两国，进攻楚国，一直攻打到乘丘。九年后，又败楚于大梁、榆关，楚国靠厚贿秦国才得以减轻压力。

在极其窘迫的形势下，楚悼王寻求富国强兵之路。恰在此时，吴起在魏国受到排斥，来到楚国，楚悼王任命吴起为令尹，主持变法。吴起变法的主要措施，一是削弱贵族的特权，封君传到第三代就收回爵禄，强迫一些贵族搬迁到地广人稀的边疆；二是整顿吏治，精简无关紧要的官职；三是整军经武，加强军备。

经过吴起变法，楚国国力得到振兴，重新走上扩张道路，“南平百越，北并陈蔡，却三晋，西伐秦”，再度出现鼎盛局面。楚悼王二十一年（公元前 381 年），楚国举兵伐魏救赵，大败魏军，饮马黄河，引起各国诸侯震惊。楚威王在位时，楚国的疆域西起大巴山，东至大海，南起五岭，北至汝、颍，成为诸侯国中版图最大的国家，各国诸侯都有所畏惧。

吴 起

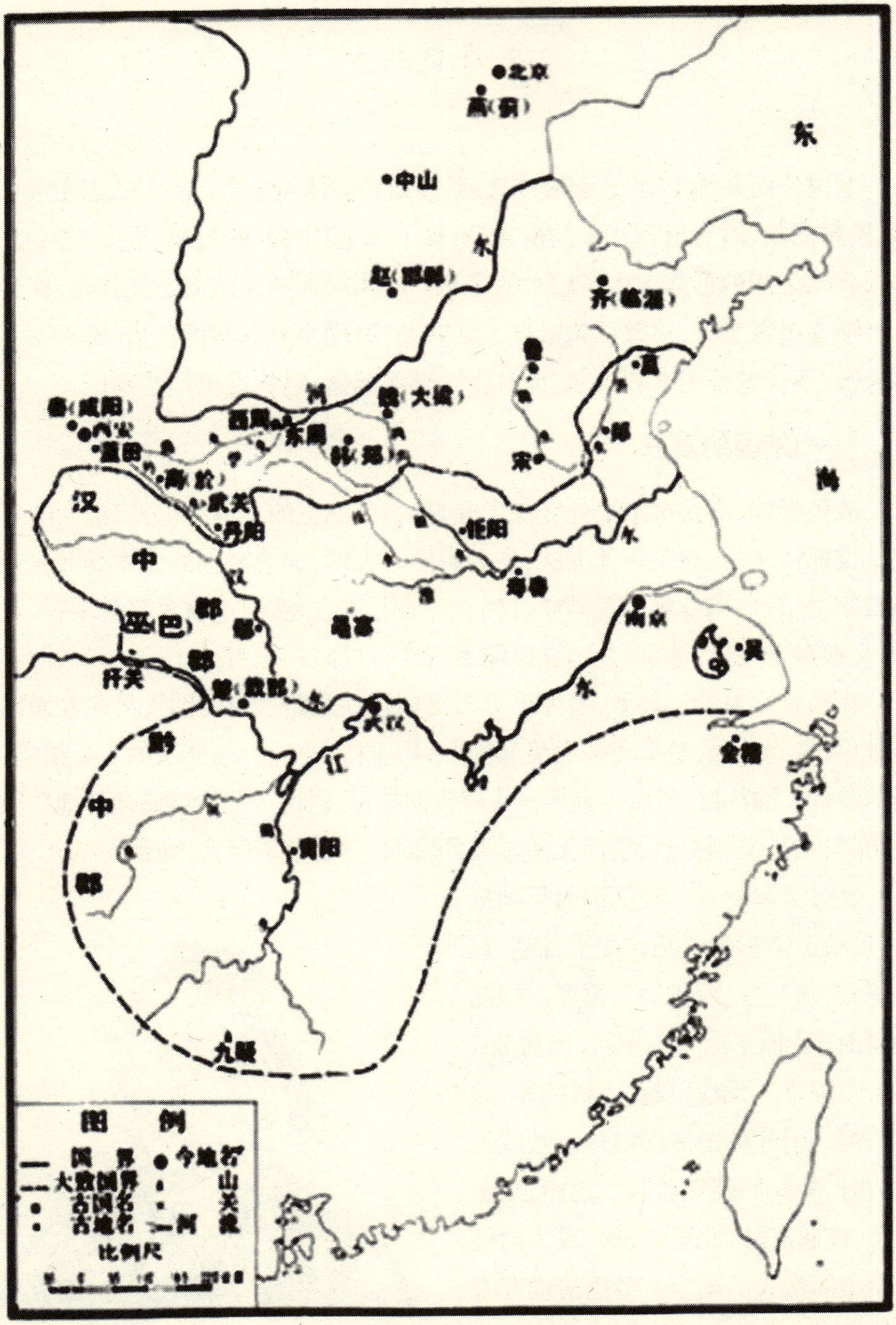
北京
燕(蓟)
中山
赵(邯郸)
齐(临淄)
东
海
秦(咸阳)
蓝田
商於
武关
丹阳
西周
东周
魏(大梁)
韩(郑)
宋
钜阳
寿春
汉
中
郡
巫
巴
扞关
楚(郢都)
武汉
江
南京
吴
会稽
黔
中
郡
九疑
图例
国界
大致国界
古国名
古地名
今地名
山
关
河流
比例尺

楚国极盛时期疆域略图

但在不久之后，秦国经过商鞅变法，也迅速地发展起来，已不再满足于偏居关中，开始对山东六国的征战。秦国号称虎狼之国，靠着军事化的体制，有用不完的将才、征不完的士兵，兵锋难以抵挡。这对楚国构成巨大的威胁，改变了彼此的关系。

秦楚关系本来很密切，当吴国攻陷郢都之时，正是得到秦国的救援，楚国才能逼退吴师。但此一时彼一时，楚威王认识到"秦有举巴蜀，并汉中之心"，于是积极寻求抗衡秦国的方略。这时候，苏秦来到楚国，向楚威王指出"楚强则秦弱，秦强则楚弱，其势不两立"，建议采取合纵政策，楚威王表示赞赏。在苏秦的不断游说下，山东六国合纵结盟，共同抗击秦国。这一方略收到了显著的效果，因为山东六国结盟，秦国十五年未敢出函谷关，向东侵扰各诸侯国。

（二）丹阳、蓝田之战

楚怀王十一年（公元前 318 年），山东六国联合行动，大举出兵攻打秦国。楚怀王被推为合纵长，负责协调各国关系。由于各国利害不同，出现严重的分歧，加之楚怀王缺乏统帅才能，六国联军逼近函谷关之后，就一直逡巡不前。等到秦国出兵反击，联军竟然不战而退。这次联合行动草草收场，既破坏了六国合纵关系，也使楚怀王颜面尽失。

楚怀王十六年（公元前 313 年），为了破坏齐楚联盟，张仪主动出使楚国，游说楚怀王背齐通秦。张仪到楚国之后，先是吹捧楚怀王，继以被秦侵占的楚国商於之地（今河南淅川、西峡一带）为诱饵，诱使楚怀王与齐国绝交，与秦国结成连横之国。楚怀王利令智昏，对张仪的许诺深信不疑，一心想收复商於之地，就与齐国断绝关系。

张仪返秦之时，楚怀王特派一名将军跟随张仪去办理商於之地的移交手续。哪知张仪回到咸阳，就假装受伤，连续三个月不出门见人，楚使无法办理商於之地交割。楚怀王得知后，以为张仪觉得楚国与齐国绝交不够坚决，竟然派一名勇士到齐都临淄，大肆辱骂齐王。而在此时，秦国使者已至齐国，游说齐国联秦背楚，齐王受到楚国侮辱，也就欣然赞同。待秦齐交好后，张仪才接见楚使，表示愿意拿他的食邑方圆六里献给楚国，还以位卑身轻为由，拒不承认许诺楚国六百里商於之地。

面对张仪的诓骗,楚怀王怒不可遏,没经过细致的筹划,就决定出兵攻秦。楚大夫陈轸极力劝阻,认为现在出兵攻秦,还不如拿一座城邑贿赂秦国,然后与秦国共同伐齐,这样楚国损失的领地就可以从齐国补回来,并且可以确保安全。如果现在攻打秦国,秦国必然与齐国联合起来,共同对付楚国,楚国就会遭受损失。这一劝说虽然有理,却未被楚怀王采纳。

楚怀王十七年(公元前312年),楚怀王任命屈匄为主将,率军攻打秦国。秦惠文王派庶长魏章和樗里疾、甘茂领兵迎战。楚军进至丹阳(在今河南淅川),被秦军打败,折损士卒八万人,屈匄、逢侯丑等将领七十余人被俘,秦军乘势夺取了丹阳、汉中之地。

丹阳之战后,楚怀王不甘心失败,再度集中兵力攻秦。楚军进至蓝田(今陕西蓝田),被秦军击败。这时候,韩、魏两国趁楚国空虚,各自出兵袭击楚国。楚怀王闻讯撤兵,被迫割让两座城邑与秦媾和。第二年,秦国又发兵攻楚,占领了楚国召陵。

经过这两次较量,秦国明显地占上风,就派使者到楚国,提出愿意以商於之地换取楚国的黔中郡。楚怀王意气用事,声称不想得到土地,只想得到张仪,如果秦国交出张仪,楚国愿意送上黔中郡。于是,张仪再次出使楚国,不仅为秦国换取黔中郡,还通过贿赂楚怀王的宠臣靳尚和爱姬郑袖,成为楚怀王的座上宾,促成了秦楚和亲之约。

因为确立和亲之约,秦楚关系趋于缓和,暂时没有大的战争。然而好景不长,楚怀王二十七年(公元前302年),楚太子横在秦做质子,为着个人的怨恨,杀死秦国一位大夫,尔后逃回楚国。秦昭王闻讯大怒,联合齐、魏、韩诸国,次年共同伐楚,进至重丘(在今河南方城),大败楚军,杀死楚将唐昧,韩、魏两国趁机攻占了楚国宛、叶以北的土地。

楚怀王二十九年(公元前300年),秦昭王派庶长奂领兵攻楚,大败楚军,楚将景缺以下二万人被杀。楚怀王三十年(公元前299年),秦将芈戎再次攻楚,占领楚国八座城邑。在秦军强大的攻势下,楚国疲于应付,损兵失地,已经很难支撑下去。

这个时候,秦昭王设下一个骗局,主动邀请楚怀王会盟,以便软禁楚怀王,迫使楚怀王屈服。楚怀王不知真相,为了谋求和解,就赶赴武关(在今陕西丹凤),

与秦昭王会盟。等到达武关后，楚怀王才得知秦昭王根本没来，而是在武关设下伏兵，利用秦王的旗号相引诱。这时候，楚怀王后悔已晚，秦军封闭武关，将楚怀王劫持到咸阳。秦昭王下令把楚怀王软禁起来，胁迫他割让巫郡和黔中郡，但遭到楚怀王的拒绝。

楚怀王被囚禁后，楚令尹昭雎北上齐国，迎回太子横即王位，是为楚顷襄王。楚顷襄王三年（公元前 296 年），楚怀王客死秦国，秦国君臣无奈之下，把他的尸身交还楚国。对于楚怀王的逝世，“楚人皆怜之，如悲亲戚”。楚怀王虽然昏庸一世，至死尚能受到楚人怜惜，但对于倾颓的楚国，又复谁人悯之？

（三）楚国的灭亡

秦昭王时期，秦国实力傲视群雄，无敌于天下，正所谓“战车千乘，奋击百万，以秦卒之勇，车骑之多，以当诸侯，譬若驰韩卢而逐蹇兔也”。韩卢是有名的猎狗，蹇兔即跛脚的兔子，放纵韩卢去追逐蹇兔，其结果可想而知。面对秦国的威胁，楚顷襄王目光短浅，苟安于暂时的和平，竟不顾其父的仇恨，与秦国实行和亲，坐视秦国攻城略地，而不愿合纵抗秦，待到秦国兵锋南向时，终为秦军的打击目标。

楚顷襄王十九年（公元前 280 年），秦昭王命左更司马错引兵伐楚，楚顷襄王无力抵御，急忙割让汉北和上庸两地，向秦国求和。秦国受地而不和，继续攻打楚国，占领了南阳。此后，司马错领兵从陇西出发，经过巴蜀，远征楚国黔中郡，给楚国造成巨大压力。

楚顷襄王二十年（公元前 279 年），秦国兵分两路，一路由大良造白起统领，正面攻击楚国邓、鄢、西陵一带，直接指向郢都；另一路由蜀守张若统领，进攻楚国黔中一带，牵制楚国兵力。白起率领秦军长驱直入，迅速逼近楚国别都鄢郢。鄢郢距离楚郢都仅两百余里，是拱卫郢都的军事重镇，楚国为防止都城再次陷落，集结重兵在鄢郢，抵御秦军的南侵。白起孤军深入，屡攻不克，转而决定利用鄢水自西北流向东南的特点，在鄢郢西百里处筑坝蓄水，并修长渠直抵鄢郢。待蓄水完毕后，白起命令开渠放水，河水冲向鄢郢，城内军民溺死无数，城墙东北角被冲毁，秦军随之攻占鄢郢。

春申君黄歇

在攻占鄢郢之后，白起经过短暂休整，次年乘胜南下，直逼楚国郢都。楚国军心涣散，楚顷襄王见大事不妙，更是仓皇出逃。楚顷襄王二十一年（公元前278年），秦军攻陷郢都，楚国濒于灭亡。白起攻破郢都之后，向西攻占夷陵（今湖北宜昌），焚毁楚先王宗庙墓地，向东追击楚顷襄王至竟陵（今湖北天门），夺得楚国大片土地，在这一地区设置南郡。

随着郢都的陷落，楚顷襄王迁都陈县（今河南淮阳），后世称为陈郢。楚国遭受沉重打击，再无力对抗强秦。这时候，秦国采取"远交近攻"的方略，加紧对三晋的征战，又与楚国重归友好，楚顷襄王和秦昭王会于襄陵，割让楚青阳以西土地给秦国，换取了喘息的时机。

楚考烈王即位之后，任命黄歇为令尹，封为春申君。楚考烈王六年（公元前257年），秦军包围赵都邯郸，赵国危在旦夕。平原君赵胜求救于楚，在门客毛遂的威逼之下，楚考烈王背弃秦楚盟约，派春申君领兵救赵。与此同时，魏信陵君通过如姬，成功地"窃符救赵"。楚、魏、赵三国联合，逼迫秦军撤退，解除了邯郸之围。楚考烈王七年(公元前256年),楚国出兵吞并鲁国,又在诸侯中声名大震。

楚考烈王二十二年(公元前241年),在春申君积极斡旋下,楚、韩、赵、魏、燕五国合纵,以考烈王为合纵长,赵国庞煖为大将,西出函谷关,进攻秦国。哪知联军一遇到秦军,就迅速溃败下来,这是山东诸国最后一次的联合行动。此后,在秦军进一步逼迫下,楚考烈王再次迁都,从陈迁至寿春,称为寿郢,楚国只能退保江淮。

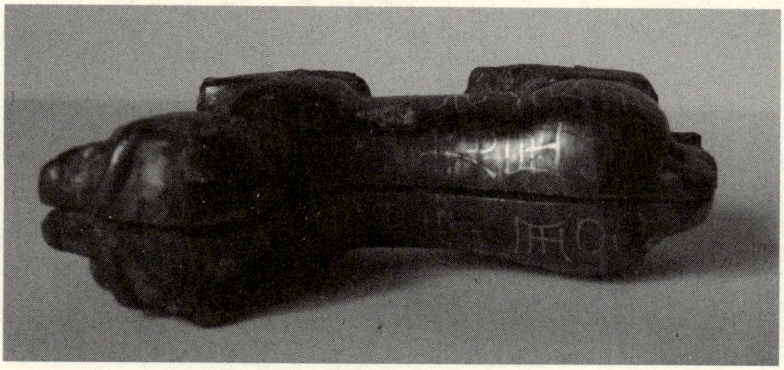

虎符

楚王负刍三年(公元前225年),秦军相继攻破韩、赵、魏三国,楚国失去北方的屏障,直接应对秦军的攻势。秦将李信率军二十万人攻楚,被楚将项燕击败。楚王负刍四年(公元前224年),秦将王翦又率军六十万人攻楚,把楚军彻底击败,杀死了楚将项燕,并在次年挥师南下,攻克寿郢,席卷淮南,俘虏了楚王负刍。

秦国灭掉楚国以后,在故楚之地设置南郡和长沙、九江、会稽诸郡,全面实行郡县体制,荆楚历史翻开了新的一页。

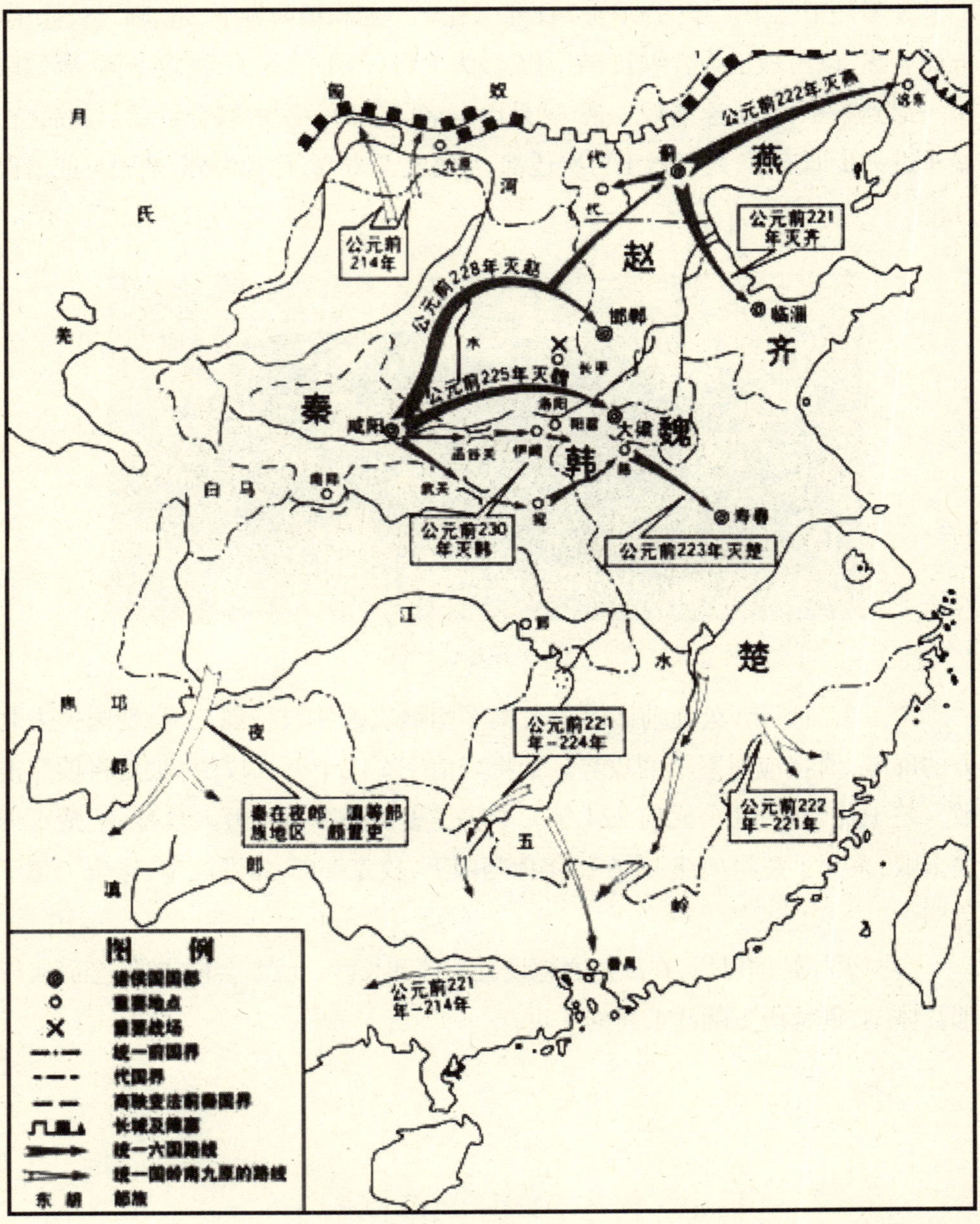
匈
奴
月
氏
羌
九原
河
代
蓟
燕
公元前222年灭燕
公元前221年灭齐
公元前214年
赵
公元前228年灭赵
邯郸
临淄
齐
水
长平
公元前225年灭魏
秦
咸阳
大梁
魏
韩
函谷关
伊阙
武关
南郑
白马
寿春
公元前230年灭韩
公元前223年灭楚
江
楚
水
邛
夜
郎
滇
公元前221年-224年
秦在夜郎、滇等部族地区“颇置吏”
五
岭
公元前222年-221年
番禺
公元前221年-214年
图例
代国界
长城及障塞
统一六国路线
部族

秦灭六国图

第二章 秦 汉

秦统一六国之后，作为独立的楚国不复存在，荆楚地区纳入统一王朝。在统一王朝的发展过程中，荆楚地区并未停止军事活动。“楚虽三户，亡秦必楚”。楚人率先举起反秦的大旗，提出了“张楚”的政治口号。两汉之际，面对腐朽的王莽政权，绿林军聚集于山林，在荆楚地区揭开反对新朝的序幕。汉光武帝刘秀起兵于舂陵（今湖北枣阳），投入这场战争的洪流之中，最终恢复了汉朝统治，成为一代中兴之主。东汉末年天下纷争，刘表出任荆州刺史，通过平定内乱，抵御外侮，维护了荆楚地区的稳定，促进了荆楚文化的繁荣。

一、荆楚的稳定

秦始皇统一六国后，建立起中央集权的专制国家，自称皇帝，设立三公九卿，全面推行郡县制，国家机器空前强化。秦王朝对外继续用兵，北征匈奴，南服越族。秦朝的疆域，“东至海暨朝鲜，西至临洮、羌中，南至北乡户，北据河为塞，并阴山至辽东”，成为当时世界上疆域最大的国家。

然而，对秦朝统治者来说，要使天下迅速安定下来，并不是一件容易的事情。早在南郡设立之初，秦统治者注重施政和治理，一方面采取强制性的措施，稳定荆楚地区的局势，一面征发兵役和徭役，投入到统一战争中去。据《睡虎地秦简》记载，南郡守腾曾经发布公告，宣称：“今法律令已布，闻吏民犯法为闲私者不止，私好乡俗之心不变，自从令丞以下知而弗举论，是即明避主之明法？而养匿邪僻之民。”这表明荆楚地区尚未稳定。

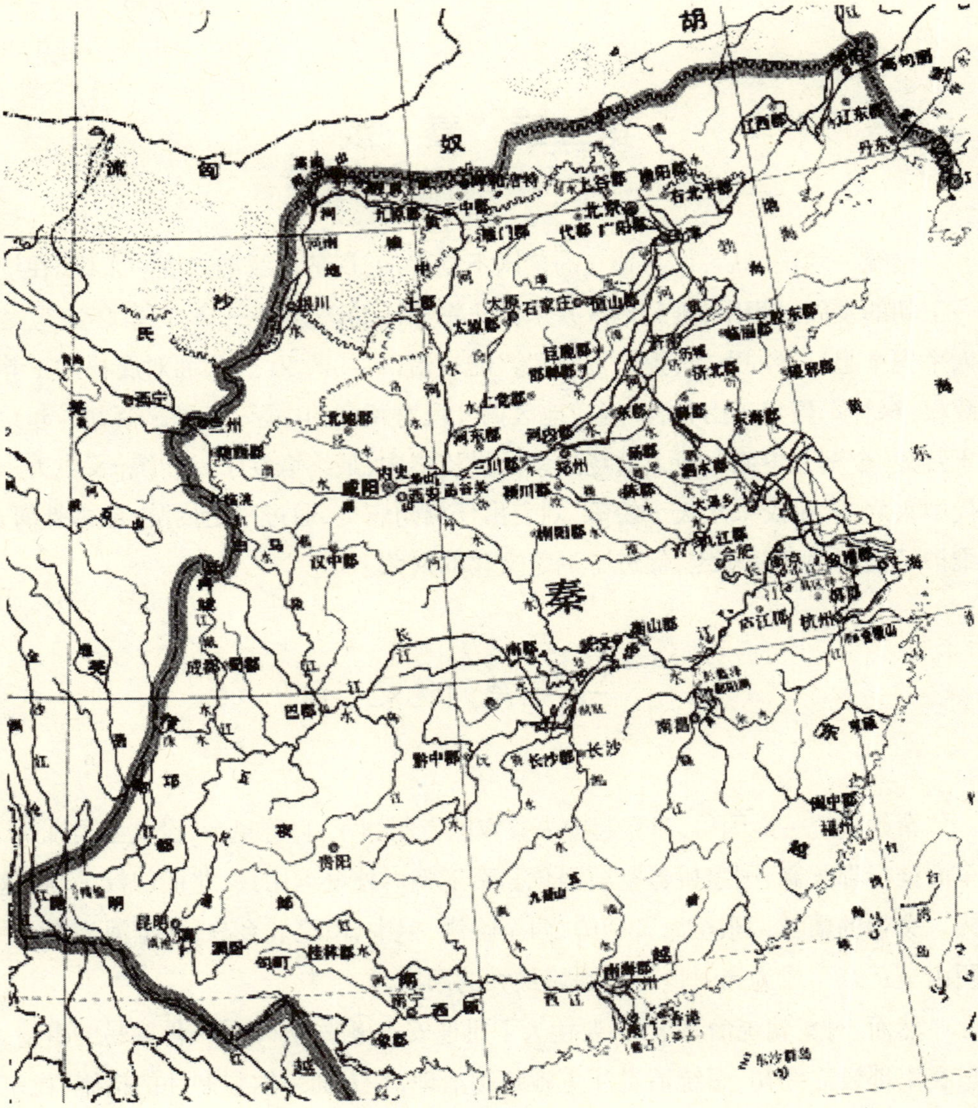
胡
奴
匈
沙
高句丽
辽东郡
辽西郡
丹东
上谷郡
渔阳郡
右北平郡
北京
代郡
广阳郡
雁门郡
云中郡
九原郡
包头
太原
石家庄
恒山郡
太原郡
巨鹿郡
邯郸郡
上党郡
临淄郡
胶东郡
济北郡
琅邪郡
东海郡
薛郡
东郡
河东郡
河内郡
北地郡
郑州
三川郡
内史
咸阳
西安
函谷关
颍川郡
砀郡
泗水郡
陈郡
南阳郡
九江郡
合肥
南京
会稽郡
上海
杭州
鄣郡
银川
西宁
兰州
陇西郡
临洮
汉中郡
秦
成都
蜀郡
巴郡
南郡
衡山郡
武汉
长沙郡
长沙
黔中郡
南昌
闽中郡
福州
贵阳
昆明
桂林郡
南宁
象郡
南海郡
九嶷山
越
东沙群岛
长江
黄河

秦朝疆域图

秦二世元年(公元前209年),陈胜、吴广率众起义,反对秦朝的暴虐统治,很快建立张楚政权。这一消息传开之后,全国各地纷纷响应,项梁、项羽叔侄和刘邦分别在吴郡、沛县起兵。项羽为楚将项燕的后人,随项梁率领精兵八千人,渡过长江向北进军。刘邦为沛县泗水亭长,联合沛县属吏萧何、曹参,聚集部众二三千人,加入反秦斗争的行列。

西楚霸王项羽

张楚政权灭亡之后,反秦斗争主要由项梁、项羽叔侄和刘邦等人领导,项梁找到流落民间的楚怀王之孙熊心,拥立为王,号为楚怀王,建都盱台(今江苏盱眙)。此后,项梁率军北进,接连打败秦军,但由于骄傲轻敌,被秦将章邯击破,项梁战死。章邯引兵进入赵地,攻击以赵歇为王的起义军。赵歇、张耳退守巨鹿(在今河北平乡)。章邯调集大批秦军,把赵军包围起来。赵歇因城内粮少兵寡,危在旦夕,就派人求救于楚怀王。

秦二世二年(公元前208年),项羽率军渡过漳河,驰援巨鹿。他命令全军破釜沉舟,仅带三日口粮,以示与秦军决战到底。楚军渡河之后,直奔巨鹿,包围秦军,断绝秦军粮道。接着连续交战,九战九捷,大破秦军。章邯败退至棘原,不久向项羽投降。与此同时,刘邦率军西进,相继攻克宛城(今河南南阳)、武关(在今陕西丹凤)。秦二世三年(公元前207年)十月,刘邦率军至灞上(在今陕西西安),秦王子婴投降,秦朝至此灭亡。

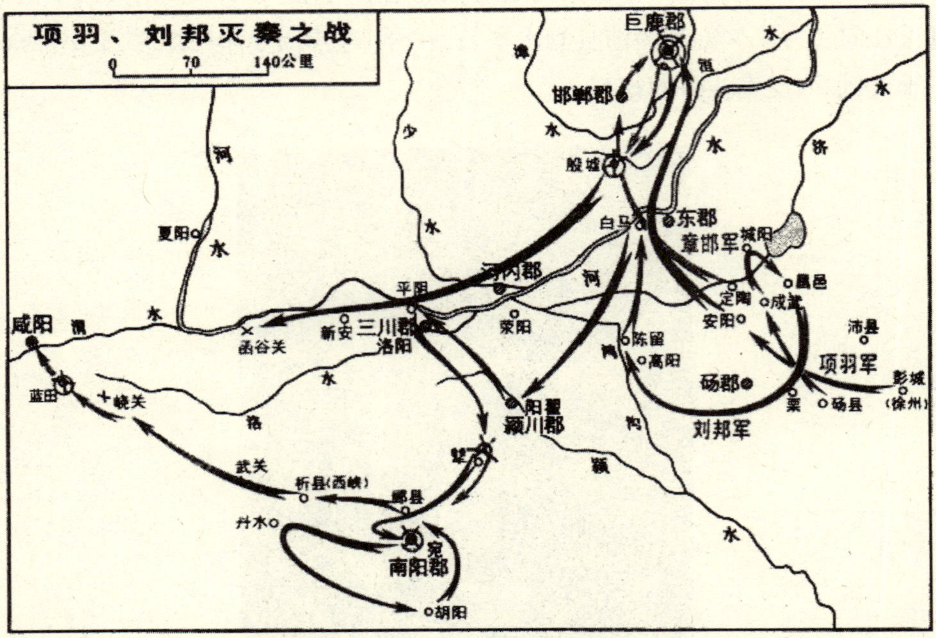

项羽、刘邦灭秦之战要图

秦朝灭亡之后,项羽尊奉楚怀王为义帝,建都于郴(今湖南郴州),自称西楚霸王,建都彭城(今江苏徐州),并以霸主的身份分割天下,分封一批诸侯、部将和降将为王。其中受封于荆楚的诸侯,有临江王共敖和衡山王吴芮。共敖出身于楚国贵族,曾被项梁任命为楚怀王的柱国,因为领兵平定南郡,被项羽封为临江王,建都江陵(今湖北荆州)。吴芮身为少数部族领袖,曾率领越人投入反秦斗争,并随项羽进入关中,故被封为衡山王,建都邾(今湖北黄冈)。其中,临江国面积很大,除辖治南郡之外,还包括长沙、黔中两郡,拥有较强的势力。

汉高帝元年(公元前206年)四月,项羽一面派人要挟楚怀王,迁徙到郴县,一面密令共敖、吴芮出兵,在中途截杀楚怀王。八月,楚汉战争爆发之后,共敖归附于项羽集团,却一直坐观待变,没有出兵支援项羽。汉高帝三年(公元前204年)七月,共敖去世,其子共尉继位。这时候,刘邦、项羽在荥阳相持,共尉依旧据守荆楚,没有投入战争中去。汉高帝四年(公元前202年)十二月,项羽在垓下兵败，逃至乌江自刎。二月，刘邦在定陶称帝，而后移都洛阳。

随着项羽的衰败，各地诸侯纷纷归附刘邦，刘邦集团逐渐强势。但是，共尉怀有政治野心，或者因为忠于项羽，在刘邦称帝后不久，带头“为项羽叛汉”。刘邦闻讯之后，急忙派太尉卢绾、刘贾统率军队，向西进攻临江国。卢绾、刘贾围攻江陵，数月不能攻克。刘邦又派信武侯靳歙率军增援，继续进攻江陵。靳歙进抵江陵，招降临江王的柱国、大司马及其部下八人，亲自活捉共尉，押送洛阳处死，遂平定了临江国，再次设置南郡。

经过秦汉之际战乱，面对社会凋敝的局面，汉初统治者崇尚无为而治，采取休养生息的政策，有利于社会秩序的重建。荆楚地区作为王朝腹地，长期处于和平稳定状态，社会经济得到恢复发展，迎来了一个新的历史阶段。

二、绿林起义

西汉后期，社会矛盾不断加深，统治阶级日趋腐败。始初元年(8 年)，王莽称帝，建立新朝，为了缓和社会矛盾，开始全面推行改革。始建国元年(9 年)，依据井田制的模式，王莽颁布“王田”、“私属”制，下令将全国土地改称“王田”，奴婢改称“私属”，都不准买卖。针对豪强富商囤积居奇和高利贷盘剥，始建国二年(10 年)，又下令实行“五均六管”制，在长安和洛阳、临淄、邯郸、宛、成都等城市设立五均官，负责管理市场、平抑物价和征收工商业税。禁止私人赊贷，赊贷由政府办理贷款。五均赊贷，加上政府经营的盐、铁、酒、铸钱和收山泽税，合称“六管”。此外，王莽还采取措施，改革币制、官制和民族政策。这些改制尽管带有一定的合理性，但因为丧失应有的社会基础，加上没有确切的指导思想和适当的改革措施，没有一个齐心协力、集思广益的最高统治集团，没有一个能够贯彻推行各项改革措施的地方官僚系统，不可避免地陷入失败的命运。王莽改制的失败，进一步激化了社会矛盾，引发了绿林赤眉起义。

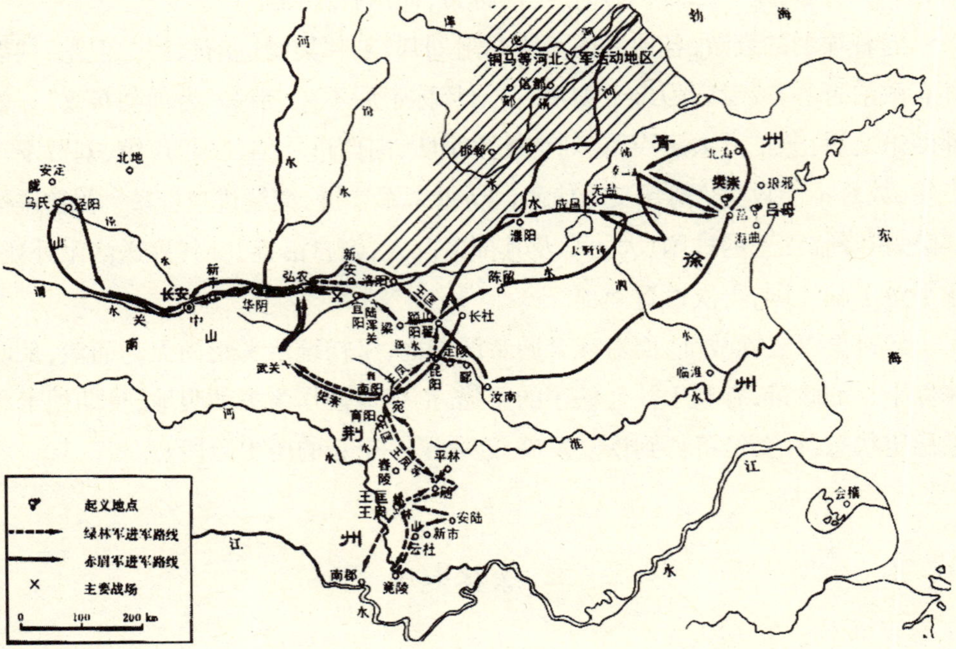

绿林赤眉起义

(一)绿林军兴起

天凤四年(17年),荆州发生大饥荒,许多灾民生活无着,逃入山林沼泽地带,挖掘荸荠为食物,彼此互相争夺。新市(今湖北京山)人王匡、王凤兄弟经常出面调解,受到众人的尊重,被推为首领,一时聚集数百人。他们以绿林山(今湖北大洪山)为根据地,故称为绿林军。后不久,南阳马武、颍川王常、成丹等人前来投靠。绿林军迅速壮大,数月之间扩充到七八千人。还有南郡张霸、江夏羊牧等人,与王匡同时起义,也有部众一万人。

绿林起义之后,王莽得到报告,派遣使者前往荆州,赦免这些起义者。这位使者返回京城,向王莽汇报说:"百姓走投无路,才起来做盗贼,现在看来解散,不久就又聚合。"王莽听了大怒,当即免其官职。天凤五年(18年),王莽任命大司马司允费兴为荆州牧,召见费兴,询问施政方略。费兴回答说:"荆扬之民,率依阻山泽,以渔采为业。间者国张六管,税山泽,妨夺民之利,连年久旱,百姓饥穷,故为盗贼。兴到部,欲令明晓告盗贼归田里,假贷犁牛、种食,阔其租赋,冀可以解释安集。"这种一味安抚的政策,显然不为王莽所接受,因此费兴被免职。

正如费兴所言，绿林军本是由于饥寒困苦，众人聚集在一起，即使有数万人之众，也没去攻掠城市，只是盼望年景好转，能够返回家园。然而官府的暴力镇压，起到了反面的作用，使绿林军不断壮大。地皇二年（21年），荆州牧率领二万人，进攻绿林军，王匡率领绿林军迎战，大破官军于云杜（今湖北仙桃），杀死数千人，缴获了大批物资。荆州牧率部向北撤退，遭到马武等人的截击。绿林军趁势攻下竟陵（今湖北天门）、安陆（今湖北安陆）等地，当返回绿林山时，已扩充到五万多人，州郡官府再无法制止。

地皇三年（22年）夏天，绿林军遭遇瘟疫，近一半人染病死去，不能继续住在绿林山，于是分兵出山。王常、成丹带领一些部众，往西进入南郡，称为"下江兵"；王匡、王凤、马武、张印率领主力部队，往北进入南阳，称"新市兵"。绿林军开始向外拓展。

（二）更始政权建立

随着绿林军的兴起，王莽看到事态严重，派遣纳言大将军严尤、秩宗大将军陈茂，带领官吏一百多人，到荆州招募士兵，围剿绿林军。地皇三年（22年）七月，新市兵进攻随县（今湖北随州），当地人陈牧、廖湛在平林起事，聚集部众一千多人，号称"平林兵"，配合新市兵行动。与此同时，西汉宗室刘玄加入平林兵，刘缜、刘秀兄弟纠集宗族、子弟、宾客七八千人，在春陵（在今湖北枣阳）起事，号称"春陵军"，联合新市兵、平林兵，加入绿林军的行列。

更始帝刘玄

地皇四年（23年）正月，刘缜、刘秀率领春陵军，与下江兵一道，在沘水（今河南泌阳）大破官军，斩杀新朝前队大夫甄阜、属正梁丘赐，消灭官军两万多人。严尤、陈茂领兵前进，打算驻防宛城。刘缜率部与他们会战，又大破严尤、陈茂军，于是包围了宛城。在此过程中，绿林军不断壮大，发展到十多万人。

为了鼓励士气，树立威望，绿林军将领开始商讨建立政权。春陵军旧部及追随刘縯、刘秀兄弟的一部分将领拥立刘縯，而新市、平林军诸将王匡、王凤、张卬等则拥立刘玄，两种意见相持不下。刘縯提出赤眉军尚在山东，势力发展很快，也会拥立新主，所以最好先称王。如果赤眉军所立为贤主，则率军归顺；若没有拥立，待攻灭王莽、降服赤眉后，再立皇帝也不晚。这显然是拖延战术，王匡一派拒不接受，张卬甚至拔剑击地。众将遂拥立刘玄为帝。二月初一，刘玄在育阳（今河南南阳）即位，改元更始，以王匡为定国上公，王凤为成国上公，朱鲔为大司马，刘縯为大司徒，陈牧为大司空，刘秀为太常偏将军，正式建立了新政权。

刘玄称帝之后，一面派刘縯率领绿林军主力进攻南阳，一面派王凤、王常、刘秀率军向北挺进，很快占领了昆阳（在今河南叶县）、定陵（今河南舞阳）、郾城（今河南郾城）等地，令王莽大为恐慌。五月，刘縯攻取宛城。王莽派大司徒王寻、大司空王邑调集各州郡精兵四十三万人，向宛城进发，并于五月在颍川与严尤、陈茂军队会合，包围了昆阳城。六月，刘秀等人斩杀王寻，大破官军，王邑仅带残部数千人，逃回洛阳。

在昆阳之战后，更始帝刘玄派定国上公王匡进攻洛阳，西屏大将军申屠建、丞相司直李松进攻武关，三辅地区大为震动。邓晔、于匡在南乡起兵，响应绿林军，迅速地夺取武关，迎接绿林军。李松、邓晔率军进抵华阴，直逼长安。九月，关中民众纷纷起事，配合绿林军，一举占领了长安，王莽在宫内被杀，新朝至此灭亡。

（三）绿林军覆灭

更始元年（23年）十月，在王匡攻取洛阳后，刘玄北上定都洛阳，派使者巡行全国各地，宣布新的命令。同时，刘玄任命大司徒刘赐为丞相，派他先入关中，负责修建宗庙、宫室。

更始二年（24年）二月，刘玄迁都长安，开始大肆分封诸王，任命李松为丞相，赵萌为右大司马，共同处理朝中事务。刘玄贪图享受，日夜饮酒作乐，完全不问政事。因为更始政权滥授官爵，长安城内流传着一首歌谣："灶下养，中郎将；烂羊胃，骑都尉；烂羊头，关内侯。"特别是一些军事将领，在朝廷外自行赏罚，各自设置官吏，州郡交叉错杂，令人无所适从。因此，关中民众大为不满，全国各地叛乱四起。

恰在此时，赤眉军进至洛阳附近，其首领樊崇亲到洛阳，希望与更始政权合作，但刘玄对赤眉军不感兴趣，令樊崇极为不满。樊崇返回之后，分兵两路攻打刘玄，一路由樊崇、逄安率领进攻武关，一路由徐宣、谢禄、杨音率领进攻陆浑关。更始三年(25年)正月，这两路军在弘农会合，刘玄派讨难将军苏茂抵挡，被赤眉军击败。三月，刘玄派丞相李松统领大军，迎战赤眉军，又被赤眉军打败，损失了三万多人。赤眉军继续西进，进至郑县(今陕西华阴)，拥立汉室后裔刘盆子为皇帝，以徐宣为丞相，樊崇为御史大夫，逄安为左大司马，谢禄为右大司马，正式建立自己的政权，与更始政权分庭抗礼。

六月，刘玄命王匡、陈牧、成丹、赵萌驻屯新丰，命宰相李松屯兵城，以抵御赤眉军。然而没过多久，更始政权发生内讧，刘玄设计诛杀陈牧、成丹、申屠建等人，王匡、张印等率部占据长安，公然与刘玄相对抗。八月，刘玄派李松、赵萌一道进攻王匡、张印，双方在长安混战一个多月，王匡、张印逃至高陵(今陕西高陵)，投降赤眉军，连兵反攻长安。李松出城迎战，被赤眉军擒获。九月，赤眉军进入长安，刘玄单骑出逃，在高陵遭到劫持，更始政权的文武官员都投降赤眉军。十二月，关中民众厌恶赤眉军，转而怜悯刘玄，声称要营救他出来。张印等人大为忧虑，就把刘玄活活勒死。

更始政权从创建到灭亡，前后仅有三年时间，绿林军本来为生计而战，但在创建更始政权之后，马上转变成为权力而战，所以迅速走向覆灭。

三、光武中兴

在荆楚历史上，秦汉时期出现过两位皇帝：一位是更始帝刘玄，一位是光武帝刘秀。这两位皇帝相比较，在个人品质、领袖风范和政治智慧、军事才能等方面，刘秀都优于刘玄。刘秀不仅是一位杰出的政治家，而且是一位卓越的军事家，从舂陵起兵到昆阳之战，从创建东汉到统一全国，参与指挥了整个战争活动，成为军事史上的一段佳话。

(一)春陵起兵

汉光武帝刘秀

汉光武帝刘秀，出身于西汉皇族，是汉高祖 刘邦的九世孙。他出生于济阳（今河南兰考），其父刘钦为济阳县令。但他九岁时，因为刘钦病故，随母亲回到春陵（今湖北枣阳），与叔父刘良一起生活。刘秀性情温和，处事稳重，曾经赴长安习读《尚书》，到宛城贩卖粮食，见过京城卿官执金吾，听说新野美女阴丽华，所以大为感慨：“仕宦当作执金吾，娶妻当得阴丽华。”这说明其志不在得天下，与项羽“彼可取而代之”的豪气不能比。但论个人素质和谋略，刘秀应无逊于项羽。

地皇三年（22年）十月，刘秀在宛城会见李通、李轶，商定起兵反抗新朝。刘秀返回春陵，告诉其长兄刘縯。刘縯马上召集当地豪杰，商量说：“王莽暴虐，百姓分崩。今枯旱连年，兵革并起，此亦天亡之时，复高祖之业，定万世之秋也！”众人表示赞同，就分别到各县动员，刘縯负责发动春陵子弟。春陵子弟都很害怕，纷纷逃避躲藏，抱怨刘縯害人。等看到刘秀身穿红衣，头戴大冠，改换将军服装，都有些吃惊，心里逐渐踏实。刘縯、刘秀集结七八千人，自称“柱天都部”，正式走上了推翻新朝，复兴大汉的道路。

刘縯、刘秀起兵之后，率领春陵军北进，一举攻占了棘阳。十一月，刘縯准备攻打宛城，挺进到小长安聚，与新朝前队大夫甄阜、属正梁丘赐交战。当时大雾迷漫，刘縯所部大败，刘秀单骑逃命，遇到妹妹刘伯姬，就同乘一匹马奔跑。后又遇到姐姐刘元，刘秀叫她赶快上马，刘元挥手作别，结果被官军杀害。

在此役挫折之后，刘縯集结余部，退回棘阳据守。甄阜、梁丘赐率领精兵十万人，乘胜南渡潢淳水，继续进攻春陵军。新市兵、平林兵看到春陵军失利，而官军将要大举进攻，纷纷打算逃走。恰在此时，下江兵五千多人进抵宜秋聚，刘縯就带着刘秀、李通，亲赴下江兵营拜访，结交下江兵首领王常，王常表示愿意与刘缜联合，并把这一想法告诉成丹、张印诸将。于是，王常率领下江兵，与春陵军、新市兵、平林兵会合。刘缜用丰盛的酒食招待各路部队，相互订立盟约，然后分兵六路，反攻甄阜、梁丘赐。

地皇四年（23年）正月，刘缜、刘秀率领春陵军，与下江兵一道进攻官军，斩杀甄阜、梁丘赐，歼灭官军二万多人。新朝纳言将军严尤、秩宗将军陈茂领兵增援，计划驻防宛城。刘缜与他们在淯阳会战，再度大获全胜，随即包围了宛城。二月，在淯水畔设置坛场，刘玄在淯阳称帝，建立了更始政权。

枣阳白水寺

（二）昆阳之战

更始政权建立之初，刘秀担任太常偏将军，与成国上公王凤、廷尉大将军王常等率军北进，相继攻克昆阳、定陵、郾城。王莽得知严尤、陈茂战败，急忙派遣司徒王寻、司空王邑赶到洛阳，征调州郡兵四十三万人，由各州郡长吏统率，企图一举消灭汉军。地皇四年（23年）五月，王寻、王邑从颍川南下，与严尤、陈茂会合。汉军诸将鉴于敌军来势汹汹，都纷纷往回跑，退入昆阳城内。

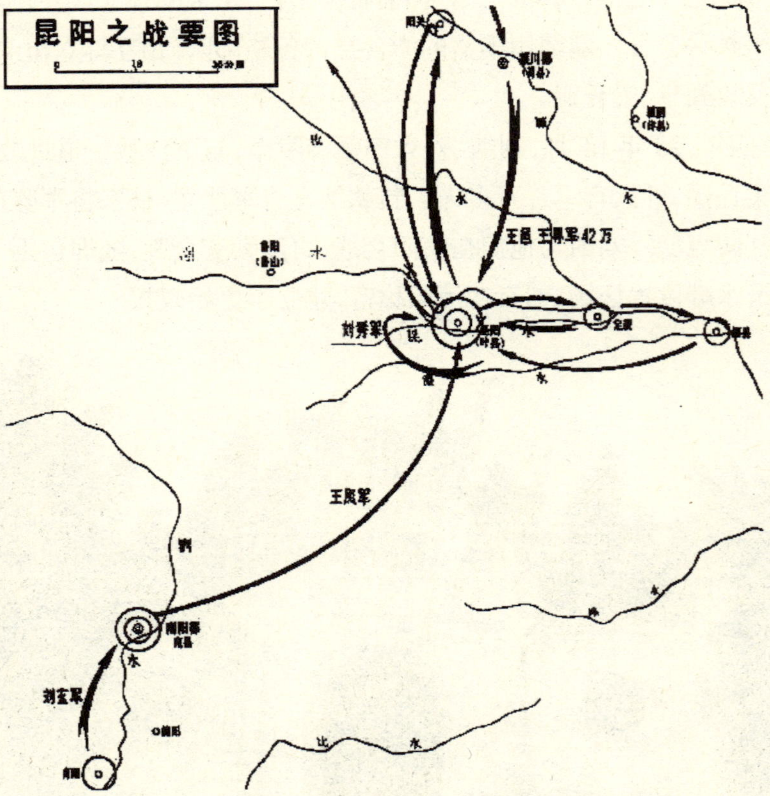

昆阳之战要图

面对强大的官军，王凤、王常等人很惶恐，考虑到家室的安全，竟想从昆阳分散出去，转入别的城邑。刘秀给他们分析说："今兵谷既少，而外寇强大，并力御之，功庶可立；如欲分散，势无俱全。且宛城未拔，不能相救；昆阳即破，一日之间，诸部亦灭矣。今不同心胆，共举功名，反欲守妻子财物邪！"诸将有点听不进去，刘秀又给他们进一步地解释成败因素，才得到大家的赞同。这时城内只有八九千人，刘秀让王凤、王常据守昆阳，亲领五威将军李轶等十三人，连夜驰出昆阳城，到外地寻求援兵。

刘秀赶到郾、定陵等地，调集诸营的所有军队，紧急回援昆阳。六月初一，刘秀亲率步骑兵一千多人为先头部队，在距官军四五里处摆开阵势。王寻、王邑派数千人合战，刘秀领兵冲杀过去，斩杀了数十人。诸将高兴地说："刘将军平生见小敌怯，今见大敌勇，甚可怪也！且复居前，请助将军！"刘秀继续前进，迫使官军后退，诸将领兵一同进击，又斩杀了上千人。汉军接连取胜，诸将胆气更壮，无不以一当百。刘秀挑选三千人，组成一支敢死队，从城西河边出击，直指官军统帅部。王寻、王邑轻视绿林军，亲自带领一万多人，巡视各部营阵，严令各部按兵不动，单独迎战绿林军。结果，王寻、王邑交战失利，其他部队又不敢相救，汉军乘机出击，斩杀了王寻。昆阳城内守军击鼓呐喊，冲杀出来，夹击官军。官军迅即崩溃，逃跑中相互践踏，死者的尸体遍布一百多里，而溺水死的士兵也有上万人。王邑、严尤等仅以轻骑，踩着死人狼狈逃窜，带领数千人回到洛阳。汉军缴获大批物资，几个月都没运完，剩余物品就地烧掉。

昆阳之战是一场以少胜多的战役，刘秀在战役中发挥了重要的作用。经过这次战役，汉军因夺得胜利而士气高昂，新朝因丧失主力军而濒临灭亡。官军惨败的消息传至关中，新朝廷上下十分震惊。各地豪杰纷纷起事，杀死州郡长吏，自称将军，使用更始年号，等待更始帝的诏命，这种形势迅速遍及全国。

但在昆阳血战之际，刘缜被更始帝杀害，这使刘秀极为痛苦，同时陷入危险境地。在得知刘缜被杀后，刘秀自知无力与刘玄决裂，只好强忍悲痛，从昆阳返回宛城，主动向刘玄谢罪。他不仅避免私下与刘缜的旧部接触，也不夸耀昆阳之战的功劳，更没有公开为刘缜服丧，饮食谈笑一如往常。刘玄本有捕杀刘秀之心，但见刘秀如此谦恭，反倒自觉惭愧，就提升刘秀为破虏大将军，并封为武信侯。

（三）东汉政权的创建

更始元年（23 年）十月，更始帝进入洛阳之后，分派使者巡行全国各地。刘秀作为破虏大将军，代理大司马职务，持节巡抚河北州郡。刘秀到达河北地区，针对社会混乱的局面，果断废除王莽旧制，恢复汉朝官制，注重改善吏治，审理冤假错案，得到民众的热烈拥护。

这时候，河北形势十分复杂，西汉赵缪王之子刘林拥立方士王郎在邯郸称帝，王郎谎称是汉成帝之子刘子舆，由此得到西汉广阳王之子刘接的响应。更始二年（24 年）三月，王郎悬赏十万户缉拿刘秀，刘秀处境颇为艰难，因为无力对抗王郎，被迫从蓟县出逃，一直逃到信都（今河北邢台），得到信都太守任光、和戎太守邳彤的支持，才暂时站稳脚跟。刘秀以信都为基地，联合刘植、耿纯等豪强势力，并传檄征调边郡兵，全力进攻邯郸。五月，刘秀经过几次大战，终于攻破邯郸，擒杀了王郎。

随着刘秀势力的壮大，更始帝刘玄颇为忧心，就派使者来到邯郸，封刘秀为萧王，命令遣散所有部队，征召刘秀和诸将回到长安。刘秀为了开创大业，以河北尚未平定为理由，没有接受征召，开始与刘玄分庭抗礼。可是，更始政权的势力业已渗透到河北地区，谢躬统兵数万，驻扎在邺城；苗曾、韦顺、蔡充被刘玄分别任命为幽州牧和上谷、渔阳太守，对刘秀构成直接威胁。九月，刘秀在收斩苗曾、韦顺、蔡充之后，又以调虎离山之计，乘虚袭取邺城，杀掉谢躬，彻底肃清了更始政权在河北的势力。与此同时，刘秀征调各州郡兵，相继击破铜马、高湖、重连、尤来、青犊等农民军，收降了数十万人马，进一步地壮大了力量。

更始三年（25年）六月，刘秀消灭了各种敌对势力，控制了整个河北地区，已经形成一个强大的政治集团，“三分天下而有其二，跨州据土，带甲百万”。刘秀受到部众的拥戴，在河北鄗城（今河北高邑）称帝，建立起东汉政权。

（四）荡平江汉地区

东汉政权创建之初，全国处于四分五裂局面，更始军坚守洛阳，赤眉军占领长安，刘永称帝睢阳，公孙述割据巴蜀，隗嚣称雄天水，卢芳独霸安定，李宪在淮南称王，张步在琅琊起兵，董宪在东海叛乱，延岑在汉中造反，他们都设立将帅，攻城略地，形成一方割据势力。而在荆楚地区，主要有两股割据势力：一是秦丰，早年起兵于黎丘（在今湖北宜城），攻陷邔县、宜城等十余县，聚集部众一万人，自称楚黎王；二是田戎，最初占领夷陵（在今湖北宜昌），自称扫地大将军，转掠周边郡县，拥有部众数万人。

从建武元年（25年）至十二年（36年），刘秀依照进取关洛、扫平关东、经略西北、攻占巴蜀的军事战略，经过十一年南征北战，消灭了各个割据政权，再度实现了全国统一，荆楚地区也重归稳定。

建武三年（27年）五月，刘秀派征南大将军岑彭统领傅俊、臧宫等三万余人，南击秦丰。六月，建义大将军朱祐率军征讨延岑，因延岑败逃至黎丘，归附秦丰，就南下与岑彭会师。秦丰出兵至邓县（在今湖北襄阳），抗拒岑彭。双方相持数月，岑彭没有进展，受到刘秀责备。于是，岑彭连夜整军，扬言次日西攻山都（在今襄阳、谷城之间），故意放走俘虏，把汉军的动向传给秦丰。秦丰信以为真，随之领兵西移，准备截击岑彭。等秦丰移师后，岑彭率军偷渡汉水，突袭秦丰部将张杨于阿头山（在今湖北襄阳），张杨败走。岑彭乘胜南进，直逼黎丘。秦丰闻讯大惊，匆忙率军回援。岑彭以逸待劳，斩杀秦丰大将蔡宏。建武四年（28 年）十二月，秦丰长期被围困，不断损兵折将，剩余部队才一千人，粮食将要耗尽。刘秀有鉴于此，亲自来到黎丘，派使者招降秦丰，秦丰不肯投降。于是，刘秀派朱祐代替岑彭，包围黎丘；改派岑彭、傅俊率军南下，进攻田戎。建武五年（29 年）五月，朱祐领兵猛攻黎丘，秦丰仍坚持抵抗。六月，秦丰因兵少粮尽，被迫出城投降，被朱祐押送至洛阳，刘秀下令诛杀秦丰。

田戎集团的覆灭，与刘秀剿灭秦丰密切相连。当岑彭包围黎丘时，田戎十分害怕，就准备投降。建武四年（28 年）二月，田戎留妻兄辛臣据守夷陵，亲自领兵沿江而下，经由汉水，进至黎丘。在田戎出发后，辛臣盗取田戎的珍宝，抄小路赶到黎丘，抢先投降岑彭，然后写信招降田戎。田戎怀疑被辛臣出卖，反过来与秦丰联兵，拒抗汉军。岑彭率军出击，田戎大败，逃回夷陵。建武五年（29 年）二月，岑彭领兵攻克夷陵，田戎出城逃走，岑彭追击到秭归，俘虏田戎妻子及部众数万人。田戎仅领数十骑，逃奔蜀地，投降了公孙述。

建武六年（30 年）三月，公孙述派田戎出江关（在今重庆奉节），招集他的旧部，准备夺取荆州，但没有得逞。直到建武九年（33 年）正月，公孙述派田戎、任满等率领数万人，击破汉军，攻取巫县、夷道、夷陵，占据荆门山、虎牙山，在长江上架设浮桥，修建关楼；在江中竖立木柱，以阻断水道；在山间构筑营垒，以堵塞陆路，全力抗拒汉军。建武十一年（35 年）三月，岑彭驻屯津乡（在今湖北枝城），多次攻打田戎，都不能取胜。刘秀增派大司马吴汉，征调荆州兵六万余人、骑兵五千人，与岑彭会师于荆门。闰三月，岑彭招募勇士，攻击浮桥。偏将军鲁奇应募前行，乘船逆流而上，投掷火炬焚烧浮桥，桥楼都被烧塌。岑彭趁势出击，所向披靡，临阵斩杀任满。公孙述军溺死数千人，田戎逃回江州。汉军进抵江州，岑彭因江州城池坚固，粮食储备充足，难以很快攻陷，就引兵直指垫江，向成都挺进，留下冯骏监视江州。吴汉从夷陵出发，乘坐战船西进。十月，公孙述派刺客扮作逃亡的奴仆，归降岑彭，把岑彭刺死。吴汉接管全军，继续讨伐公孙述。

建武十二年（36 年）七月，冯骏攻陷江州，俘获了田戎。十一月，吴汉攻取成都，消灭了公孙述集团，基本完成了统一大业。

纵观整个统一战争，刘秀富有战略思想：其一，战略与政略的结合。刘秀对待敌对势力，战前往往施以怀柔手段，或“用敌国之仪”，殊礼往来；或“告示祸福”，一律捐弃前嫌，显示出宽宏的气度，力图在道义方面占上风。对待降附者，刘秀总是大加安抚，或以列侯相封赐，或以田宅作奖赏，务必使他们诚心折服。对待社会大众，刘秀则放宽政策，诸如释放奴婢、禁止虐杀奴婢、减免赋役等措施，都深得民心。其二，注重掌握战争的主动权。在不同作战方向，刘秀总能利用敌人的弱点，或采取羁縻手段，或实施猛烈打击，战略进攻和防御相辅相成，针对四面临敌的条件，力戒两面作战。在同一作战方向，刘秀往往“先其所爱”，居其腹心，使敌人陷入被动不利的作战态势。其三，保持各阶段的连续性。统一战争的各个阶段相互衔接，略定河北为进取关洛做好准备，进取关洛时已开始扫平关东的战略步骤，扫平关东是经略西北的前提条件，经略西北又为攻取巴蜀奠定基础。每个阶段的战略实施，都是相互交叉、相互促进的。

“古者师不内御，而光武命将，皆授以方略，使奉图而进，其违失无不折伤。”在东汉统一战争的每个阶段，刘秀的战略战术指导全都切实有效，成为战争胜利的重要因素。像这样杰出的战争艺术，在历代开国君主中间，可以说是十分罕见。

四、刘表治荆州

东汉末期，天下大乱，刘表在荆州执政十八年，恩威并重，招贤纳士，据地数千里，带甲十余万，称雄一方，从容自保，使得荆州“江山险固，沃野万里，士民殷富”，成为当时稳定富庶的地区。

（一）以武力定荆州

刘表，字景升，出身于汉室宗族，早年知名于京城，与范滂、张俭等人为友，号称“八俊”。何进担任大将军，见他身材魁梧，就辟为大将军掾，后升迁北军中候。中平六年（189年）四月，汉灵帝刘宏去世，皇子刘辩继位，何太后临朝称制，大将军何进辅政。何进打算诛除宦官，征调董卓率军进京。八月，中常侍张让、段珪抢先下手，杀死何进。袁绍等人领兵入宫，捉拿所有宦官，不分老少全部处死，共诛杀二千多人。董卓趁机率军进京，废黜少帝刘辩为弘农王，改立陈留王刘协为帝，很快就控制了朝廷。

初平元年(190年)正月，关东州郡起兵讨伐董卓，董卓征发大兵迎战。二月，为了躲避关东联军的进攻，董卓裹挟汉献帝西迁长安。三月，荆州刺史王睿与长沙太守孙坚一同起兵，参与讨伐董卓。王睿原本与武陵太守曹寅有怨恨，扬言要先杀掉曹寅。曹寅伪造朝廷公文，列举王睿的罪状，转交给孙坚，要求孙坚捕杀王睿，而后上报朝廷。孙坚得到这份公文，就率军袭杀王睿。汉朝廷得到报告，诏命刘表为荆州刺史。

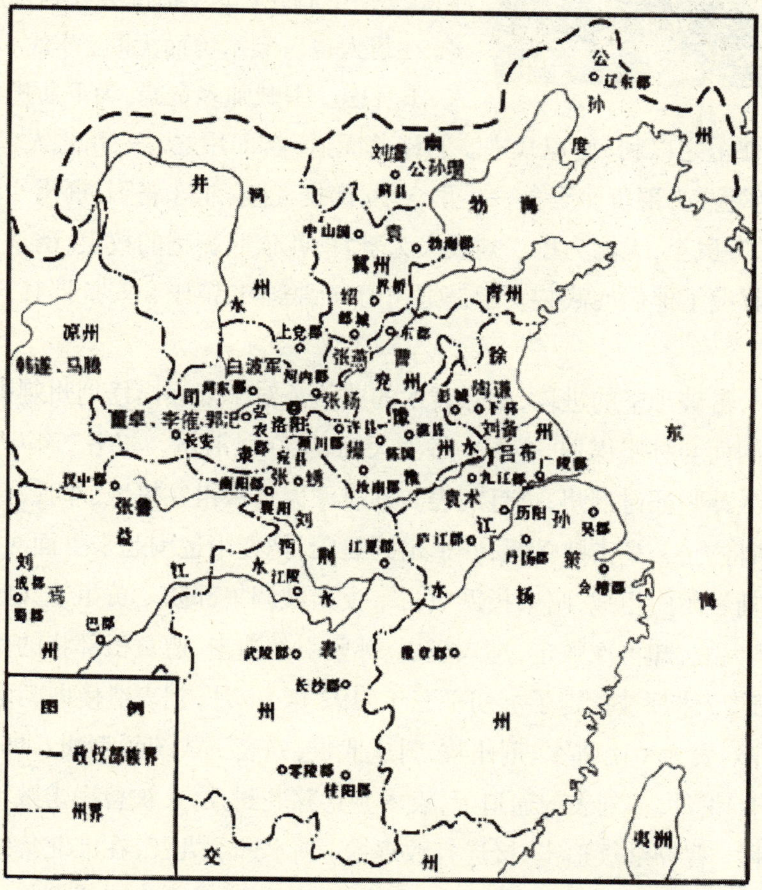

汉末群雄割据形势图

这时候，荆州极为动荡不安，遍地都是兵匪盗贼，袁术屯兵鲁阳（今河南鲁山），苏代掌控长沙，贝羽占据华容，各自拥兵作乱，阻断了往来道路。在这种混乱条件下，刘表从容镇定，沉着冷静，毅然单骑进入宜城，开始全力治理荆州。

刘 表

首先，刘表积极争取荆州较有影响力的蔡、蒯两大家族的信任和支持。他请来名士蒯良、蒯越兄弟和蔡瑁等人，向他们询问治理荆州的方法。蒯良说："众不附者，仁不足也；附而不治者，义不足也。苟仁义之道行，百姓归之如水之趣下，何患所至之不从，而问兴兵与策乎？"蒯越说："治平者先仁义，治乱者先权谋。兵不在多，在得人也。袁术勇而无断，苏代、贝羽皆武人，不足虑。宗贼帅多贪暴，为下所患。越有所素养者，使示之以利，必以众来。君诛其无道，抚而用之。一州之人，有乐存之心，闻君盛德，必襁负而至矣。兵集众附，南据江陵，北守襄阳，荆州八郡可传檄而定。术等虽至，无能为也。"刘表大为赞赏，就依照蒯越的权谋，诱杀了宗贼五十五人，收编了他们的武装。于是把州府移到襄阳，镇压和安抚郡县，荆州地区得以稳定。

其次，击破孙坚的进攻，解除袁术的威胁。对于刘表出任荆州刺史，袁术非常不满，因而与孙坚谋划，企图一举消灭刘表，夺取荆州。初平二年（191 年）十月，袁术派孙坚征讨荆州，攻打刘表。刘表派大将黄祖在樊城、邓县一带迎战。孙坚兵精将勇，一举击败黄祖，并追击到襄阳，把襄阳包围起来。面对孙坚的凌厉攻势，刘表闭门拒战，暗中指派黄祖乘夜出城调集部队。黄祖领兵归救襄阳，复与孙坚大战，却再次败走，逃入岘山。孙坚引兵追击，遭黄祖部将的伏击，被暗箭射死，连尸体都被抢走了。初平三年（192 年）十月，刘表遣使向朝廷贡献，汉朝廷擢升刘表为镇南将军、荆州牧，封成武侯，刘表正式统领荆州八郡。初平四年（193 年）正月，在刘表的逼迫下，袁术领兵移驻封丘，又被曹操击败，转而退到襄邑、宁陵。曹操继续追击，接连打败袁术。袁术逃到九江，在淮北集结部队，占领寿春（今安徽寿县），自称扬州刺史。从此以后，袁术再未侵扰荆州。

再者，降服荆州各郡。建安元年（196 年）十月，经过李傕、郭汜之乱，董卓部将张济率军进入荆州，攻击穰城（在今河南邓州）。刘表派兵反击，把张济射死。荆州官员都来祝贺，刘表推辞不受，声称张济因穷途潦倒，才来到荆州，本应该尽地主之谊，却把他射死，所以不接受祝贺。在张济死后，张绣统领其部众，得到刘表的接纳，就与刘表相联合，刘表得以化敌为友。但是，刘表直接受封于李傕、郭汜，荆州一些官员颇为不满，尤以长沙太守张羡为甚。建安三年（198 年）十二月，张羡联合零陵、桂阳两郡起兵，抗拒刘表，打算归附曹操。刘表为戡定荆州，毅然出兵镇压。双方连年交战，一直相持不下。后来张羡病死，其子张怿继任长沙太守，被刘表攻克。刘表由此“南收零桂，北据汉川，地方数千里，带甲十余万”，控制了整个荆州地区。

（二）行仁义治荆州

在稳定荆州过程中，刘表坚持“爱民养士，从容自保”的方略，注重对荆州的治理。从实际情况来看，刘表不仅与豪门蔡氏联姻，取得蔡氏家族的支持，而且积极笼络人才，受到荆州士人的拥戴，汇集蒯良、蒯越、文聘、黄祖、韩嵩等一批谋士和将领，成为一方割据势力。

建安元年（196 年）八月，曹操迎接汉献帝到许昌，开始“挟天子以令诸侯”。刘表作为一位封疆大吏，依据“内不失贡职，外不背盟主”的原则，一面派使者入朝进贡，一面继续与袁绍结盟，还主动拉拢张绣，共同对抗曹操，以求自保于荆州。

建安四年（199 年）十一月，正当官渡鏖战之际，袁绍派使者来荆州，向刘表请求援助。刘表既答应袁绍的请求，却不派一兵一卒，也不帮助曹操，而是按兵不动，采取一种观望态度。从事中郎韩嵩、别驾刘先劝说支持曹操，以便保全荆州。刘表犹豫不决，派韩嵩去拜见曹操，但终究没有行动。

刘表虽然放弃北进的机会，却卓有成效地自保于荆州。因为袁绍、曹操两雄相争，刘表并没能力加以阻止。所以，与其全力投入战争，不如尽心治理荆州。《后汉书·刘表传》记载：“初，荆州人情好扰，加四方骇震，寇贼相扇，处处麋沸。表招诱有方，威怀兼洽，其奸猾宿贼更为效用，万里肃清，大小咸悦而服之。”这说明经过刘表治理，荆楚地区得到安定，广大民众心悦诚服。

值得称道的是，汉末中原长期战乱，大批人口南来避难，许多士人移居荆州。

刘表在荆州牧任上，广泛接纳各类人才，给予他们妥善安置，同时重视教育事业，开办官学，研讨儒术，形成所谓"荆州学派"，促进荆楚文化繁荣。因此，襄阳既是荆楚政治中心，又成为荆楚文化中心，影响遍及全国各地。

第三章 三 国

三国时代是一个战乱频仍的时代，是一个英雄辈出的时代。荆楚地区以其特殊的战略地位，成为魏、蜀、吴三国争夺的焦点，在这里描绘了许多军事画卷，给后人留下了不少经典战例。从赤壁之战到荆襄之战，再到夷陵之战，直接影响着三国历史的进程。

一、赤壁之战

赤壁之战作为三国历史的揭幕战，在曹操和孙权、刘备三个集团之间展开，可以归纳出一些基本特点：参战的军队是强弱不等的三方势力，核心的问题是统一和割据的两种立场，最终的结果是趋向三分的一个前途。

（一）战前的形势

曹操发起赤壁之战，不仅想夺取荆州，而且要吞并江东，是以统一天下为目标。这种毕功于一役的战略企图，在曹操给孙权的信上，写得很明白："近者奉辞伐罪，旄麾南指，刘琮束手，今治水军八十万众，方与将军会猎于吴。"这表露出曹操的两项谋略：一则宣称"奉辞伐罪"，为自己制造正当的名义，对孙权集团进行政治恫吓；一则谎称"治水军八十万"，夸张自己的水军实力，对孙权集团施加军事威胁。政治恫吓和军事威胁相结合，说明曹操并非单纯依靠武力制胜，而首先着眼于"不战而屈人之兵"。这种谋略有一定的效力，致使江东群臣震恐不已。无奈生存利益高于一切，孙权最终没有屈服于曹操，转而走上军事对抗的道路。

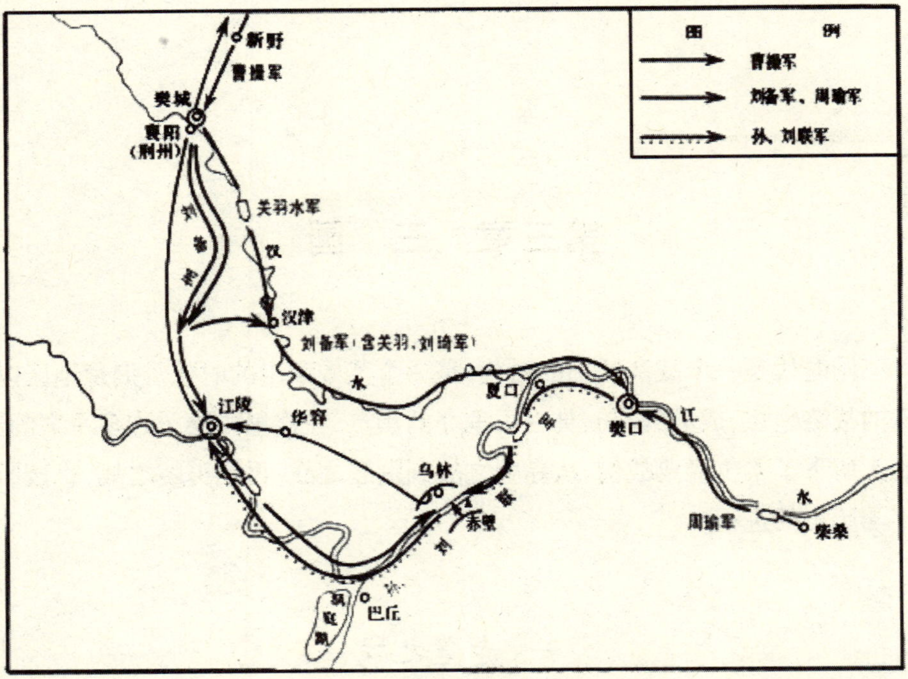

赤壁之战要图

孙权集团面对曹操的政治恫吓和军事威胁，呈现出归附和对抗两种倾向。鲁肃坚决主张对抗，当曹操起兵南下、刘表病逝之初，就进劝孙权说："夫荆楚与国邻接，水流顺北，外带江汉，内阻山陵，有金城之固，沃野万里，士民殷富，若据而有之，此帝王之资也。今表新亡，二子素不辑睦，军中诸将，各有彼此。加刘备天下枭雄，与操有隙，寄寓于表，表恶其能而不能用也。若备与彼协心，上下齐同，则宜抚安，与结盟好；如有离违，宜别图之，以济大事，肃请得奉命吊表二子，并慰劳其军中用事者，及说备使抚表众，同心一意，共治曹操，备必喜而从命。如其克谐，天下可定也。今不速往，恐为操所先。"鲁肃不愧有"独断之明"。他在荆州将有重大变故时，对荆州的内部情形和刘备可能作出的反应，了解得多么透彻。特别是请求说服刘备，利用荆州的现存力量，共同抗御曹操的设想，更具有敏锐的洞察力。这是有关孙刘两家联合的最早倡议。诚如裴松之所言，"刘备与权并力，共拒中国，皆肃之本谋。"从这层意义上说，鲁肃堪称赤壁之战的一位关键人物。

等到曹操致信孙权，孙权让群臣传阅，群臣莫不惊恐失色，纷纷建议归附曹操，鲁肃依然坚持个人的主张，尽力排斥众人的意见。早在此前四五年，鲁肃就建议孙权说："汉室不可复兴，曹操不可卒除。为将军计，惟有鼎足江东，以观天下之衅。规模如此，亦自无嫌。何者？北方诚多务也。因其多务，剿除黄祖，进伐刘表，竟长江所极，据而有之，然后建号帝王以图天下。"到这时候，鲁肃已同刘备进行会谈，初步达成联袂御敌的意向，刘备亦已率部进驻夏口，孙刘两家能否联合抗曹，只需要孙权最后拍板。所以，鲁肃劝说孙权从个人的前途着眼，无非是想利用更贴切的利害关系，促使孙权痛下决心，与刘备联袂御敌。只是没有谈及作战问题，这要等到孙权拍板之后，留待周瑜一同商议。

周瑜是另一位主战者，在从外地赶回来议事时，也规劝孙权说："操虽托名汉相，其实汉贼也。将军以神武雄才，兼仗父兄之烈，割据江东，地方数千里，兵精足用，英雄乐业，尚当横行天下，为汉家除残去秽。况操自送死，而可迎之邪！"这段话似仅代表江东的利益，并未谈到荆州的前途。实际上，周瑜不仅主张同曹操对抗，而且企图吞并荆州，甚至进取益州，实现"全据长江"的设想。这看他稍后攻占江陵，建议钳制刘备，进取益州的用心，可以明白无误。与此稍有不同，鲁肃则以江东实力不足，想利用刘备集团的力量，共同抗御曹操的进攻，以应付目前所面临的危局，而把"全据长江"的设想，暂时放在一旁。在当时把联袂抗曹同刘备集团的利益挂上钩来，紧密地连在一起，企图开创鼎足之形的，要以诸葛亮为代表，自然以刘备集团为主角。

在刘备集团方面，诸葛亮受鲁肃的邀约，秉承刘备的意愿，前往柴桑进见孙权，陈述孙刘联合大计，明确地对孙权说："海内大乱，将军起兵据有江东，刘豫州亦收众汉南，与曹操并争天下。今操芟夷大难，略已平矣，遂破荆州，威震四海。英雄无所用武，故豫州遁逃至此。将军量力而处之：若能以吴越之众与中国抗衡，不如早与之绝；若不能当，何不案兵束甲，北面而事之！今将军外托服从之名，而内怀犹豫之计，事急而不断，祸至无日矣。"接下来，诸葛亮预料战争结局说："今将军诚能命猛将统兵数万，与豫州协规同力，破操军必矣。操军破，必北还，如此则荆、吴之势强，鼎足之形成矣。"这分明是把孙刘两家同等相视，把三足鼎立的前途完全寄托在联袂拒曹上面。刘备集团以荆州之主自居，与孙权集团联袂抗曹，目的就是取得荆州，以为立足之地，尔后再图谋益州，与曹孙两家构成三分之局。孙刘两家的联合大计，就这样由鲁肃一再倡议，加上诸葛亮从中斡旋，以及周瑜的军事论证，终被孙权拍板定案。

（二）战役的经过

建安十三年（208年）七月，曹操率军南征荆州。八月，荆州牧刘表病逝。刘表的长子刘琦时任江夏太守，次子刘琮继任荆州牧。九月，曹操到达新野（今河南新野），接受刘琮投降，继续向南进军。

这个时候，刘备领兵驻守樊城，得知刘琮已经投降曹操，马上召集部属，商定率部撤往江陵。因为随军的民众很多，又有大批辎重车辆，每天只行进十余里。刘备先派关羽乘船，从水路到江陵会师。江陵作为荆州治所，贮存大批军用物资。曹操知道这些情况，恐怕刘备抢先占领江陵，命令部队轻装前进。当听说刘备已过襄阳，就亲率五千名精锐骑兵，急速追赶过来，在当阳长坂坡追上刘备。在此危急关头，鲁肃奉孙权之命，急匆匆赶到长坂坡，见着刘备和诸葛亮，转达孙权的旨意，劝刘备与孙权合作，刘备听得很高兴。鲁肃自称诸葛瑾之友，又与诸葛亮结交。刘备根据鲁肃的建议，与关羽所部会合，得以渡过沔水，进驻樊口（今湖北鄂州）。

曹操占领江陵后，准备沿长江东下。诸葛亮认为形势危急，请求刘备联合东吴，就与鲁肃一起来到柴桑，见到孙权，劝说孙权与刘备联袂抗曹。言谈之间，孙权反问诸葛亮：刘备怎么不服从曹操呢？诸葛亮回答说："田横，齐之壮士耳，犹守义不辱；况刘豫州王室之胄，英才盖世，众士慕仰，若水之归海！若事之不济，此乃天也，安能复为之下乎！"孙权勃然大怒，连忙表态说："吾不能举全吴之地，十万之众，受制于人。吾计决矣！非刘豫州莫可以当曹操者；然豫州新败之后，安能抗此难乎！"诸葛亮解释说："豫州军虽败于长坂，今战士还者及关羽水军精甲万人，刘琦合江夏战士亦不下万人。曹操之众，远来疲敝，闻追豫州，轻骑一日一夜行三百余里，此所谓'强弩之末，势不能穿鲁缟'者也。故兵法忌之，曰'必蹶上将军'。且北方之人，不习水战；又荆州之民附操者，偪兵势耳，非心服也。今将军诚能命猛将统兵数万，与豫州协规同力，破操军必矣。操军破，必北还；如此，则荆、吴之势强，鼎足之形成矣。成败之机，在于今日！"孙权听后很高兴，就去与群僚商议。

在东吴集团内部，长史张昭等人主张归附曹操，他们认为："曹公豺虎也，然托名汉相,挟天子以征四方,动以朝廷为辞;今日拒之,事更不顺。且将军大势可以拒操者,长江也。今操得荆州,奄有其地,刘表治水军,蒙冲斗舰乃以千数,操悉浮以沿江,兼有步兵,水陆俱下,此为长江之险已与我共之矣。而势力众寡,又不可论。”只有鲁肃不说话。孙权起身上厕所,鲁肃追到屋檐下,急切地对孙权说:“向察众人之议,专欲误将军,不足与图大事。今肃可迎操耳,如将军不可也。何以言之?今肃迎操,操当以肃还付乡党,品其名位,犹不失下曹从事,乘犊车,从吏卒,交游士林,累官故不失州郡也。将军迎操,欲安所归?愿早定大计,莫用众人之议也。”孙权听过这番话,赞同鲁肃的看法。

这时候,周瑜因为在鄱阳,没有参与这场讨论。孙权又紧急召见周瑜。周瑜坚决主张抗曹,还向孙权分析说:“今北土既未平安,加马超、韩遂尚在关西,为操后患。且舍鞍马,仗舟楫,与吴越争衡,本非中国所长。又今盛寒,马无藁草,驱中国士众远涉江湖之间,不习水土,必生疾病。此数四者,用兵之患也,而操皆冒行之。将军禽操,宜在今日。瑜请得精兵三万人,进住夏口,保为将军破之。”孙权听过这番话,更加坚定抗曹的决心,顺手拔出佩刀,砍向面前的奏案,声称再有劝降曹操者,就如同这个奏案。

当天夜里,周瑜又去见孙权,分析曹操的虚实情形,认为“彼所将中国人,不过十五六万,且已久疲;所得表众,亦极七八万耳,尚怀狐疑。夫以疲病之卒,御狐疑之众,众数虽多,甚未足畏。瑜得精兵五万,自足制之,愿将军勿虑!”孙权听完这番话,拍着周瑜的后背,深有感慨地说:“公瑾,卿言至此,甚合孤心。子布、元表诸人,各顾妻子,挟持私虑,深失所望;独卿与子敬与孤同耳,此天以卿二人赞孤也。”于是任命周瑜、程普为左右督,率军与刘备联合,准备迎战曹操;任命鲁肃为赞军校尉,协助筹划作战方略。

周瑜从柴桑出发,沿长江西进,在赤壁遇上曹操。双方初次交战,曹军失利,退到长江北岸。吴军在南岸扎营。黄盖进见周瑜,分析作战态势,认为敌众我寡,难以持久,但见曹军船舰首尾相连,建议采取火攻战法。周瑜表示赞同,选取数十艘蒙冲斗舰,装上干荻和枯柴,往里面浇上油,外面裹着帷幕,上边插着牙旗,在大船后面系着快艇,由黄盖指挥作战。黄盖先送信给曹操,谎称打算投降。

赤壁古战场

当时东南风正急，黄盖率部驶往曹营，蒙冲斗舰排在前面，其余船只依次前进。曹军将士走出营寨，观望黄盖来投降。距离曹军二里远，黄盖点燃蒙冲斗舰，借着猛烈的火势，烧毁曹军全部战船。那火势蔓延上岸，烧到曹军步兵营寨。顷刻间，烟火遮天蔽日，曹军被烧死和淹死的不计其数。周瑜率领精锐部队，随后奋勇冲杀，打得曹军落花流水。

曹操率领残部，经过华容道，向南郡撤退。周瑜、刘备水陆并进，追赶曹操到南郡。这个期间，曹军遭受饥饿和疾病，又有一大半死亡。曹操重新做出部署，留下曹仁、徐晃镇守江陵，乐进镇守襄阳，自己领兵返回许都。

周瑜率军到南郡，与曹仁隔江对峙。双方尚未开战，周瑜派甘宁抢先攻占夷陵。曹仁出兵包围甘宁，甘宁难以支撑，又向周瑜求救。吴军将领以为兵力单薄，不能再分兵援救甘宁，只有横野中郎将吕蒙表示愿意去解围，得到周瑜的赞同。吕蒙在夷陵大破曹军，缴获战马三百匹归来。于是，吴军上下士气倍增，周瑜就渡过长江，进驻北岸，与曹仁相对峙。

这个期间，刘备进攻荆州南部，先后夺取武陵、长沙、桂阳、零陵四郡。庐江营帅雷绪率领数万人，归附刘备。刘备任命诸葛亮为军师中郎将，督察零陵、桂阳、长沙三郡，负责征收赋税，充作军用物资。

经受长期的围攻，曹仁所部损失惨重，无法防守下去，曹仁就放弃南郡。孙权任命周瑜为南郡太守，屯兵于江陵；程普为江夏太守，吕范为彭泽太守。刘备向朝廷上表，推荐孙权代理车骑将军，任徐州牧。孙权也向朝廷上表，推荐刘备任荆州牧。因为荆州治所在江陵，周瑜不愿退出南郡，仅把长江南岸地区划归刘备。刘备驻扎在油口，改地名为公安。

（三）战后的局面

赤壁之战的结局，曹操虽然争得襄阳，又一度占据江陵，取得了局部的成功，但因最终的败绩，被迫退回中原地区，丧失统一天下的时机，整个战略目标落空；孙权集团作为破曹的主力，乘势占据江夏郡，扩大了自己的地盘，稳定了江东的局势，可以说收获不小；刘备集团是最大的受益者，得到荆州的五个郡，拥有一方立足之地，为创建政权奠定了基础。

但在以往的研究中，许多学者过分地强调赤壁之战的意义，断言此役开创了三国鼎立的局面，甚至称为三国历史的开端。这种说法与史实相对照，有着明显的不一致性，需要加以深入的探析。

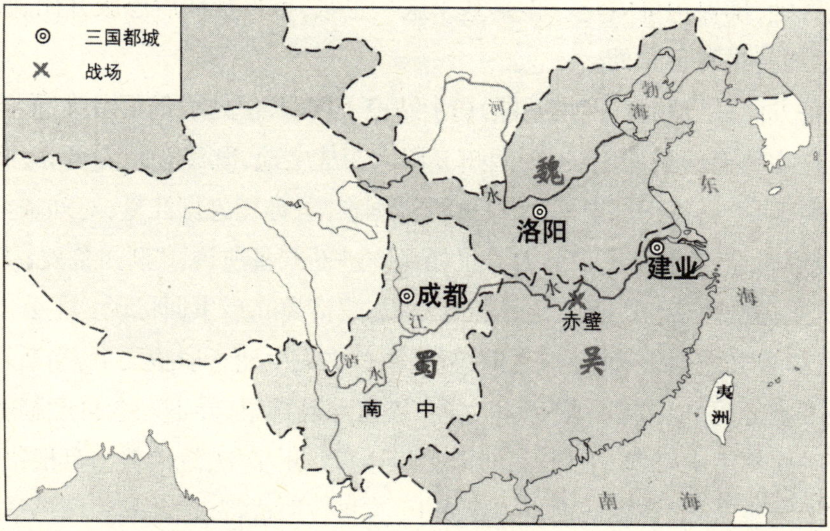

三国鼎立图

曹操方面，暂时中止南征的计划，是受关中暴乱的牵连。关中马超、韩遂所部有十万之众，而且十分精锐凶悍，本来就不服从朝廷的调遣，被曹操视为心腹之患。这连周瑜都看得很清楚，在赤壁之战前分析作战态势时说：“今北土既未平安，加马超、韩遂尚在关西，为操后患。”这一后患与孙刘两家的威胁相比较，当曹操还占据襄阳要冲之时，反而成为用兵的急所。不过，曹操并未囿于赤壁的败绩，放弃统一天下的目标，因而在平定关中之后，没有急于攻取僻远的汉中地区，而把战争矛头转向孙权，在建安十七、十九年间，两次出兵进攻江东。前一次进攻即濡须之役，曹操亲率大军，号称步骑四十万人，一度攻破孙权江西营，孙权则领兵七万人前来抵御，双方相持一个多月，尔后各自撤兵。这说明曹操尽管改变了进攻路线，尚未找到吞并江东的有效手段。

孙权方面，西边虽然与刘备结盟，但仍是一种潜在威胁，北边遭受曹操的进攻，处于被动防御的地位，整个局势尚未安定。正是考虑到这一点，周瑜在临终前要致信孙权，其中谈道：“方今曹公在北，疆场未静；刘备寄寓，有似养虎。天下之事，未知终始，此朝士旰食之秋，至尊垂虑之日也。”这是从江东的稳定着眼，揭示所存在的外部威胁，把曹刘两家视为敌对势力。《周瑜传》收载同一封信，其中也说：“今既与曹操为敌，刘备近在公安，边境密迩，百姓未附，宜得良将以镇抚之。”这与上述引文用辞虽有差异，而大意却仍相同。只是后者推举鲁肃代任，要在招抚百姓，确保边境安定。正是基于这一主张，鲁肃接任后恩威并用，收附百姓，而对刘备仍和善相处。

刘备方面，尽管拥有荆州五郡，初步站稳了脚跟，但处境仍很困难，形势不容乐观。这主要有两条原因：一则荆州五郡为四战之地，既没有阻隔可守，又显得势单力薄，似不具备开国规模；二则曹操盘踞襄阳，孙权进据江夏，对刘备集团直接构成威胁，使其难以扩张势力。正如庞统进劝刘备所说：“荆州荒残，人物殚尽，东有吴孙，北有曹氏，鼎足之计，难以得志。”诸葛亮后来回忆说：“主公之在公安也，北畏曹公之强，东惮孙权之逼，近则惧孙夫人生变于肘腋之下，当斯之时进退狼跋。”据此可知，刘备未得益州之前，依然处境维艰，弄不好会再度翻船。再从向西扩张势力来看，由于刘焉、刘璋父子经营益州多年，统治势力盘根错节，并且拥有十万军队，刘备要从荆州领兵西上，直接攻取成都，也并非轻而易举，而当属胜负未卜，最起码要冒很大的风险。所以，刘备仅据荆州五郡，还未能得到安全保障，要想建立自己的政权，尚须进一步落地生根，才有望下出一盘活棋。

在赤壁之战后，曹孙刘三方既然都没有安定，那么，他们均须进一步扩张自己的势力，以迎接新一轮的较量。大抵赤壁之战后，到益州之战结束，前后六年时间，曹孙刘三方都在对外扩张方面，向前迈出了一大步。曹操打垮马超、韩遂集团，平定了关陇地区；孙权招服交趾太守士燮，收取了交州地区；刘备迫降益州牧刘璋，夺得了益州地区。直到此时，曹孙刘三方基本上把天下分割完毕。

二、荆襄之战

赤壁之战后，孙权和曹操、刘备瓜分荆州，荆州成为三方争夺的焦点，军事形势极不稳定。在新的一轮争夺中，关羽发动樊城之战，吕蒙发动江陵之战，改变了荆州的局势。

（一）樊城之战

建安十六年（211年）十二月，为了抵御曹操的进攻，益州牧刘璋派军议校尉法正，前来荆州迎接刘备。刘备采纳庞统的建议，留下诸葛亮、关羽坐镇荆州，亲率大军进入益州。刘备抵达涪县（今四川绵阳），与刘璋会晤之后，获得大量军用物资，继而到达葭萌（在今四川广元），准备进攻汉中。

建安十七年（212年）十二月，刘备根据庞统的计谋，从葭萌回师，进据涪城，开始与刘璋争夺益州。刘璋派部将刘璝、冷苞、张任、邓贤、吴懿抵抗刘备，都被击败，刘备进围雒城（今四川广汉）。建安十九年（214年）闰四月，因为益州战事吃紧，诸葛亮与张飞、赵云领兵西进，前去增援刘备，仅留关羽驻守荆州。五月，刘备与诸葛亮会合，攻破雒城，进围成都，迫使刘璋投降。刘备进入成都，自领益州牧，任命诸葛亮为军师将军，董和为掌军中郎将，开始进行政权建设。

建安二十四年（219年）五月，刘备占领汉中。七月，刘备自称汉中王，尔后返回成都，任命许靖为太傅，法正为尚书令，关羽为前将军，张飞为右将军，马超为左将军，黄忠为后将军，正式创建蜀汉政权。为了配合刘备北伐，关羽命令南郡太守糜芳镇守江陵，将军傅士仁镇守公安，亲自率军进攻樊城。曹魏大将曹仁坐镇樊城，派左将军于禁、立义将军庞德驻守樊城北边。八月，天降大雨，汉水泛滥，平地水深数丈，于禁所部被大水淹没，只能移住高处避水。关羽趁着水势，乘大船前来进攻，擒获于禁，斩杀庞德，一时声威大震。

关羽乘胜猛攻樊城，城内众人惊恐不安。曹仁与部将盟誓，齐心坚守樊城。守城曹军仅有数千人，城墙仅有数尺未被淹没。关羽乘船来到城下，把樊城包围起来，断绝与外部联系；同时派兵围困襄阳。荆州刺史胡修、南乡太守傅方都投降了关羽。

关 羽

十月，曹操赶到洛阳，与群僚商议，准备离开许都，以避开关羽的锋芒。丞相军司马司马懿、西曹属蒋济劝阻说："于禁等为水所没，非战攻之失，于国家大计未足有损。刘备、孙权，外亲内疏，关羽得志，权必不愿也。可遣人劝权蹑其后，许割江南以封权，则樊围自解。"曹操采纳这一建议，命令平寇将军徐晃驰援曹仁。徐晃率军进至偃城，逼近关羽军营，通过挖地道和射箭书，多次与曹仁联络。

这个时候，孙权写信给曹操，请求讨伐关羽，为朝廷效力，并请曹操保密，以免关羽有戒备。曹操询问群僚，大家都说应当保密，只有司空军祭酒董昭不赞成，建议曹操说："军事尚权，期于合宜。宜应权以密，而内露之。羽闻权上，若还自护，围则速解，便获其利。可使两贼相对衔持，坐待其敝。秘而不露，使权得志，非计之上。"曹操听取这一建议，一面敕令徐晃将这封信射入樊城和关羽军营，一面调集军队增援徐晃。樊城守军得到书信，士气大为高涨；关羽看过书信，果然犹豫不定。徐晃得到增援，出兵击破关羽。关羽被迫撤围退走。

关羽撤离樊城之后，得知江陵沦陷，迅速向南撤退。为给孙权制造麻烦，曹仁下令不去追击关羽，樊城之战至此结束。

（二）江陵之战

在赤壁之战后，围绕荆州的归属问题，孙权、刘备双方争执不绝。建安十五年（210年）十二月，周瑜病逝，孙权任命鲁肃为奋武校尉，接替周瑜，任命程普为南郡太守。鲁肃分析战争形势，劝孙权把荆州借给刘备，与刘备共同抵抗曹操，得到孙权的同意。孙权随即下令,从长沙郡分立汉昌郡,由鲁肃担任太守,领兵驻在陆口(在今湖北赤壁)。

鲁肃驻兵陆口,与关羽为近邻,经常以友好的态度,消除关羽的疑虑。建安二十年(215 年)五月,孙权派中司马诸葛瑾去成都,向刘备索求荆州诸郡。刘备答应夺取凉州之后,就会归还荆州。孙权认为刘备不愿归还荆州,只是找借口拖延时间,因而任命长沙、零陵、桂阳三郡太守,前去接管这些地方。哪知关羽不答应,把他们全部驱逐。孙权闻讯大怒,立即派吕蒙率兵二万人,强行夺取这三个郡。

吕蒙往长沙、桂阳发公文,两郡望风归附,只有零陵太守郝普守城不降。刘备得知消息,从成都赶到公安,派关羽争夺三郡。孙权亲自进驻陆口,指挥诸军行动:派鲁肃领兵一万人,驻扎在益阳,以对抗关羽;紧急通知吕蒙,放弃零陵,急速回援鲁肃。吕蒙接到命令,没有立刻撤兵,而连夜召集部将,派人进入零陵,说服郝普出城投降,留人料理后事,随后领兵奔赴益阳。

在这一紧急关头,鲁肃不顾个人安危,主动邀请关羽会谈。为了保证会谈安全,双方都在百步之外,留住自己的部队,只许诸将单刀赴会。鲁肃责备关羽不归还长沙、零陵、桂阳三郡,关羽加以反驳。刘备听说曹操将要攻打汉中,恐怕失去益州,就派使者向孙权求和。孙权派诸葛瑾去见刘备,表示愿意结盟修好。于是双方以湘水为界,分割荆州:长沙、江夏、桂阳归属孙权,南郡、零陵、武陵归属刘备。

建安二十二年(217 年)十月,鲁肃去世,孙权派吕蒙接替鲁肃,担任汉昌太守。原来鲁肃与关羽和谈,是因为孙刘两家同仇敌忾,可以共同对付曹操。等到吕蒙坐镇陆口,认为关羽骁勇善战,怀有吞并江南的野心,况且他占据上游,直接威胁东吴的安全,所以必须改变这种形势,就建议孙权攻取江陵。孙权赞同这一意见,但希望先攻取徐州,再来收拾关羽。吕蒙解释说:“今操远在河北,新破诸袁,抚集幽、冀,未暇东顾。徐土守兵,闻不足言,往自可克。然地势陆通,骁骑所骋,至尊今日得徐州,操后旬必来争,虽以七八万人守之,犹当怀忧。不如取羽,全据长江,形势益张,易为守也。”吕蒙是想先击败关羽,夺取荆州,再考虑进攻徐州,进取中原。这种“全据长江”的构想,既属于东吴的传统战略,又符合东吴的现实需要。所以,孙权经过这次谈话,开始筹划夺取江陵。

等关羽进攻樊城，吕蒙上书孙权说：“羽讨樊而多留备兵，必恐蒙图其后故也。蒙常有病，乞分士众还建业，以治疾为名。羽闻之，必撤备兵，尽赴襄阳。大军浮江，昼夜驰上，袭其空虚，则南郡可下，而羽可禽也。”随后自称病重。孙权公开发布命令，召吕蒙返回建业，暗中策划这件事。吕蒙途经芜湖，见到定威校尉陆逊。陆逊对吕蒙说：“羽矜其骁气，陵轹于人。始有大功，意骄志逸，但务北进，未嫌于我；有相闻病，必益无备。今出其不意，自可禽制。下见至尊，宜好为计。”较之吕蒙的谋略，几乎是如出一辙。吕蒙未置可否，但刚回到建业，就向孙权推荐陆逊。孙权马上召见陆逊，任命他为偏将军、右部督，以接替吕蒙。陆逊来到陆口，给关羽写信，摆出一副谦恭的姿态，称颂关羽的功德，还托付自己的前程。关羽受到迷惑，不再担心东吴，就抽调留守部队，赶赴樊城作战。

在樊城作战前线，关羽降服于禁所部数万人，因为粮食供给不足，就擅自取用东吴在湘关的粮米。孙权得知这件事情，马上派兵袭击关羽，任命吕蒙为统帅。同时，为了争得曹操同意，又写信给曹操，请求讨伐关羽。建安二十四年(219年)十月，趁关羽强攻樊城之机，吕蒙率军到达寻阳(今湖北黄梅)，把士卒隐藏在船内，让一般百姓划船，穿戴商人的服装，昼夜兼程，赶往江陵。关羽布置在江边守望的士兵，都被吕蒙擒获，所以对吕蒙的行动，关羽根本不知道。糜芳、傅士仁受关羽轻视，一直都不满意关羽，加上没能保障后勤供应，生怕关羽治罪。吕蒙得知这些情况，让虞翻给傅士仁写信，指明得失祸福。傅士仁看到此信，很快就决定投降。吕蒙又带领傅士仁，来到江陵城下，让傅士仁与糜芳相见，糜芳也开城投降。

进入江陵之后，吕蒙释放被囚的于禁，关押关羽部将的家属，但都给以抚慰；对吴军发布命令：严禁扰乱城内百姓，不得索取任何财物。吕蒙帐下有一名士卒，从百姓家中拿走一个斗笠，遮盖官府的铠甲。尽管铠甲属于公物，吕蒙仍认为这名士卒违犯军令，不能因为同乡而废弃军令，就流着眼泪将他处斩。因此，吴军上下震惊，南郡道不拾遗。从早晨到晚间，吕蒙都忙着派遣亲信，去慰问那些孤寡老人，帮助他们解决困难；给病人送去医药，给穷人送去衣食；还封闭关羽的府库，等候孙权来处理。

关羽得知江陵失守，立即向南撤退，多次派使者与吕蒙联系。吕蒙厚待这些使者，允许他们在城内游览，慰问关羽所部家属，也有家属给亲人写信，托他们捎回军营。关羽部属私下相询，都知道家中平安，所受待遇胜过平时，也就无心再战了。等孙权来到江陵，关羽所属官员全都归附。孙权任命吕蒙为南郡太守，陆逊兼任宜都太守。

十一月，关羽自知势孤途穷，就向西退守麦城。孙权派人前去诱降，关羽假装投降，把幡旗制成人样，竖立在城墙上，然后出城逃跑。结果将士跑散，关羽随身仅有十多名骑兵。孙权先派朱然、潘璋切断关羽的去路。十二月，潘璋擒获关羽，随即把他斩首。江陵之战至此结束，孙权夺得荆州地区。

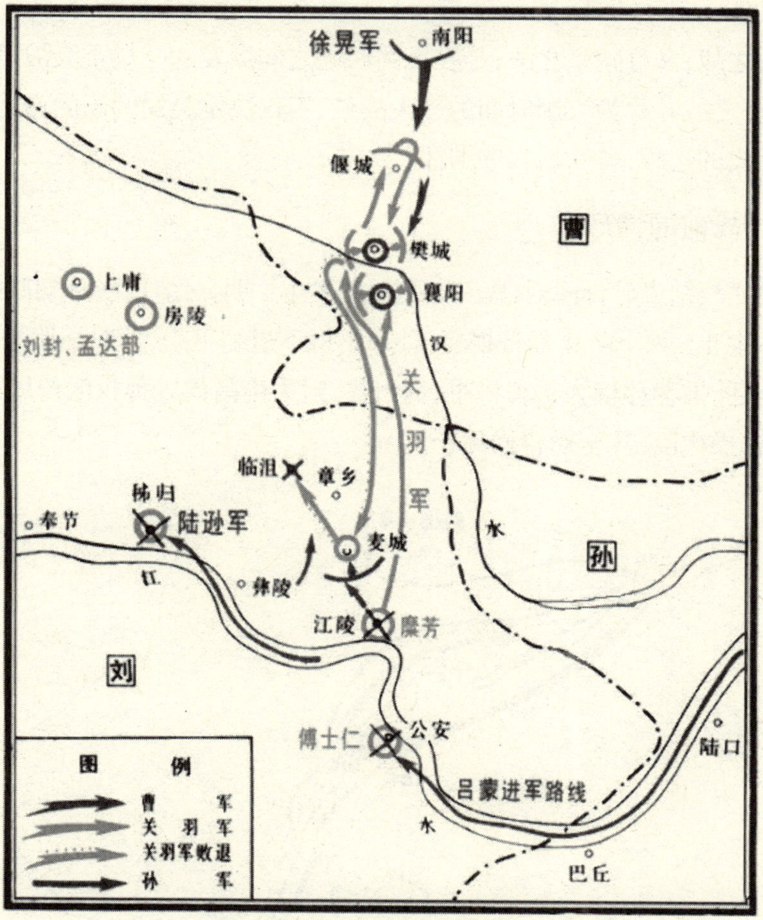

江陵之战要图

江陵之战的胜利，主要有两个原因：一是关羽对东吴缺乏警惕，导致“大意失荆州”；二是吕蒙精心策划，能够抓住有利的作战时机。在吕蒙去世后，孙权与陆逊谈话，回想荆州往事，论及周瑜、鲁肃和吕蒙，认为吕蒙图取关羽，胜过鲁肃。后来，陈寿评论说："吕蒙勇而有谋，断识军计，谲郝普，禽关羽，最其妙者。初虽轻果妄杀，终于克己，有国士之量，岂徒武将而已乎!"这样评价吕蒙，应为不刊之论。

三、夷陵之战

夷陵之战，又称猇亭之战，是在吴蜀两国之间爆发的一场重大战役，与官渡之战、赤壁之战并称为三国时期的三大战役，不仅决定吴蜀两国的命运，而且影响三国历史的进程，备受后人的关注。

（一）战前的情形

荆襄之战结束后，孙、刘、曹三方的关系发生了明显的变化，孙刘联袂抗曹的格局戛然中止。为了防止刘备报复，孙权不得不退缩下来，暂时屈服于曹操。曹操上表朝廷，推荐孙权为骠骑将军、荆州牧，封为南昌侯。孙权派校尉梁寓入朝进贡，对曹操称臣，甚至劝曹操称帝。

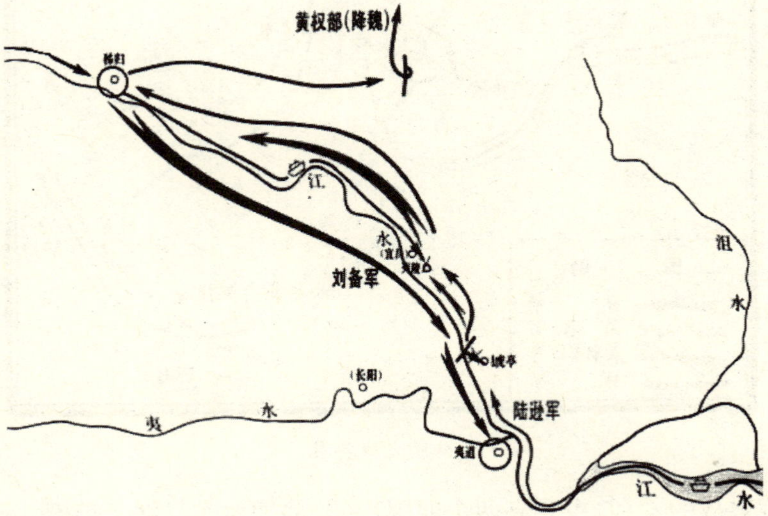

夷陵之战要图

蜀汉章武元年(221 年)四月,刘备在成都称帝,任命诸葛亮为丞相,许靖为司徒,正式建立蜀汉政权。孙权从公安迁都至鄂(今湖北鄂州),改鄂为武昌。六月,刘备为给关羽报仇,准备进攻孙权。翊军将军赵云、秦宓等人劝阻,刘备一概不听。诸葛亮基于多种原因,甚至没有出面劝阻。

七月,刘备统率各路军队,沿着长江东进。孙权派使者向蜀汉求和,遭到刘备拒绝。刘备进抵巫县(今重庆巫山),命令吴班、冯习为前锋,击溃吴将李异、刘阿的部队,然后率领四万余人,继续向秭归进军。武陵郡蛮夷部落都派使者来见刘备,请求派兵随从征讨。孙权任命镇西将军陆逊为大都督,持节统领将军朱然、潘璋、宋谦、韩当、徐盛、鲜于丹、孙桓等五万人,抵抗蜀汉的军队。

八月,孙权派使者向魏称臣,遣返于禁、浩周等人。魏朝群臣都很兴奋,纷纷向曹丕祝贺,只有侍中刘晔不赞同。曹丕认为孙权主动称臣,如果派兵讨伐东吴,会使天下人质疑,不愿意归附魏朝,所以没听刘晔的意见,派太常邢贞册封孙权为吴王,加赐九锡。十一月,邢贞来到武昌,册封孙权。孙权接受吴王封号,派中大夫赵咨入朝致谢。曹丕派人要求东吴进贡雀头香、大贝、明珠、象牙、犀角、玳瑁、孔雀、翡翠等珍禽异物。东吴群臣认为这样索贡不合乎礼制,应拒绝进贡这些物品。孙权解释说:“方有事于西北,江表元元,恃主为命,非我爱子邪?彼所求者,于我瓦石耳,孤何惜焉!”于是派西曹掾沈珩负责进贡。经过这些外交活动,孙权使曹魏保持中立,有助于全力抵御刘备。

(二)战役的经过

蜀汉章武二年(222 年)二月,刘备从秭归出兵,继续向东吴进攻。治中从事黄权请求率军为前锋,向东吴发动攻击,劝说刘备坐镇后方。刘备没有采纳,仅命黄权为镇北将军,统领江北诸军,亲自率领江南诸军,翻山越岭,进驻于夷道猇亭(在今湖北宜昌)。东吴诸将要求出击,却被陆逊制止。陆逊分析说:“备举军东下,锐气始盛,且乘高守险,难可卒攻。攻之纵下,犹难尽克,若有不利,损我大势,非小故也。今但且奖厉将士,广施方略,以观其变。若此间是平原旷野,当恐有颠沛交逐之忧;今缘山行军,势不得展,自当罢于木石之间,徐制其敝耳。”诸将仍不能理解,以为陆逊害怕蜀军,都有一些怨气。

猇亭古战场

五月，蜀军自巫峡、建平扎营，直至夷陵附近，设立数十座营地。刘备任命冯习为大督，张南为前部督，继续与吴军对峙。六月，为了引诱吴军出战，刘备命令吴班率领数千人，前出至平地扎营，另派八千人设下埋伏。东吴诸将见此情形，都要引兵出击，陆逊怀疑其中有诈，又制止诸将行动。刘备见计谋落空，就命令伏兵走出山谷。

经过这一番较劲，陆逊认清蜀军的动向，随即给孙权上书说："夷陵要害，国之关限，虽为易得，亦复易失。失之，非徒损一郡之地，荆州可忧。今日争之，当令必谐。备干天常，不守窟穴，而敢自送。臣虽不材，凭奉威灵，以顺讨逆，破坏在近。寻备前后行军，多败少成，推此论之，不足为戚。臣初嫌之，水陆俱进，今反舍船就步，处处结营，察其布置，必无他变。"这就是说，夷陵作为战略要地，关系东吴的生死存亡。东吴如果失去夷陵，不只是损失一个郡，整个荆州都令人担忧。所以，与刘备争夺夷陵，必须取得彻底胜利。陆逊起初担心刘备水陆并进，那样东吴兵力薄弱，缺乏战胜蜀军的把握；而今蜀军舍弃水路，仅从陆路进发，在数百里的战线上，随处驻扎军队，兵力极为分散。陆逊观察刘备的部署，不会再有什么变化，因而面对强劲的敌人，已经充满必胜的信心。

闰六月，陆逊鉴于时机成熟，将对蜀军发动进攻。诸将认为进攻蜀军，应在刘备立足未稳之时，等蜀军深入五六百里，与吴军对峙七八个月，已经占据险要地形，进攻蜀军不会顺利。陆逊认为蜀军长久驻扎，找不到吴军破绽，将士身体疲惫，心情沮丧，恰好适宜前后夹击。于是，陆逊命令士兵各持一束茅草，放火攻击，击破蜀军的一个营寨；接下来，又命令所有部队趁势全面出击，斩杀了张南、冯习等人，攻破了蜀军营寨四十多座。蜀将杜路、刘宁等走投无路，被迫向吴军投降。

刘备率领剩余将士，急忙登上马鞍山，摆出环形防御阵势。陆逊指挥所有部队，四面围攻上来，不断收缩包围圈。蜀军很快土崩瓦解，又被消灭一万多人。刘备连夜逃跑，派人焚烧兵器铠甲，堵塞一些险要路口，以阻挡吴军的追击，才得以逃入白帝城。蜀军的战船、器械和各种军用物资，全都被吴军缴获；蜀军的尸体布满长江，随水漂流，场面十分惨烈。刘备望见这情景，自觉被陆逊羞辱，非常悔恨。

白帝城

陆逊指挥夷陵之战，能以少数兵力战胜蜀军，主要因为正确的战略指导。在这场战役初期，安东中郎将孙桓率军防守夷道，被蜀军包围，向陆逊求援，陆逊加以拒绝。诸将认为孙桓是孙权的同族，不能不派兵救援，陆逊依然坚持己见。等到陆逊的计划成功，蜀军从夷道撤围，争相逃走。孙桓见到陆逊，不仅没抱怨陆逊不来救援，还称赞他调度有方。再者，陆逊被任命为大都督，诸将或者是孙策的部下，或者是孙权的亲戚，都很骄傲自大，不服从指挥。陆逊手按宝剑说："仆虽书生，受命主上。国家所以屈诸君使相承望者，以仆有尺寸可称，能忍辱负重故也。各在其事，岂复得辞！军令有常，不可犯矣。"等到打败蜀军，诸将无不佩服陆逊。孙权得知这些事情，也对陆逊倍加赞赏，提升陆逊为辅国将军，兼任荆州牧，改封为江陵侯。

从另一方面来看，刘备遭到惨败，与其战略失误有关。还在此役之初，曹丕得知蜀军立栅扎营，连绵七百多里，就曾对群臣说："备不晓兵，岂有七百里营，可以拒敌者乎！苞原隰险阻而为军者，为敌所禽，此兵忌也。孙权上事今至矣。"果然七天之后，陆逊就打败蜀军，把捷报传送过来。

（三）战后的局势

夷陵之战后，孙权夺得整个荆州，巩固了东吴政权。基于三分格局稳定，孙权从东吴的利益出发，调整了对蜀汉、曹魏的关系。

当初，孙权为了讨好曹丕，遣返于禁、浩周等人。浩周回到洛阳，劝说曹丕册封孙权。曹丕封孙权为吴王，又派浩周前往东吴，要求孙权送太子孙登为质，孙权拒绝照办。黄武元年（222年）九月，曹丕下令征讨东吴：征东大将军曹休、前将军张辽、镇东将军臧霸出击洞口（在今安徽和县），大将军曹仁出击濡须（在今安徽无为），上军大将军曹真、征南大将军夏侯尚、左将军张郃、右将军徐晃包围南郡。

面对曹魏的强大攻势，孙权急忙调派军队，分成三路抵御魏军：建威将军吕范统领水军，抵御曹休等人；左将军诸葛瑾、平北将军潘璋领兵救援南郡；裨将军朱桓坐镇濡须，抵御曹仁。同时，鉴于扬、越各处蛮夷多未归附，国内局势尚待稳定，孙权又故作谦卑，再度上书给曹丕，请求改过自励；又写信给浩周，为太子孙登求婚。曹丕当即回信，严厉斥责孙权。孙权没有退路，遂改年号为黄武，公然与曹魏对抗。十一月,曹丕亲自赶到宛城,指挥对东吴作战。

在东线战场上,曹休在洞口上书请战,曹丕担心曹休急于渡江,就派人快速传令制止。恰巧在这时,吕范的战船被暴风吹断缆绳,一直漂到曹休的营寨附近,吴军被斩杀数千人,其余部队四处溃散。曹丕得到报告,急令诸军迅速渡江。魏军还没有进兵,东吴救援的战船已经赶到,收集溃兵退回江南。曹休派臧霸领兵追击,战斗不利,将军尹卢战死。

黄武二年(223年)二月,曹仁率领数万步骑兵,进抵濡须,声称向东进攻羡溪。朱桓得到消息,急忙分兵增援羡溪。哪知援兵刚走,曹仁大军就直扑濡须。当时,朱桓手下只有五千人,部将陡生畏惧心理。朱桓认为魏军千里跋涉,人马疲困,吴军能够以逸待劳,以主制客,鼓励诸将奋勇杀敌。于是下令偃旗息鼓,故作虚弱以诱惑曹仁。曹仁派其子曹泰进攻濡须城,又派部将常雕、王双带人乘坐牛皮油船,去袭击濡须中洲。曹仁亲领一万人,留驻橐皋,作为曹泰的后援部队。朱桓派部将迎击常雕,亲自指挥抗击曹泰。曹泰烧毁营寨撤退,朱桓趁势斩杀常雕,生擒王双,歼灭魏军一千多人。

在西线战场上,朱然担任吴军统帅,镇守江陵。为了抵御魏军进攻,孙盛分领一万人,占据江陵中洲,作为外围保卫南郡。黄武二年(223年)正月,曹真派张郃击破孙盛,夺取江陵中洲。诸葛瑾等人领兵救援,又被夏侯尚击退。江陵城内外断绝联系,城中许多士兵患病,能参与作战的只有五千人。曹真下令堆土山、挖地道,临城架起楼橹,向城内射箭,箭如雨下,吴军将士都很害怕。朱然泰然自若,不断地激励将士,寻找有利时机,攻破魏军两座营寨。魏军围困江陵六个月,江陵令姚泰防守北门,见敌军力量强大,城内士兵太少,粮食即将用光,担心防守不住,就企图作魏军的内应,被朱然发觉处死。

这个时候,夏侯尚率领大军,乘船进驻江陵中洲,然后架设浮桥,以便与北岸交通。曹魏董昭,认为魏军深入孤洲,往来依靠浮桥,道路十分狭窄,有悖于兵家常理,因而上奏曹丕,提出反对意见。曹丕得到奏报,立即诏令夏侯尚迅速撤出中洲。吴军两面并进,魏军只从一条通道撤退,难免拥挤不堪,最后勉强退到北岸。没过多久,长江水流暴涨,又赶上瘟疫流行,曹丕见无法再战,就命令诸军撤退。

正当吴魏交战之际,孙权为了减缓外部压力,又与蜀汉恢复了关系。黄武元年(222 年)十一月,派太中大夫郑泉访问蜀汉,刘备派太中大夫宗玮回访东吴。黄武二年(223 年)九月,蜀汉后主刘禅即位之后,诸葛亮为了加强与东吴的关系,派中郎将邓芝访问东吴。孙权尚未和魏断绝关系,所以犹豫不决,没有马上接见邓芝。邓芝上表请求接见,称这次来访是为东吴着想,不只是为蜀汉的利益,孙权这才接见邓芝。通过这次友好会谈,孙权当即作出决定,与曹魏断绝关系,重新与蜀汉修好。黄武三年(224 年)四月,孙权派辅义中郎将张温回访蜀汉,吴蜀从此保持友好关系。

黄龙元年(229 年)四月,孙权正式称皇帝,蜀汉派卫尉陈震前来武昌,庆贺孙权登基。吴蜀两国为了加强友好关系,达成了“三分天下”的协议,划定豫、青、徐、幽诸州属吴,兖、冀、并、凉诸州属蜀,司州以函谷关为界,分别归属两国;同时由建武中郎将胡综起草,吴蜀两国签订了友好互助盟约。

这一友好互助盟约,就吴蜀两国应当享有的权利、承担的义务和联合行动的纲领,作出如下规定:1.双方一致声讨曹氏“偷取天位”、“阻兵盗土”的罪恶,并且忠实地执行“戮力一心,同讨魏贼”的使命。2.双方平等地瓜分魏属土地,“使士民之心,各知所归”,为举兵伐魏做准备。3.双方共同承担友好互助的义务,“若有害汉,则吴伐之;若有害吴,是汉伐之。”4.双方各自享有领土不受侵犯的权利,“各守分土,无相侵犯,传之后叶,克终若始。”5.双方均须恪守上述各项规定,“有渝此盟,创祸先乱,违贰不协,慆慢天命”,将会受到上帝百神的惩罚。

这一盟约的签订,在三国历史进程中具有重要的意义,不仅确立了吴国的主权地位,而且巩固了吴蜀两国的关系,标志着三国鼎立局面的稳定。

四、陆抗守荆州

东吴后期,曹魏统治集团矛盾重重,司马师、司马昭相继专政,随意废黜齐王曹芳,另立高贵乡公曹髦,引起朝野的强烈反对,导致吴魏寿春之战。但因为寿春之战失败,东吴损兵折将,已经无力继续北伐,在四五年间没有与曹魏发生战争。直到司马昭灭掉蜀汉,开始筹划统一天下,特别是西晋建立后,东吴与西晋双方再起战争,首先在荆楚地区展开。

古荆州城

（一）吴晋对峙

吴永安六年（263 年）五月，曹魏大举进攻蜀汉。十月，蜀汉请求东吴救援，吴景帝孙休派大将军丁奉进兵寿春，将军丁封、孙异进兵沔中；派将军留平前往南郡，与施绩商议作战方略，准备救援蜀汉。十一月，邓艾率军进抵成都，蜀汉后主刘禅投降，丁奉等人得到消息，随即停止军事行动。

永安七年（264 年）二月，吴景帝孙休听说钟会、邓艾失败，蜀汉处于无政府状态，顿生兼并蜀地的心思，但见蜀汉巴东太守罗宪领兵驻守永安，挡住吴军西进的道路，就派抚军步协进攻罗宪。没过多久，步协被罗宪打败，孙休又派镇军将军陆抗、征西将军留平等率军三万人，继续围攻罗宪。罗宪被围困六个月，得到曹魏的救援。司马昭派荆州刺史胡烈统领步骑兵二万人，前来攻打西陵。七月，东吴军队撤退。司马昭留罗宪仍任原职，加号陵江将军。孙休暴病而死，乌程侯孙皓继位。十月，司马昭派原东吴相国参军徐绍为散骑常侍，水曹掾孙彧为给事黄门侍郎，前来访问东吴，告诉孙皓已经平定蜀汉，赠送马匹和锦帛，并写信说明成败和祸福。

甘露元年（265 年）三月，孙皓派光禄大夫纪陟、五官中郎将洪璆与徐绍、孙彧一道，前往曹魏回访。徐绍来到濡须，有人告发他赞美曹魏，孙皓为此很恼火，竟把徐绍追回处死。这一粗暴的外交行径，对本来就很紧张的吴魏关系而言，无疑是火上浇油。

十月，西陵督步阐上奏朝廷，请求孙皓迁都武昌。孙皓采纳他的建议，委派御史大夫丁固、右将军诸葛靓镇守建业。这时候迁都的目的，主要是为了对抗曹魏。十一月，司马炎代魏称帝，建立西晋政权。

甘露二年（266 年）三月，孙皓派大鸿胪张俨、五官中郎将丁忠出使西晋，参与祭拜司马昭。丁忠返回武昌，建议孙皓出兵袭取弋阳。孙皓询问群臣，镇西大将军陆凯说："夫兵不得已而用之耳，且三国鼎立已来，更相侵伐，无岁宁居。今强敌新并巴蜀，有兼土之实，而遣使求亲，欲息兵役，不可谓其求援于我。今敌形势方强，而欲徼幸求胜，未见其利也。"孙皓虽然没有出兵，却与西晋断绝关系。

孙皓居住在武昌，从扬州提供各种物资，使民众非常劳苦。加上孙皓奢侈无度，使国家十分困乏。宝鼎元年（266 年）八月，左丞相陆凯上疏孙皓，建议"省息百役，罢去苛扰，料出宫女，清选百官"。孙皓虽然不高兴，但鉴于陆凯的名望，还能特别宽容。十二月，孙皓还都建业，派卫将军滕牧留守武昌。

宝鼎二年（267 年）正月，孙皓派右丞相万彧镇守巴丘。宝鼎三年（268 年）十月，孙皓命令左大司马施绩进兵江夏，万彧攻打襄阳。晋武帝诏令义阳王司马望统领中军步兵、骑兵二万人，驻扎在龙陂，声援江夏和襄阳。施绩被晋荆州刺史胡烈击败。十一月，右大司马丁奉、诸葛靓从芍陂出兵，进攻合肥，也被晋安东将军司马骏击退。

宝鼎四年（269 年）二月，晋武帝准备吞灭东吴，任命尚书左仆射羊祜为都督荆州诸军事，坐镇襄阳。羊祜注重安抚民众，与吴人开诚布公，深得当地民众爱戴。建衡二年（270 年）四月，施绩去世之后，孙皓任命镇军大将军陆抗都督信陵、西陵、夷道、乐乡、公安诸军事，治所设在乐乡（今湖北松滋）。

（二）西陵之战

在陆抗到任之时，东吴军事力量较之西晋处于绝对劣势，加上东吴朝廷内部矛盾丛生，一些将领为个人着想，纷纷投靠西晋。十一月，夏口督孙秀作为孙皓之族弟，带着妻子、亲兵数百人投奔西晋，被晋武帝任命为骠骑将军。凤凰元年

（272 年）九月，昭武将军、西陵督步阐投降西晋，被晋武帝任命为都督西陵诸军事、卫将军。这两起叛变行为，对陆抗守卫荆州来说，都是严重的威胁。

十月，陆抗听说步阐反叛，马上派将军左奕、吾彦领兵讨伐。晋武帝派荆州刺史杨肇前去迎接步阐，车骑将军羊祜进兵江陵，巴东监军徐胤攻打建平，以解救西陵之围。陆抗分析作战形势，命令西陵诸军修筑长围，从赤溪到故市，对内用来围困步阐，对外用来抵御晋军。陆抗昼夜催促工程，好像敌人就在眼前，诸将都很辛苦，希望乘借三军锐气，急速攻打步阐，不愿继续修筑长围。陆抗告诫大家说："此城处势既固，粮谷又足，且所缮修备御之具，皆抗所宿规。今反身攻之，既非可卒克，且北救必至，至而无备，表里受难，何以御之？"诸将仍要攻打步阐，陆抗就让他们一战，结果没有得到便宜，转而用心修好长围。这个时候，羊祜已经进抵江陵。陆抗对诸将说："江陵城固兵足，无所忧患。假令敌没江陵，必不能守，所损者小。如使西陵槃结，则南山群夷皆当扰动，则所忧虑，难可竟言也。吾宁弃江陵而赴西陵，况江陵牢固乎？"于是率军奔赴西陵。

陆 抗

十一月，杨肇到达西陵。陆抗命公安督孙遵抵御羊祜，水军督留虑抵御徐胤，亲率大军依托长围，与杨肇对峙。吴军都督俞赞逃奔杨肇，陆抗分析说："赞军中旧吏，知吾虚实者。吾常虑夷兵素不简练，若敌攻围，必先此处。"于是连夜调换夷兵，改用精兵把守。第二天，杨肇果然攻打夷兵防守之处，陆抗下令部队反击，箭与石块像下雨一样袭来，晋军死伤惨重。十二月，杨肇无计可施，在夜晚领兵撤退。陆抗本想追击杨肇，却担心步阐积蓄兵力，利用这一时机出击，而吴军兵力不能分散使用，就只擂鼓警戒将士，摆出将要追击的样子。杨肇所部惊恐不已，丢弃铠甲仓皇逃走。羊祜等人引军退回。陆抗迅速攻克西陵，杀掉步阐及其同谋，全都诛灭三族，请求赦免其余数万人。陆抗处理完战事，从西陵返回乐乡，毫无骄傲自负情绪，仍像往常那样谦虚，所以深得将士欢心。孙皓得到西陵捷报,加封陆抗为都护。

羊祜从江陵退回后,注重推行道德信义,以招徕吴人归顺。每次与东吴交兵,都要约定日期开战,不求突然袭击;外出在吴地行走,收割谷子,都会记下所取数量,送去丝绢偿还;每次与部将打猎,通常限定在晋地,如果得到吴人先杀伤的禽兽,都要送给吴人。吴人生活稳定,对羊祜心悦诚服。

羊 祜

陆抗与羊祜对峙,时常互派使者来往。陆抗送酒给羊祜,羊祜喝着从不生疑;陆抗有病向羊祜求药,羊祜送药给陆抗,陆抗就当即服下。陆抗告诫部下说:"彼专为德,我专为暴,是不战而自服也。各保分界,无求细益而已。"孙皓听说吴晋边境和睦,就严厉责怪陆抗,陆抗仍不改初衷。

自西陵之战以来,孙皓自认为得上天辅助,政治野心日益膨胀,不注意实行德政,专心图谋兼并西晋,多次攻入西晋边区。陆抗上奏劝谏,认为这是"穷兵黩武,动费万计,士卒彫瘁,寇不为衰,而我已大病矣",但孙皓根本不听。凤凰二年(273年)三月,陆抗升任大司马、荆州牧,全面负责西部防务。

凤凰三年(274年)七月,陆抗身患重病,依旧关心着西部防务,给朝廷上疏说:"今臣所统千里,受敌四处,外御强对,内怀百蛮,而上下见兵财有数万,羸弊日久,难以待变。臣愚以为诸王幼冲,未统国事,可且立傅相,辅导贤姿,无用兵马，以妨要务；又黄门竖宦，开立占募，兵民怨役，逋逃入占。乞特诏简阅，一切料出，以补疆埸受敌常处，使臣所部足满八万，省息众务，信其赏罚，虽韩、白复生，无所展巧。若兵不增，此制不改，而欲克谐大事，此臣之所深慽也。”依陆抗之见，西陵、建平作为东吴的屏障，在西、北两面与西晋接壤，受着敌方来自上游的威胁，必须保持足够的警惕。从现有兵力来看，很难应付突发的事变，所以朝廷必须采取相应措施，如不给诸侯王配备军队，清理免役的黄门宦官，以补充西部所需兵员，集中力量做好战争准备。

这封奏疏的内容，体现着陆抗的战略眼光，以及对东吴的无限忠诚。然而没过多久，陆抗就在任上病逝。孙皓念及陆抗的声望，又用其子陆晏、陆景、陆玄、陆机、陆云五人，分别统领陆抗的军队。这些人仅得陆氏家族的荣耀，却无陆抗的军事谋略，能维持东吴西部安全吗？

（三）东吴的灭亡

陆抗去世以后，东吴既缺乏军事力量，又没有军事人才，已经无法对抗西晋。孙皓执掌朝政，既听任奸佞当道，又恣意胡作非为，所以难逃亡国厄运。天纪三年（279 年）十一月，晋武帝派镇军将军、琅邪王司马伷从涂中出兵，安东将军王浑从江西出兵，建威将军王戎从武昌出兵，平南将军胡奋从夏口出兵，镇南大将军杜预从江陵出兵，龙骧将军王濬、广武将军唐彬率领巴蜀水军东进，共有军队二十多万人；任命贾充为使持节、大都督、假黄钺，行冠军将军杨济为副官，大举进攻东吴。

在西线战场上，晋军进展迅速。天纪四年（280 年）二月初一，王濬水军驶出三峡，击破丹杨监盛纪。吴军为了抵御进攻，在一些江边浅滩上，使用铁锁阻拦，还打造一些大铁锥，暗中放入长江里，用以阻挡战船。王濬看到这一情形，派人造出数十个木筏，每个木筏长、宽都有一百多步；又扎成很多草人，草人身披铠甲，手拿武器，放在木筏上，派水性好的士兵与木筏走在前面，碰到铁锥，铁锥就刺入木筏，被木筏带走。王濬又制作很多火炬，每个火炬长十几丈，有数十围粗，使用麻油浇灌，把火炬放在船头，碰到铁锁，就点燃火炬，旋即烧断铁锁，战船无所阻碍。初三，王濬攻克西陵，西陵督留宪被杀。初五，王濬攻克荆门、夷道，夷道监陆晏被杀。杜预派出奇兵，渡江袭击乐乡。都督孙歆惊慌失措，竟被晋军擒获。初八，王濬击破西陵水军，水军都督陆景被杀。十七日，杜预攻克江陵，江陵督伍延被杀。这时候，迫于晋军的强大攻势，在荆、交、广三州之内，许多郡县望风请降。杜预持节称诏安抚，迅速平定这一地区。

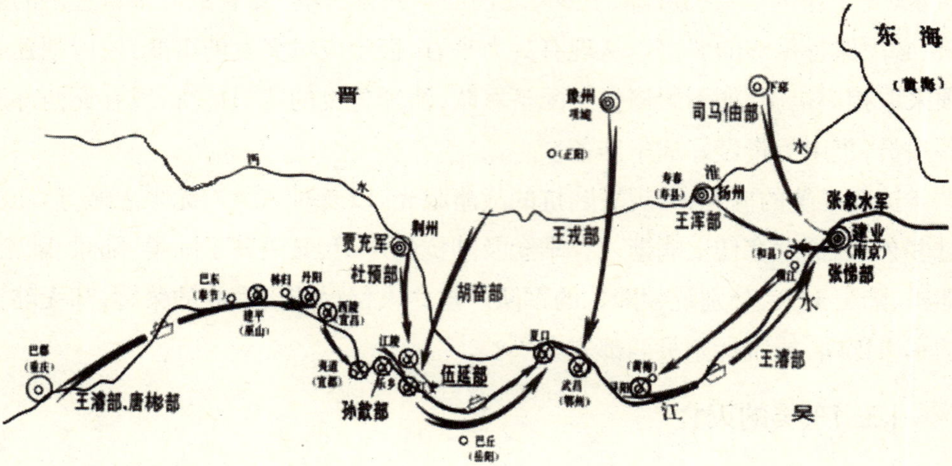

晋灭吴之战要图

在东线战场上，王浑领兵南下，逼近长江北岸。孙皓得到报告后，急派丞相张悌督战，命令丹杨太守沈莹、护军孙震、副军师诸葛靓率领三万部队，渡过长江迎战。三月，张悌等人渡过长江，与晋军交战，旋即溃败下来。张悌、孙震、沈莹等人被杀，吴军战死七千八百人。此后，王濬因为急于争功，率领水军沿长江东下，直逼建业。孙皓派游击将军张象率领水军一万人抵抗。这支水军望见王濬的旌旗就投降了。这时候，陶濬从武昌赶回建业，孙皓派人领他来见面，询问水军的情况。陶濬回答说："蜀船皆小，今得二万兵，乘大船战，自足击之。"于是纠集一些士兵，授予陶濬符节斧钺。原定第二天出兵，但在当天夜里，这些士兵都跑光了。

没过多久，王浑、司马伷都逼近建业，东吴朝廷一派混乱。孙皓根据光禄勋薛莹、中书令胡冲的建议，分派使者向王浑、王浚、司马伷上书请降；还留给大臣们一封信，谴责自己的过错。十五日，王濬的八万水军，乘着相连百里的战船，擂鼓呐喊进入石头城。孙皓身缚舆榇，到军门请降。王濬给孙皓松绑，焚烧棺材，而后与孙皓会面。

四月，晋武帝大赦天下，分派使者到荆州、扬州抚慰百姓，原州牧、太守以下的官吏全部留用，废除东吴繁琐的规章制度，东吴民众都很高兴。五月，晋武帝大会群臣，从容地询问散骑常侍薛莹：孙皓为什么亡国？薛莹回答说："皓昵近小人，刑罚放滥，大臣诸将，人不自保，此其所以亡也。"这番话关注人谋，强调君主的作为，重视将相的作用，自有一定的道理。

第四章　两晋南北朝

两晋南北朝时期是一个持续时间较长的乱世，不仅南北政权之间相互征战，而且南方政权内部中央与地方之间也是混战不休。在这一时期内，传统军事技术和谋略得到巨大的发展，水战、攻城和守城战术都有较大的改进，涌现出一大批军事家。荆楚地区发生一系列战争，包括秦晋战争、桓玄之乱、刘宋的内乱、梁朝的创建和萧绎守江陵等，都是这个时期的重大事件。

一、秦晋战争

东晋中期，随着政治形势的稳定，一些当权的士族领袖，为了扩大自己的权威，纷纷主张收复中原。与此同时，氐族建立起前秦政权，在秦王苻坚执政时，统一整个北方地区，进而计划统一天下。因此，东晋、前秦之间爆发军事冲突，既有殷浩、桓温北伐前秦，又有苻坚大举进攻东晋。秦晋战争的主要战场，虽然被确定在淮河流域，但战争延及荆楚地区，在襄阳发生激烈较量。

（一）桓温北伐

东晋永和年间，中原地区陷于战乱，后赵政权分崩离析，冉魏统治摇摇欲坠。东晋朝廷分析形势，再次筹划北伐战争，任命扬州刺史殷浩为中军将军，都督扬豫徐兖青五州诸军事，蒲洪为氐王、征北大将军，都督黄河以北诸军事，蒲健为右将军，监河北征讨前锋诸军事，企图联合各种力量，共同打击前秦政权，以期收复中原地区。

然而，在东晋统治集团内部，不仅没有统一意志，而且存在各种矛盾。特别是在殷浩和征西将军桓温之间,始终都在暗中较劲。殷浩北伐尚未启程,就受到桓温的搅和。永和七年(351 年)十二月,桓温一面上疏给朝廷,一面率领五万大军,沿长江东进,驻扎在武昌。这是以北伐为借口,向东晋朝廷施加压力,与殷浩争夺权势。

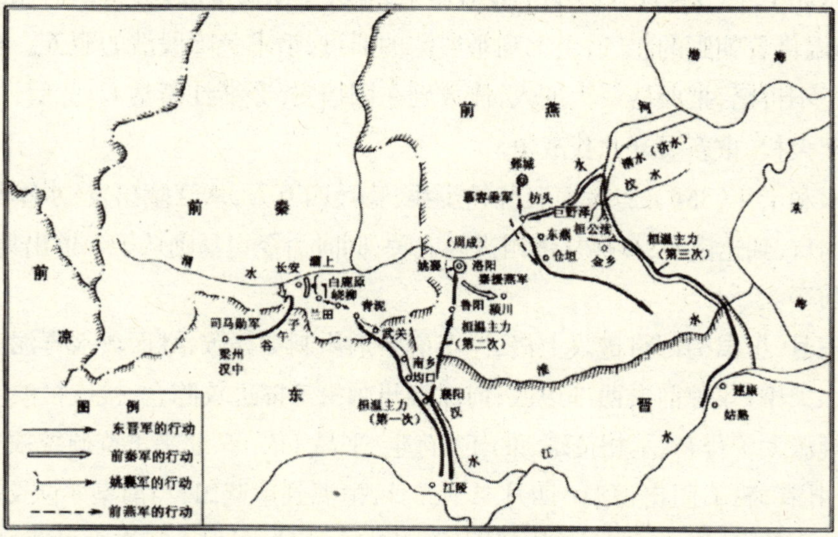

桓温北伐要图

永和八年(352 年)正月,殷浩奏请北上许昌、洛阳,得到晋穆帝同意,于是任命安西将军谢尚、北中郎将荀羡为督统,领兵进驻寿春。谢尚不能安抚前秦降将张遇,张遇非常恼怒,又占据许昌反叛,并派部将上官恩占据洛阳,晋军无法前进。四月,前秦王苻健任命张遇为征东大将军、豫州牧。六月,谢尚、姚襄进攻许昌,攻打张遇。苻健派东海王、丞相苻雄和平昌王、卫大将军苻菁攻占关东地区,率领步骑兵二万人,前来救援张遇。双方激战于诚桥(在今河南许昌),晋军遭到惨败,死亡一万五千人。谢尚逃往淮南,托付后事给姚襄。殷浩得知谢尚战败,撤退到寿春。七月,苻雄迁移中原百姓五万多户到关中,任命右卫将军杨群为豫州刺史,镇守许昌。

永和九年(353 年)十月,殷浩从寿春出发,率领军队七万人,再次北伐前秦,企图进据洛阳,修复晋帝陵墓。中军将军王羲之写信给殷浩,反对出兵北伐;还给会稽王司马昱写信,要求停止北伐,司马昱没有采纳。殷浩派姚襄作为前锋。

可是，姚襄怨恨殷浩，在领兵北进途中，假装下令士兵趁夜逃散，暗中埋伏起来，等机会阻击殷浩。殷浩受到这一迷惑，追赶姚襄来到山桑(今安徽蒙城)。这时候，姚襄发起突然袭击，殷浩惊慌失措，丢弃所有军用物资，狼狈地逃回谯城，晋军损失一万多人。

永和十年(354)正月，鉴于殷浩连年北伐，军队屡屡战败，粮饷器械消耗殆尽，桓温借着朝野的怨气，上书列举殷浩的罪过，请求免除殷浩的职务。东晋朝廷出于不得已，把殷浩贬为庶人，流放到东阳信安(今浙江衢县)。此后，桓温独揽朝廷大权，重新展开北伐战争。

永和十年(354)二月，桓温统领步兵、骑兵四万人，从江陵出发；水军从襄阳进入均口，到达南乡；步兵从淅川进趋武关，同时命令司马勋从子午道出兵，北上讨伐前秦。

三月，桓温的部将进攻上洛，俘虏前秦荆州刺史郭敬，继而攻破青泥。司马勋进入关中，攻掠前秦西部边区；前凉秦州刺史王擢进攻陈仓，接应桓温。前秦王苻健派太子苻苌、丞相苻雄、淮南王苻生、平昌王苻菁、北平王苻硕统领五万军队，驻扎在峣柳，阻击桓温。四月二十二日，桓温到达蓝田，与前秦军队交战。苻生单骑突阵，往返十多次，杀伤晋军不少将士。桓温督促士兵奋力拼搏，最终大败秦军。将军桓冲深入白鹿原，打败苻雄的部队。二十五日，桓温到达灞上，苻苌退守长安城南。苻健带领老弱民众六千人，固守长安小城。出动精兵三万人，派大司马雷弱儿统领，与苻苌会合，抵抗桓温。三辅郡县长吏见到晋军，纷纷前来投降。桓温发布告谕，使民众安居复业。当地民众争先恐后地带着酒肉，迎接和慰劳晋军，男女老少夹道欢迎。

五月，桓温与苻苌交战，晋军作战失利，死亡了一万多人。六月，因为军粮匮乏，桓温开始撤退，遭到苻苌的追击。晋军屡战屡败，等到达潼关时，又损失了一万多人。九月，桓温返回襄阳，晋穆帝得到报告，还派人前来慰问。

永和十二年(356年)二月，桓温请求朝廷迁都洛阳，修复诸帝陵园，奏章呈上十多次，都没有获准。东晋朝廷只任命桓温为征讨大都督，督司冀二州诸军事，专门讨伐姚襄。七月，桓温出兵北伐，派督护高武进据鲁阳，辅国将军戴施屯兵于黄河岸边，亲自率军从江陵进发。桓温路过金城，看见早年栽种的柳树已经长大，需要十个人才能合抱，很有感慨地说："木犹如此，人何以堪！"伸手抓过枝条,不禁泫然落泪。后来,桓温经过淮水、泗水,与僚佐登上平乘楼,遥望中原大地,更有感慨地说:“遂使神州陆沉,百年丘墟,王夷甫诸人不得不任其责!”这话蕴涵着人生态度,凸显出政治使命,体现了桓温的品格。

八月,桓温到达伊水,姚襄撤除对洛阳的包围,引兵迎战桓温。姚襄把精兵埋伏在伊水北边的树林里,派使者去引诱桓温,没能得逞,转而依托伊水和桓温交战。桓温命令列阵前进,亲自披甲督战,消灭对方数千人。姚襄带领数千骑兵,逃往洛阳北山。周成领兵出来投降。桓温屯兵于原太极殿前,继而移驻到金墉城。稍后,桓温前去拜谒诸陵,其中被毁坏的就加以修复,分设陵令负责守护陵园;奏请朝廷任命镇西将军谢尚为都督司州诸军事,镇守洛阳。因为谢尚未到洛阳,桓温留下颍川太守毛穆之、督护陈午、河南太守戴施,统领两千人,戍守洛阳。等到部署完毕,桓温迁移降民三千多户到江汉地区,押解周成,返回武昌。

这次北伐行动,桓温驱逐姚襄,夺取洛阳,达到预期目标。但因为仓促收场,没能扩大战果,巩固收复的地盘。等桓温撤兵之后,司、豫、青、兖诸州再度失陷,沦入前燕的版图。

(二)襄阳之战

宁康元年(373年)七月,大司马桓温去世后,晋孝武帝任命桓豁为征西将军、督荆杨雍交广五州诸军事、荆州刺史,主持长江中游地区防务。太元二年(377年)十月,晋孝武帝任命桓冲为都督江荆梁益宁交广七州诸军事、荆州刺史。鉴于前秦日益强盛,桓冲打算固守江南,奏请从江陵移镇上明,派冠军将军刘波戍守江陵,谘议参军杨亮戍守江夏。

太元三年(378年)二月,苻坚派征南大将军、都督征讨诸军事苻丕和武卫将军苟苌、尚书慕容暐率领步骑兵七万人,进攻襄阳。另派征虏将军石越率领精锐骑兵一万人,从鲁阳关出发,京兆尹慕容垂、扬武将军姚苌率领五万人,从南乡出发,领军将军苟池、右将军毛当、强弩将军王显率领四万人,从武当出发,会攻襄阳。

四月,前秦军队到达沔北,东晋梁州刺史朱序认为前秦军队缺乏战船,没有戒备。朱序的母亲韩夫人早年随丈夫在军中,懂得一些军事常识。当前秦军队围攻襄阳时,她亲自巡视城防,认为应加强城西北角的防御能力,并率领城中妇女增筑一道内城。前秦石越攻入外城，缴获一百多艘船，用来迎接其余部队。朱序退入新筑内城，继续抵抗前秦进攻。苻丕接受苟苌的建议，没有急于攻克襄阳。桓冲坐镇上明，握有军队七万人，因为畏惧前秦军队，不敢增援襄阳。

襄阳夫人城

太元四年（379 年）正月，苻丕受苻坚的催促，命令诸军会攻襄阳。晋孝武帝诏令冠军将军刘波率领八千人，救援襄阳。刘波畏惧前秦军队，没有赶到襄阳。朱序多次出战，击退前秦军队，又不严加戒备。二月，襄阳督护李伯护暗中与前秦勾结，充当内应。前秦军队攻克襄阳，俘获朱序，把他押到长安。苻坚因朱序有气节，任命他为度支尚书，而李伯护为人不忠，则予以处斩。同时任命中垒将军梁成为荆州刺史，配备部队一万人，负责镇守襄阳。

太元五年（380 年）十二月，苻坚任命左将军都贵为荆州刺史，镇守襄阳。次年十一月，都贵派司马阎振、参军吴仲领兵二万人，进犯竟陵。桓冲派南平太守桓石虔、参军桓石民等率领水军、步兵二万人，迎战前秦军队。十二月，桓石虔大破前秦军队，擒获阎振、吴仲，杀死了七千人，俘虏了一万人。

太元八年（383 年）五月，桓冲统率十万人，北上进攻襄阳，派前将军刘波攻打沔北各城，辅国将军杨亮进攻蜀地，鹰扬将军郭铨攻打武当。六月，苻坚派征南将军苻睿、冠军将军慕容垂率领步、骑兵五万人，救援襄阳，兖州刺史张崇救援武当，后将军张蚝、步兵校尉姚苌增援蜀地。桓冲见敌军势大，就主动退据沔南。七月，郭铨和冠军将军桓石虔在武当打败张崇，掳掠二千户人家。慕容垂领兵进抵沔水，命令士兵每人做十束火把，捆绑在树枝上，照亮夜光数十里。桓冲有些害怕，连忙退回上明，奏请兼任江州刺史，任命侄子桓石民兼任襄阳太守，戍守夏口，得到东晋朝廷批准。

八月，苻坚调集大军，从长安出发，沿淮河前进，大举进攻东晋。晋孝武帝诏令尚书仆射谢石为征虏将军、征讨大都督，徐兖二州刺史谢玄为前锋都督，与辅国将军谢琰、西中郎将桓伊等人率领八万人，抵抗前秦的入侵。十一月，谢石、谢玄大破前秦军队，夺得淝水之战的胜利。

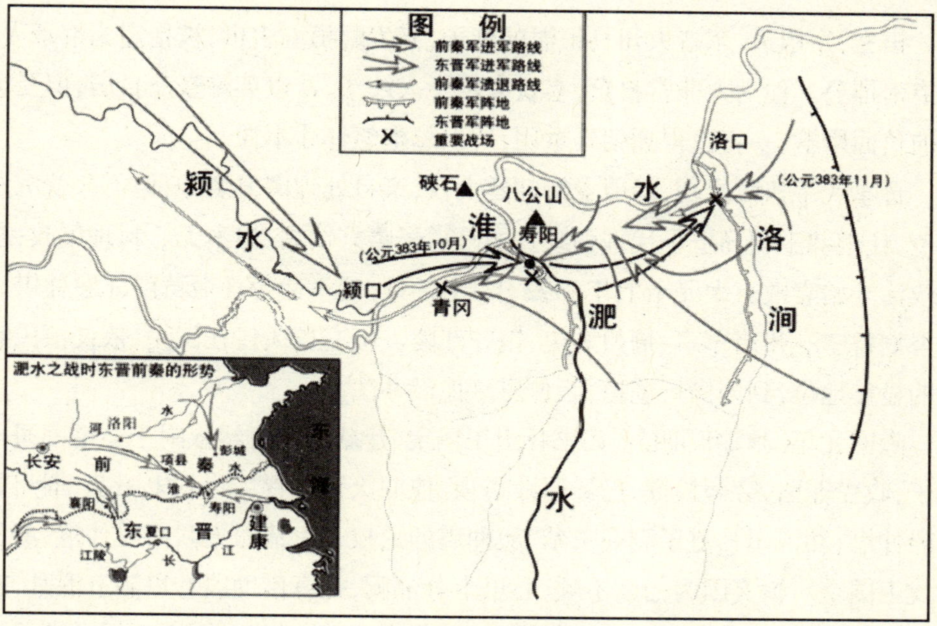

淝水之战要图

淝水之战后，前秦政权迅速瓦解，东晋乘胜收复失地。太元九年（384 年）正月，桓冲派上庸太守郭宝攻克魏兴、上庸、新城三郡。四月，东晋竟陵太守赵统进攻襄阳，前秦荆州刺史都贵逃奔鲁阳。六月，将军刘春进攻鲁阳，都贵逃回长安。七月，荆州刺史桓石民进据鲁阳，派河南太守高茂戍守洛阳。

二、桓玄之乱

东晋后期，北方地区战乱不断，对东晋王朝的威胁减轻，东晋王朝相对稳定。但在东晋统治集团内部，各种门阀势力矛盾加剧，引发了多次内乱，如王恭、殷仲堪之乱。但以荆州为根据地，发动大规模叛乱和建立割据政权者，应首推桓玄之乱。

(一)殷仲堪之乱

桓玄,字敬道,东晋大司马桓温的庶子,五岁时桓温去世,被指定为继承人,袭爵南郡公。他为人非常自负,喜欢夸耀个人才华,常以英雄豪杰自居,但受桓温的负面影响,一直没得到朝廷重用,所以总抱怨怀才不遇。

晋孝武帝执政之初,尚能秉持朝廷大权,亲自处理国家事务,但不久就沉湎酒色,让琅邪王司马道子代理朝政。司马道子嗜好饮酒,根本无心料理朝政,东晋政治开始衰败。太元十七年(392年)十一月,晋孝武帝任命黄门郎殷仲堪为都督荆益宁三州诸军事、荆州刺史,镇守江陵。桓玄长久住在江陵,依仗桓氏家族的显赫地位,到处横行霸道,殷仲堪拿他没办法。

隆安元年(397年)四月,尚书仆射王国宝、建威将军王绪依附于会稽王司马道子,收受贿赂,穷奢极欲,已经腐败透顶。他们厌恶兖青二州刺史王恭、荆州刺史殷仲堪,劝说司马道子剥夺王恭、殷仲堪的兵权。王恭派人联络殷仲堪,准备讨伐王国宝。桓玄因为仕途不顺,心里十分郁闷,打算借助殷仲堪制造混乱,劝殷仲堪联合王恭。于是,王恭、殷仲堪勾结起来,起兵讨伐王国宝。司马道子为人懦弱,只想尽快平息事态,就把所有罪过推给王国宝,逼迫王国宝自杀,后任命其子司马元显为征虏将军,拉拢谯王司马尚之与其弟司马休之为心腹,准备对付王恭、殷仲堪。

隆安二年(398年)七月,桓玄请求出任广州刺史。司马道子本来忌恨桓玄,不想让他在荆州居住,就任命桓玄为督交广二州军事、广州刺史。桓玄接受任命,却不去上任。恰好王恭、豫州刺史庾楷正在筹划讨伐司马尚之、江州刺史王愉等人,派人转告殷仲堪和桓玄。殷仲堪、桓玄表示赞成,推举王恭作为盟主,约定时间一同起兵,前往京师问罪。殷仲堪因不懂得指挥作战,就把指挥权力委托给南郡相杨佺期,派杨佺期率领水军五千人,担任前锋,桓玄随后跟进,殷仲堪率领二万人,作为后军,共同沿长江东进。

八月,杨佺期、桓玄到达湓口,王愉毫无防备,仓皇逃往临川。桓玄派兵追赶,把王愉捉拿回来。九月,晋廷加授司马道子黄钺,任命司马元显为征讨都督,派卫将军王珣、右将军谢琰领兵征讨王恭,司马尚之领兵征讨庾楷。初十,司马尚之进抵牛渚,大破庾楷,庾楷单骑投奔桓玄。十六日,桓玄击破朝廷军队,与杨佺期进抵横江。司马尚之撤兵逃走,司马恢之所领水军覆没。十七日,司马道子住进中堂,司马元显驻守石头。二十日,王珣驻守建康北郊,谢琰屯兵于宣阳门,以抵御桓玄、杨佺期。

王恭平素恃才傲物,既依仗刘牢之为爪牙,又轻视刘牢之的才能,弄得刘牢之心怀不满。也许是不知此情,王恭宣布起兵之后,竟把精锐部队配备给刘牢之,作为讨伐的前锋。刘牢之旋即宣布投降朝廷,派刘敬宣与其婿东莞太守高雅之,还兵袭击王恭。王恭正在城外阅兵,遭到刘敬宣的突袭,顿时全部溃败。王恭想返回城内,却见城门已经关闭,只好单骑逃跑,结果中途被捕,押送京师处斩。刘牢之由此立功,被廷擢为都督兖青冀幽并徐扬州晋陵诸军事,也算如愿以偿。

没过多久,杨佺期、桓玄到达石头,殷仲堪进抵芜湖。司马元显急忙赶回建康,征发京城周围民众数万人,据守石头,抵御杨佺期、桓玄的进攻。杨佺期、桓玄上表给朝廷,要求为王恭昭雪,诛杀刘牢之。刘牢之率领北府兵,迅速赶赴建康,驻扎在新亭。杨佺期、桓玄得到报告,大惊失色,只好撤退到蔡州。

东晋朝廷不了解叛军的实情,只见殷仲堪拥有数万人,遍布建康郊外,仍旧十分忧虑。左卫将军桓修进见司马道子说:“殷、桓之下,专恃王恭,恭既破灭,莫不失色。今若优诏用玄,玄必内喜;则能制仲堪、佺期,使并顺命。”司马道子采纳这一计谋,任命桓玄为江州刺史;召回郗恢担任尚书,改派杨佺期接任都督梁雍秦三州诸军事、雍州刺史;桓修为荆州刺史,派刘牢之领兵一千人护送上任;贬黜殷仲堪为广州刺史,敕令殷仲堪立刻撤兵。

十月,殷仲堪接到诏书,大为恼火,催促桓玄、杨佺期进兵。然而,桓玄得到朝廷任命,感到很高兴,接受任命抑或继续进兵,正在犹豫不定。殷仲堪听到消息,急忙从芜湖撤退,派人赶赴蔡州,告诫将士分散回家。杨佺期的部将刘系率先带领二千人撤退。桓玄、杨佺期大为惊恐,不得已跟着撤兵。他们追到寻阳,才赶上殷仲堪。

这个时候,殷仲堪被罢免荆州刺史,需要依靠桓玄的声望;桓玄缺乏足够兵力,需要利用殷仲堪的军队。因此,他们虽然暗自相互猜疑,却又不得不联合起来,就交换子弟作人质。二十三日,殷仲堪、桓玄等人在寻阳结盟,推举桓玄做盟主,拒绝接受朝廷任命,并联名上表给朝廷,为王恭申冤,要求诛杀刘牢之、司马尚之,质问为何贬斥殷仲堪。东晋朝廷十分害怕,即刻罢免桓修的职务,恢复殷仲堪的原职,特别下诏加以抚慰。殷仲堪、桓玄接受诏书,回到各自的治所。

殷仲堪发起的动乱,最终这样草草收场。为了防止桓玄专横跋扈,殷仲堪与杨佺期结成姻亲,相互支援。杨佺期屡次要攻打桓玄,都被殷仲堪劝阻。隆安三年(399年),荆州暴雨成灾,洪水泛滥,殷仲堪拿出所有储备粮食,用来赈济灾民。桓玄趁着荆州空虚,出兵西进,前来攻打殷仲堪。殷仲堪派殷遹率领水军七千人,到达西江口,但被桓玄击退。殷仲堪又派杨广领兵抵抗,也被桓玄打败。江陵城内缺乏粮食,只能拿胡麻给士兵充饥。桓玄乘胜到达零口,距离江陵只有二十里。殷仲堪急忙召请杨佺期救援,杨佺期率领步骑兵八千人,很快到达江陵,但与桓玄交战时,兵败被杀。殷仲堪带领数百人,打算投奔长安,却被桓玄部下抓获,最后被迫自杀。

经过这一连串厮杀,桓玄除掉了殷仲堪、杨佺期,占领了荆、雍二州,控制了东晋半壁江山。

(二)桓玄之乱

隆安四年(400年)三月,桓玄上表给朝廷,请求管辖江、荆二州,晋安帝诏令桓玄为都督荆司雍秦梁益宁七州诸军事、荆州刺史;中护军桓修为江州刺史。桓玄再次上疏,硬要管辖江州。东晋朝廷没办法制止,就把江州划给桓玄,任命他为都督八州即扬豫八郡诸军事,兼任江州刺史。桓玄还任命其兄桓伟为雍州刺史,朝廷不敢拒绝。

在控制江、荆二州之后,桓玄更是野心勃勃,一面积极开展军事训练,一面紧盯朝廷内外动静,准备利用一切机会,向东晋朝廷发难。隆安五年(401年)六月,桓玄听说孙恩进逼建康,就赶快集结军队,奏请朝廷征讨孙恩。司马元显大为恐慌,恰好赶上孙恩撤退,就下诏书制止桓玄,桓玄才没有起兵。十二月,桓玄奏请朝廷任命其兄桓伟为江州刺史,镇守夏口;司马刁畅为辅国将军,镇守襄阳。桓玄派部将皇甫敷、冯该据守溢口,把沮水、漳水流域二千户蛮人迁移到江南,设立武宁郡;把一些流民招集起来,设立绥安郡。

元兴元年(402年)正月初一,晋安帝下诏书,历数桓玄的罪状,任命尚书令司马元显为骠骑大将军、征讨大都督、都督十八州诸军事,加授黄钺;镇北将军刘牢之为前锋都督，前将军司马尚之统领后续部队，出兵讨伐桓玄。这时候，因为孙恩之乱爆发，无法维持漕运，加上桓玄阻遏长江通道，商旅往来断绝，朝廷缺乏物资储备，只能用一些麸皮、橡子给士兵充饥。桓玄接到密报，按照长史卞范之的主意，留下桓伟镇守江陵，上表给朝廷，散发檄文到各地，揭露司马元显的罪行，起兵东进，直指建康。

二月，晋安帝来到西池，为司马元显饯行。司马元显害怕桓玄，登上战船，却没有出发。接着，晋安帝诏命齐王司马柔之持驺虞幡，赶赴荆州、江州两地，告谕叛军停止行动，结果被桓玄部下杀死。桓玄到达姑孰，派部将冯该进攻历阳，襄城太守司马休之据城固守，豫州刺史司马尚之领兵增援，都被桓玄打败，司马尚之沦为俘虏，司马休之弃城逃走。

刘牢之作为前锋都督，一方面厌恶司马元显，担心消灭桓玄之后，因为功劳和名声更高，不为司马元显所包容，一方面自恃擅长打仗，拥有一支强大的部队，想借桓玄的手铲除当朝权臣，再找时机消灭桓玄，实在是首鼠两端。在这种心理支配下，刘牢之屯兵于溧州，参军刘裕请求进攻桓玄，刘牢之不允许。桓玄派刘牢之的族舅何穆前来游说，刘牢之接受何穆的劝告，开始与桓玄沟通。刘裕和刘牢之的外甥何无忌一起极力劝阻，刘牢之不理睬。三月初一，刘牢之派其子刘敬宣去见桓玄，请求投降，桓玄临时委任刘敬宣为谘议参军。

这个时候，司马元显准备出兵，听说桓玄已经到达新亭，马上扔下战船，返回城内，驻扎在国子学。司马元显来到宣阳门外，摆开战阵，将士都很惊恐。没过多久，传说桓玄已经抵达南桁，司马元显将要引兵回宫，遭到叛军的阻截，所有将士溃散。司马元显骑马逃入东府，向司马道子征求对策，司马道子看着儿子，只是哭泣不止。桓玄派从事中郎毛泰把司马元显收押起来，送到新亭。

初四，晋安帝派使者到安乐渚，慰劳桓玄。桓玄进入京师，宣布解除戒严。晋安帝被迫改组朝廷，一方面任命桓玄丞相、都督中外诸军事、录尚书事、扬州牧，兼任徐荆江三州刺史，加授黄钺，统领文武百官；另一方面下诏把司马道子流放到安成郡，把司马元显、司马尚之和庾楷、张法顺处斩。桓玄为了改组朝廷，任命桓伟为荆州刺史，桓谦为尚书左仆射，桓修为徐兖二州刺史，桓石生为江州刺史，卞范之为丹杨尹，刘牢之为会稽内史。

对于桓玄的任命，刘牢之心存不满，就想领兵去广陵，与广陵相高雅之会合，进据江北地区，再来讨伐桓玄。刘裕、何无忌不赞成。于是，刘牢之召集所有将佐，共同商议讨伐桓玄，仍未获得诸将同意。刘牢之非常害怕，派刘敬宣到京口迎接家属，约定返回日期。但刘敬宣没有如期返回，刘牢之以为事情泄露，家人被桓玄杀害，急忙领兵逃往江北，途经新洲，含愤上吊自尽。作为一代名将，刘牢之威震天下，最终竟然走投无路，落得这般下场。

四月，桓玄离开建康，驻扎到姑孰，辞去录尚书事。凡是朝廷大事，都要向桓玄请示，小事由桓谦、卞范之处理。十月，桓玄诛杀吴兴太守高素、将军竺谦之、刘袭等人，这些人都是刘牢之的北府旧将。冀州刺史刘轨邀约司马休之、刘敬宣、高雅之等人，占据山阳，准备起兵进攻桓玄，没有成功，转而投奔南燕。十二月，桓玄指使御史杜林，毒死司马道子，从而肃清所有政敌。

元兴二年(403 年)二月，晋安帝任命桓玄为大将军。九月，东晋朝廷册命桓玄为相国，封为楚王。十一月，晋安帝被迫退位，迁居到永安宫。朝中百官赶往姑孰，劝说桓玄进位。十二月，桓玄在建康称帝，改元永始，建国号为楚，随后住进宫城。

(三)刘裕灭楚

桓楚政权建立之后，桓玄更加骄奢淫逸，毫无节制地游猎，通宵达旦地玩乐，把朝廷事务丢到一边。宫中秩序混乱，没有一点朝廷的威严和礼仪。政事处理得一塌糊涂，搞得天怒人怨，百姓愁苦，十家之中有八九家想造反。当时流传一些童谣："草生及马腹，乌啄桓玄目"；"长干巷，巷长干，今年杀郎君，后年斩诸桓。"这表明民众对桓玄积怨之深。

元兴三年(404 年)二月，刘裕与何无忌一起，乘船来到京口，召见其弟刘道规和刘毅、孟昶、诸葛长民等人，密谋讨伐桓玄，复兴晋室。刘道规、孟昶随从青州刺史桓弘担任参军、主簿，诸葛长民随从豫州刺史刁逵担任参军。刘裕派刘毅、刘道规和孟昶前往江北杀掉桓弘，占据广陵；诸葛长民杀掉刁逵，占据历阳；其他人赶往建康，聚众攻打桓玄，作为内应。众人推举刘裕为盟主，总领徐州事务，任命孟昶为长史，檀凭之为司马，镇守京口。

桓玄得知此事，任命扬州刺史桓谦为征讨都督，殷仲文为徐兖二州刺史；派顿丘太守吴甫之、右卫将军皇甫敷领兵镇压。三月，刘裕率军迎战，在江乘大破楚军，斩杀吴甫之、皇甫敷。桓玄听说之后，急命桓谦和游击将军何澹之屯兵于东陵，后将军卞范之屯兵于覆舟山，共有士兵二万人。刘裕乘胜进军，与刘毅等人分为数队，冲入桓谦的战阵。义军将士奋力拼杀，无不以一当十，呼声震天动地，楚军迅速溃败。桓玄尽管出兵应敌，但已经做好出逃准备，秘密指派领军将军殷仲文准备战船，停泊在石头。等桓谦战败之后，桓玄就率领亲信数千人，从石头登上战船，沿江向南逃走。

宋武帝刘裕

刘裕进入建康，屯兵于石头城，派诸将追击桓玄。司徒王谧带领百官，推举刘裕为使持节、都督扬徐兖豫青冀幽并八州诸军事、徐州刺史。刘裕委托主簿刘穆之，治理建康。

桓玄到达寻阳，得到郭昶之资助，扩充一部分兵力，随后挟持安帝，往荆州撤退。刘毅率领何无忌、刘道规诸军追赶过来。桓玄派龙骧将军何澹之、前将军郭铨和郭昶之据守湓口，以抵挡刘毅。

四月，在刘裕的支持下，武陵王司马遵入居东宫，总领文武百官，执掌朝廷事务，任命司马休之监荆益梁宁秦雍六州诸军事，兼任荆州刺史。桓玄挟持晋安帝，回到江陵，改组朝中百官，任命卞范之为尚书仆射，派武卫将军庾稚祖、江夏太守桓道恭率领数千人，协助何澹之防守湓口。何无忌、刘道规到达桑落洲，何澹之率领水军迎战，被义军打败。何无忌攻克湓口，进据寻阳。东晋朝廷为讨平桓玄,加授刘裕都督江州诸军事。

桓玄在荆州征发兵役,不到一个月时间,征集到部众二万人,各种装备都很充足。面对刘裕的进攻,桓玄再次率领诸军,挟持晋安帝东进,任命苻宏领兵为前锋,派散骑常侍徐放先行,劝说刘裕放下武器。刘毅、何无忌、刘道规引兵从寻阳西进,迎击楚军。

五月,桓玄进抵峥嵘洲,与刘毅所部遭遇。刘毅所部不足一万人,而楚军有数万人,所以刘毅、何无忌都很担忧,准备撤回寻阳。刘道规劝阻说:“彼众我寡,强弱异势。今若畏懦不进,必为所乘,虽至寻阳,岂能自固!玄虽窃名雄豪,内实恇怯,加已经奔败,众无固心。决机两阵,将雄者克。”于是率先发起进攻。刘毅等人随后跟进。桓玄乘坐连舫大船,常在船侧拖着轻舸,准备败走时使用。刘毅出动精锐部队,顺风放火,攻击楚军。楚军缺乏斗志,旋即溃败下去,连夜烧毁辎重逃跑。

在峥嵘洲之战后,桓玄挟持晋安帝,乘坐一条轻舸,快速向西逃走,等到达巴陵后,竟丢下何皇后和王皇后。殷仲文随从桓玄,请求转乘别的战船,收集失散的士兵,趁机背叛桓玄,侍奉两位皇后,经过夏口,逃回建康。

桓玄回到江陵,明知大势已去,就打算逃往汉中,投靠桓希,然而人情乖沮,号令不能执行。于是,桓玄连夜出城,因城内发生骚乱,仅带领亲信一百多人,朝着城西逃去。刚到城门,有一位侍从拔刀来砍桓玄,没有砍中,其余随从相互厮杀,一时死尸交横。桓玄侥幸逃上战船,所有随从却都跑散,只有卞范之跟在身边。

在桓玄出逃后,荆州别驾王康产迎接晋安帝,住进南郡府邸,南郡太守王腾之率领文武官员,来保护晋安帝。晋安帝随后返回建康。

桓玄即将到达汉中,屯骑校尉毛修之诱骗桓玄前往成都,桓玄同意。宁州刺史毛璠死于任上,毛璩派侄孙毛祐之和参军费恬率领数百人,送葬回江陵。毛祐之、费恬遇上桓玄,随即发起攻击。益州督护冯迁抽出战刀,把桓玄砍死,又斩杀桓石康、桓濬等人。刘毅派人把桓玄的头颅带回建康,挂在大桁示众。

桓玄之乱,不但埋葬了桓氏家族,还拉开了东晋门阀政治终结的帷幕。桓楚政权的存在,前后仅有五个月。就桓玄本人来说,其中安稳的日子,只有在建康的八十天。过了这八十天,桓玄被迫逃回江陵。再过了两个月,桓玄丧命于逃亡中。桓玄死后数年,桓氏族人屡经苦战,终究没能摆脱覆灭。

三、刘宋的内乱

刘宋一朝的历史，以元嘉末年为界线，大致分为两个时期：前期是日趋富强，后期是走向衰亡。经过与北魏鏖战，刘宋军事力量遭到削弱，已经无力大举北伐，而北魏太武帝猝然遇害，也使北魏无暇南征，双方处于休战状态。在这种政治环境中，刘宋统治集团内部的矛盾变得尖锐起来，围绕争夺最高权力，先后酿成六次残酷厮杀。其中，刘骏、刘义宣、沈攸之发动的三次动乱，都是以荆州为根据地，兴兵指向建康的内战。

（一）刘骏之乱

元嘉三十年(453 年)正月，宋太子刘劭杀害宋文帝，篡夺皇位。三月十七日，武陵王刘骏在五洲（在今湖北黄州长江中）誓师讨伐刘劭。南谯王刘义宣、雍州刺史臧质和司州刺史鲁爽一道起兵，响应刘骏。二十二日，刘骏从西阳出兵。二十四日，到达寻阳。二十七日，刘骏向各地发布檄文，号召共同讨伐刘劭。各州郡接到檄文，都迅速起兵响应。刘义宣派臧质率军赶往寻阳，与刘骏会师东下，只留鲁爽镇守江陵。刘劭任命萧思话为徐兖二州刺史，张永为青州刺史，但萧思话、张永旋即起兵响应刘骏。刘劭任命随王刘诞为会州刺史，刘诞准备接受任命，但经过参军沈正、司马顾琛的劝说，马上改变主意。刘劭听到四方起兵，下令实行戒严，把所有休假的将士召集起来，把秦淮河南岸的百姓迁到北岸居住，把诸王和大臣全都集中到建康城内，藉此加强战备。

宋孝武帝刘骏

四月，柳元景统领宁朔将军薛安都等人，率军从溢口出发，司空中兵参军徐遗宝率领荆州军队随后跟进;刘骏从寻阳出兵,沈庆之统领中军侍从左右。刘劭怀疑朝中旧臣不会效力,就厚待鲁秀和右军参军王罗汉,委托他们处理军务。根据江夏王刘义恭的建议,刘劭决定据守建康,等待时机发动反攻,于是每天都去慰劳将士,亲自督促制造战船,还下令烧毁秦淮河南岸的房屋和秦淮河上的游船,把所有民众赶到秦淮河北岸。

十一日,刘骏进驻鹊头,宣城太守王僧达前来归附。柳元景因为战船不够坚固,害怕与刘劭进行水战,所以昼夜兼程。十四日,柳元景从江宁上岸,派薛安都率领铁骑在秦淮河畔耀武扬威,又给朝中官员写信,陈述讨伐叛逆的意义。十七日,刘骏进据溧洲。二十一日,柳元景悄悄地来到新亭,依托山峦筑起营垒。

二十二日,刘劭派萧斌率领步兵,褚湛之率领水军,与鲁秀、王罗汉、刘简之会合,共有精兵一万人,共同进攻新亭,亲自登上朱雀门督战。柳元景命令将士说:"鼓繁气易衰,叫数力易竭;但衔枚疾战,一听吾鼓声。"官军将士贪图重赏,都在拼死作战。义军两面受敌,但士气更加高昂,柳元景派出所有侍卫投入作战,身边只留下数人,用来传达号令。官军眼看要获胜,鲁秀却击鼓退兵,所以当即停止作战。柳元景趁机打开营垒,擂鼓进攻,迅速击溃官军。稍后,刘劭亲率剩余士兵,再次攻打义军营垒,又被柳元景击破。刘简之临阵战死,萧斌身受重伤,刘劭仅免于一死,逃回皇宫。鲁秀、褚湛之和檀和之南逃,转而投奔义军。

二十四日,刘骏到达江宁。二十五日,刘义恭单骑投奔义军。刘劭束手无策,就来祈求神灵保佑,把蒋侯神像移到宫内,封蒋侯为大司马、钟山王,只管叩头跪拜。二十六日,刘骏进驻新亭,刘义恭上表劝进。二十七日,刘骏登上皇位,任命刘义恭为太尉、南徐州刺史。二十八日,又任命南谯王刘义宣为丞相、中书监、扬州刺史,随王刘诞为卫将军、荆州刺史,臧质为车骑将军、江州刺史,沈庆之为领军将军,萧思话为尚书左仆射,形成一个新的统治集团。

五月初一,臧质率领雍州军队二万人,抵达新亭。刘诞派参军刘季之领兵进抵牛塘(在今江苏武进),与宁朔将军顾彬之会合。初二,鲁秀招募勇士攻克大航,王罗汉被迫缴械投降,其余守军纷纷逃散,武器装备塞满街道。晚上,刘劭关闭台城六门,在门内挖掘壕沟,设立栅栏,城内一片混乱。萧斌命令所部将士脱去铠甲,从石头城举着白幡投降,刘骏诏令把萧斌处斩。初三,辅国将军朱修之攻克东府。初四,各路大军攻克台城。刘劭挖开西墙,藏入武库的井里,还是被人抓获。刘骏下令在牙旗下，把刘劭斩首示众。

刘骏之乱，从三月十七日起兵，到五月初四刘劭被处斩，先后仅有四十七天。

(二)刘义宣之乱

宋孝武帝即位之初，刘义宣担任丞相、中书监、扬州刺史，后改封南郡王，调任荆湘二州刺史，长期坐镇荆州，积蓄大量财力和兵力，经常不执行朝廷法令；臧质担任车骑将军、江州刺史，自以为功勋卓著，开始专横跋扈，恣意妄为，不把朝廷放在眼里。他们既是表兄弟，又结成亲家，因而纠结在一起，秘密策划反对朝廷。孝建元年(454年)正月，刘义宣派人去见豫州刺史鲁爽和兖州刺史徐遗宝，约定秋天一道起兵。哪知鲁爽醉酒，听错刘义宣的旨意，当天宣布起兵。徐遗宝跟着出兵进攻彭城。二月，刘义宣得到消息，仓促起兵响应鲁爽，臧质随即反叛朝廷。叛军控制荆江兖豫四州，声势浩大，威震四方。

面对凶狂的叛乱，宋孝武帝打算把御用法驾和器物送给刘义宣，因为竟陵王刘诞坚决反对而没有做，于是任命领军将军柳元景为抚军将军，左卫将军王玄谟为豫州刺史，诏令柳元景统领王玄谟等人讨伐刘义宣。二十六日，柳元景进据梁山洲，在长江两岸构筑偃月营垒，水陆两路准备迎战。紧接着，宋孝武帝又任命安北司马夏侯祖欢为兖州刺史，徐州刺史萧思话为江州刺史，柳元景为雍州刺史，太子左卫率庞秀之为徐州刺史，全面地反击叛军。

三月十一日，刘义宣率军十万人，从江津出发，任命其子为辅国将军，与左司马竺超民留守江陵。因为雍州刺史朱修之不配合，刘义宣任命鲁秀为雍州刺史，领兵一万多人，前去攻打朱修之。徐遗宝在彭城战败，撇下将士投奔鲁爽。不久，刘义宣到达寻阳，派臧质作为前锋，鲁爽领兵南趋历阳，与臧质会合，水陆两路并进。臧质率军抵达梁山，在长江两岸修筑营垒，与官军相对抗。

四月，宋孝武帝任命后将军刘义綦为湘州刺史，朱修之为荆州刺史；派左军将军薛安都、龙骧将军宗越戍守历阳，击破鲁爽的前锋。鲁爽不能前进，只好驻守大岘。宋孝武帝又派镇军将军沈庆之渡过长江，统领诸将讨伐鲁爽。鲁爽因为粮食短缺，领兵悄悄撤退。沈庆之派薛安都率领轻骑，追击鲁爽。二十日，薛安都追上鲁爽，鲁爽将要出战，却喝酒过量，酩酊大醉。薛安都立刻跃马向前，大声呼喊，把鲁爽刺下马，侍从砍下鲁爽的头颅。鲁爽的士卒四处奔跑逃命。官军趁势攻克寿阳。徐遗宝逃往东海,被当地人杀死。

这个时候,鉴于臧质所部兵力强大,王玄谟派人向朝廷请求增援,宋孝武帝命令柳元景进驻姑孰。五月初八,刘义宣到达芜湖。臧质就令部将尹周之进攻梁山西营,冗从仆射胡子反作为西营主将,正在长江东岸与王玄谟商议军务,得到报告立即返回。刘季之作为偏将,率领水军拼命抵抗,并向王玄谟求救,王玄谟派大司马参军崔勋之、积弩将军垣询之领兵救援。他们到达西营,西营已经失陷,随即与叛军激战,都不幸战死。胡子反又逃回东岸。臧质派部将庞法起领兵数千人,直扑南浦,企图包抄王玄谟的后路。游击将军垣护之率领水军迎战,大破庞法起。

王玄谟派垣护之向柳元景告急,请求从梁山东营撤兵,退回姑孰防守。柳元景不准撤兵,而是留下老弱士兵守卫大营,派所有精兵增援王玄谟,故意多举一些旗帜。梁山守军一眼望去,好像有数万人,这才安定下来。十八日,刘义宣到达梁山,驻扎在长江西岸,派臧质和刘湛之进攻梁山东营。王玄谟率军出战,薛安都带领突骑从东南方冲入敌阵,斩杀刘湛之;刘季之和宗越从西北方攻入敌阵,大破臧质的部队;垣护之放火焚烧叛军的战船,江面大火熊熊,火势蔓延到西岸,烧毁叛军的营垒。在官军猛烈攻击下,叛军落花流水,刘义宣乘坐单舸逃走,关上所有门窗,躲在船舱里哭泣。臧质见刘义宣逃走,不知道该怎么办,也就跟着逃走。

六月,臧质逃到寻阳,放火烧掉江州府衙,带着妻妾和伎女,逃到武昌。其妹夫羊冲担任武昌太守,已经被部下杀死。臧质走投无路,只好躲进南湖,靠采摘莲子充饥。没过两天,官军追赶过来,在湖中发现臧质,就把他处死。刘义宣逃到江夏,听说巴陵驻有官军,改从陆路往西走,有十多名侍从跟随,借得一辆破旧的牛车,一路讨饭过来,到达江陵。这时候,荆州还有甲士一万多人,刘义宣不愿再战,带着其子和妻妾出逃,却又走投无路,退回南郡府衙,结果被竺超民抓捕入狱。二十五日,朱修之进入江陵,诛杀刘义宣、竺超民等人。

刘义宣之乱,从二月刘义宣起兵,到六月诛杀刘义宣,前后历经五个月。

(三)沈攸之之乱

刘宋后期,特别是平定刘休范之后,萧道成跻身于“四贵”,在朝廷拥有较大权势。元徽五年（477 年）七月，萧道成指派越骑校尉王敬则，勾结宫中侍从杨玉夫、杨万年等人，杀死宋废帝刘昱，另立宋顺帝刘準，从而操纵朝廷大权。这一重大的政治变故，惹得许多朝臣不满，引起地方势力反抗，其中反抗最为激烈者，要算荆州刺史沈攸之。

沈攸之为人精明，富有政治野心，早年担任郢州刺史，就暗中积蓄力量，企图夺取朝廷大权。后来，他调任都督荆襄等八州诸军事、荆州刺史，在离开夏口时，挑选郢州士兵和武器装备，尽量带到江陵。在荆州刺史任上，他以讨伐蛮族为名，大肆扩充兵力，加强军事训练，犹如大敌当前；他向民众加征赋税，扣留向朝廷缴纳的财物，用以制造武器装备，饲养战马二千多匹，制造战船近一千艘，府库、粮仓都很充实；他为政苛刻暴虐，一切独断专行，不再使用朝廷名义。宋廷对他很猜疑，却又有所忌惮。

齐高帝萧道成

宋废帝刘昱被杀后，荆州主簿宗俨之、功曹臧寅劝沈攸之利用这个机会，起兵夺取朝廷大权。沈攸之虽未立即行动，但觉得萧道成的名望和地位比自己低，却能控制朝廷，心中忿恨不平。十二月，沈攸之称得到太后手令：“社稷之事，一以委公。”于是调集军队，发布檄文，派使者邀约雍州刺史张敬儿、豫州刺史刘怀珍、梁州刺史范柏年、司州刺史姚道和、湘州行事庾佩玉、巴陵内史王文和一同起兵。张敬儿、刘怀珍、王文和都斩杀使者，急速奏报朝廷。范柏年、姚道和、庾佩玉则存心观望，一时首鼠两端。

十二日，沈攸之派辅国将军孙同等人沿长江东下，并写信谴责萧道成。十八日，萧道成移入朝堂，派其子萧嶷代替自己镇守东府，抚军行参军萧映镇守京口。接下来，萧道成调任郢州刺史武陵王刘赞为荆州刺史，任命右卫将军黄回为郢州刺史，率领前锋部队，讨伐沈攸之。同时，任命长子萧赜为左卫将军，与扬州刺史刘燮一道西进。二十一日，萧赜陪同刘燮到达溢口，派左中郎将周山图处理军务。周山图封锁长江，掠取商船上的木板，建造楼橹，竖立栅栏，迅速构成防御工事。萧道成接到报告，就任命萧赜为西讨都督，周山图担任副官。鉴于寻阳城池不够坚固，萧赜奏请朝廷命令江州刺史刘友进驻溢口，派江州别驾胡谐之留守寻阳。

湘州刺史王蕴与沈攸之交往密切，因为办理丧事回到建康，与袁粲、刘秉密谋诛杀萧道成，黄回、任候伯、孙昙瓘、王宜兴、卜伯兴等人参与密谋。褚渊听说之后，立刻告诉萧道成。萧道成已经知晓，派军主苏烈、薛渊、王天生领兵前往石头，监视袁粲；任命骁骑将军王敬则为直阁将军，与卜伯兴一起统领禁军。袁粲打算假传皇太后的命令，派刘韫、卜伯兴率领宿卫兵，攻打萧道成，黄回等人起兵响应。但因为计划暴露，萧道成指派王敬则，突然冲入中书省，斩杀刘韫、卜伯兴。苏烈等人占领仓城，与袁粲对峙。萧道成派军主戴僧静率数百人，赶往石头城，与苏烈合攻袁粲。孙昙瓘骁勇善战，杀死官军一百多人，幸得王天生殊死搏斗，适才与对方相持。晚间继续交战，戴僧静抽出一批兵力，攻击石头城西门，放火焚烧府衙。袁粲与刘秉在东门城楼上，望见西门起火，急忙返回府衙。这时候，戴僧静趁夜攀过城墙，独自提刀进来，杀死袁粲。刘秉逃到雒檐湖，也被追兵杀害。任候伯等人率领战船，赶到石头，但见官军已经聚集，无法进入城内，只好迅速撤回。黄回准备起兵，听说事情败漏，没有发动进攻。萧道成安抚黄回，与过去一样相待。

二十六日，萧道成移驻阅武堂，任命黄回为平西将军，率领重兵西进，讨伐沈攸之。闰十二月初二，沈攸之派中兵参军孙同等率领三万人为前锋，司马刘攘兵等率领两万人随后跟进；又派中兵参军王灵秀等进攻夏口，占据鲁山。十四日，沈攸之进抵夏口，自恃兵力强大，没必要强攻郢城，暂时停泊在黄金浦，派人劝说郢州行事柳世隆，但被柳世隆拒绝。沈攸之决定留下一部分兵力围困郢城，亲率大军继续东进。十六日，柳世隆派人到西渚挑战，肆意辱骂沈攸之，沈攸之受不得辱骂，撤销东进计划，命令诸军上岸，构筑一道长围，轮番攻打郢城。柳世隆据城固守，沈攸之久攻不克。

昇明二年（478 年）正月，沈攸之出动精锐部队，猛攻郢城，被柳世隆多次击退。萧赜派桓敬等人进据西塞（在今湖北黄石），以声援柳世隆。沈攸之派部将皇甫仲贤进攻武昌，中兵参军公孙方平进攻西阳。武昌太守臧涣投降沈攸之，西阳太守王毓逃奔溢城。刘怀珍派建宁太守张谟等率领一万人，对公孙方平发起反击。十三日，公孙方平战败逃走，黄回进抵西阳。

沈攸之强攻郢城，已经有三十多天，士兵逃亡不断增多。沈攸之骑马巡视军营，尽管百般抚慰，仍旧是逃亡不断。沈攸之非常恼火，当即下令军主负责。于是，再有士兵逃亡，军主就不报告，诸将各怀心计。十九日，刘攘兵趁夜烧营，率军归降柳世隆。但见军中起火，士兵争相逃命，诸将制止不住。等到天亮，沈攸之率军过江，赶到鲁山，诸将也都逃走。郢城没有出兵追击，许多逃兵没走多远，害怕遇到蛮族劫杀，重新集结起来，大约有两万人，跟随沈攸之返回江陵。

这个时候，张敬儿率军南下，趁沈攸之东进之机，前来袭击江陵。沈攸之留其子沈元琰，与长史江乂、别驾傅宣共守江陵。张敬儿进抵沙桥，驻军观望。江陵城内一片惊慌，江乂、傅宣弃城出逃，沈元琰被人杀死。在毫无抵抗情况下，张敬儿占领江陵。沈攸之率领残部，进距江陵一百里，听说张敬儿占领江陵，士兵再度溃散。沈攸之走投无路，与其子沈文和逃往华容，在栎树林中自缢。二十八日，宋廷解除戒严。

沈攸之之乱，从昇明元年（477 年）十二月沈攸之起兵江陵，到翌年正月沈攸之兵败自杀，仅仅历经四十天时间。

对于刘宋王朝来说，这一系列内战的结果，一是耗尽了刘宋皇族势力，加速了刘宋的灭亡；二是引发了外部祸患，在北魏南侵之下，刘宋丢失了大片领土；三是在扑灭内战过程中，以萧道成为首的政治集团迅速崛起，很快夺得了刘宋江山。

四、梁朝的创建

东晋南朝时期，扬州属于京畿地区，荆州作为重要方镇，经常处于对峙局面，甚至引发军事冲突。先是东晋初期，王敦在武昌发动叛乱；其后东晋末期，桓玄在江陵反抗朝廷。到了南齐后期，萧衍在襄阳率先起兵，最终推翻南齐统治，建立起萧梁政权。

(一)雍州起兵

萧衍,字叔达,小字练儿,南齐秣陵(今南京)人。他的父亲萧顺之是齐高帝的族弟,曾任领军将军、丹阳尹。他年轻时文武双全,学识广博。竟陵王萧子良曾经设置西邸,招揽了一批文人。萧衍投身于西邸,与沈约、谢朓、王融、萧琛、范云、任昉、陆倕并称"竟陵八友"。在齐明帝时,历任冠军将军、太子中庶子、都督雍梁南北秦四州郢州之竟陵司州之随郡诸军事、辅国将军、雍州刺史。

梁武帝萧衍

永泰元年(498年)七月,齐东昏侯继位之后,扬州刺史始安王萧遥光、尚书令徐孝嗣、右仆射江祏、右将军萧坦之、侍中江祀、卫尉刘暄六人轮留在内省当值,签署当天的敕令。雍州刺史萧衍听说之后,认为六位大臣同朝理政,势必相互图谋,酿成国家动乱,因而与堂舅、录事参军张弘策暗中筹划,招募上万名勇士,砍伐大批树木、竹子,沉入檀溪,收集大批茅草,积极准备军事行动。

齐东昏侯骄奢淫逸,肆意诛杀朝中大臣,闹得朝野人心惶惶。永元二年(500年)正月,裴叔业投降北魏,引发齐魏寿阳之战。三月,崔慧景发动叛乱。在平息这场叛乱中,萧懿作战有功,被提升为尚书令。十月,齐东昏侯听信宠臣的谗言,又把萧懿害死。消息传到襄阳,萧衍连夜召集张弘策、参军吕僧珍、长史王茂、别驾柳庆远等人商定对策。十一月初九，萧衍正式起事，集合兵马，得到甲士一万多人、战马一千多匹、战船三千艘，从檀溪取出木料、竹子，装载到战船上，上面覆盖着茅草，很快进入战备状态。

这个时候，南康王萧宝融担任西中郎将、荆州刺史，西中郎长史萧颖胄代理州府事务，齐东昏侯派辅国将军刘山阳领兵三千人，与萧颖胄一道袭击襄阳。萧衍得知消息，派参军王天虎赶到江陵，给荆州官员送去一封信，宣称刘山阳率兵西进，企图袭击荆州和雍州。萧颖胄收到这封信，一直是迟疑不决。十八日，刘山阳到达江陵，被萧颖胄处斩，其所部被收编。十九日，萧颖胄以南康王萧宝融的名义发布戒严令。二十日，任命萧衍为使持节都督前锋诸军事。二十一日，任命萧颖胄为都督行留诸军事。萧颖胄派人把刘山阳的头颅送给萧衍，商议出兵建康的日期。二十二日，萧衍上表劝萧宝融称帝，萧宝融没有答应。

十二月，萧颖胄向全国传发檄文，声讨东昏侯及其宠臣的罪恶，同时派冠军将军杨公则进趋湘州，西中郎参军邓元起进趋夏口。初十，荆州官员再次劝萧宝融称帝，萧宝融仍不答应。二十七日，夏侯亶逃离建康，来到江陵，声称奉宣德太后的命令，晋封萧宝融为宣城王、相国，等清除昏君和奸臣之后，再接回建康继位。

齐东昏侯听到刘山阳的死讯，下诏讨伐荆州和雍州，任命冠军长史刘浍为雍州刺史，并派骁骑将军薛元嗣押运一百四十余船粮食，送给郢州刺史张冲，命令张冲抵御西师。薛元嗣先是猜疑张冲，停泊在夏口浦，等听说西师即将到来，方才进入郢城。前竟陵太守房僧寄将要返回建康，路过郢州，被东昏侯任命为骁骑将军，留守鲁山（在今武汉汉阳）。张冲与房僧寄结盟，派军主孙乐祖率领数千人，辅助房僧寄防守鲁山。

中兴元年（501年）正月初十，萧宝融始称相国，任命萧颖胄为左长史，萧衍为征东将军，杨公则为湘州刺史。十三日，萧衍率军南下，派其弟萧伟总理府州事务，萧憺防守襄阳，府司马庄丘黑防守樊城。萧衍离开襄阳，雍州有些空虚。魏兴太守裴师仁、齐兴太守颜僧乘机袭击襄阳，萧伟、萧憺派兵截击，进抵始平（在今湖北老河口），击败两郡联军，才使雍州转危为安。

(二)郢城之战

二月初一,萧宝融任命冠军长史王茂为江州刺史,竟陵太守曹景宗为郢州刺史,邵陵王萧宝攸为荆州刺史。十八日,齐东昏侯派羽林兵袭击雍州,宣布朝廷内外戒严。

二十日,萧衍到达竟陵(今湖北钟祥),下令王茂、曹景宗担任前锋,派中兵参军张法安防守竟陵。

王茂、曹景宗到达汉口之后,建议合力攻打郢城(今武汉武昌),分兵突袭西阳、武昌。萧衍分析形势,告诫他们说:"汉口不阔一里,箭道交至,房僧寄以重兵固守,为郢城人掎角。若悉众前进,贼必绝我军后,一朝为阻,则悔无所及。今欲遣王、曹诸军济江,与荆州军相会,以逼贼垒。吾自后围鲁山,以通沔汉。郧城、竟陵间粟,方舟而下;江陵、湘中之兵,连旗继至。粮食既足,士众稍多,围守两城,不攻自拔。天下之事,卧取之耳。"于是派王茂、曹景宗领兵渡江,进驻九里(在今武昌)。张冲派兵出城迎战,被王茂击破,只好婴城自守。

这个时候,邓元起率领荆州兵,到达夏首(在今湖北荆州),与雍州兵会合。萧衍下令修筑建汉口城,以便围攻鲁山,派水军军主张惠绍、朱思远在长江巡航,切断郢城和鲁山的交通往来。杨公则率领湘州兵,到达夏口,接受萧颖胄的命令,统领所有荆州兵。

三月初一,萧衍准备攻打郢城,派邓元起进据城南,田安之进驻城北,王世兴进驻城东。初三,张冲病死,薛元嗣和江夏内史程茂共守郢城。

十一日,萧宝融在江陵称帝,任命萧颖胄为尚书令,萧衍为左仆射,晋安王萧宝义为司空,庐陵王萧宝源为车骑将军,建安王萧宝寅为徐州刺史,散骑常侍夏侯详为中领军,冠军将军萧伟为雍州刺史。十二日,齐和帝下诏,贬东昏侯为涪陵王。十五日,齐和帝加授萧衍为征东大将军、都督征讨诸军事,并授予黄钺;又派冠军将军萧颖达领兵助战。十九日,东昏侯调任豫州刺史陈伯之为江州刺史、都督前锋诸军事,率军抵御西师。

四月,萧衍命令王茂、萧颖达进逼郢城,薛元嗣不敢出战。五月,东昏侯派宁朔将军吴子阳领兵增援郢城,占领了巴口(在今湖北黄冈)。六月,吴子阳进抵加湖,距离郢城三十里,依山傍水修筑营垒。吴子阳燃起烽火,郢城守军点火回应,但彼此各求自保，不能相互配合。恰在这时候，房僧寄病死，众人推举孙乐祖负责防守鲁山。

七月初四，萧衍命令王茂、曹仲宗趁江水上涨，率领水军突袭加湖。初五，吴子阳狼狈逃跑，所部死伤一万多人。郢城、鲁山守军听说之后，士气一落千丈。孙乐祖准备快船，将要逃奔夏口。萧衍得知消息，派兵断绝其逃路。二十五日，孙乐祖窘迫无奈，举城投降。二十七日，程茂、薛元嗣也出城投降。萧衍委任韦睿为江夏太守，代理郢府事务。

（三）萧梁的建立

在夺取郢城之后，诸将要求进驻夏口，稍事休整。萧衍认为应该乘胜前进，直捣建康，因而命令诸军即日上路。八月，萧衍派人劝说江州刺史陈伯之，但见陈伯之首鼠两端，就派邓元起领兵先行，杨公则抄近道突袭柴桑，亲率其他将领随后行动。邓元起即将到达寻阳，陈伯之领兵退保湖口，留其子陈虎牙防守湓城。十四日，萧衍到达寻阳，陈伯之被迫投降，再次被任命为江州刺史。

九月初四，齐和帝诏令萧衍平定建康，可以随机行事。萧衍派骁骑将军郑绍叔留守寻阳，自己与陈伯之率军东进。十三日，齐东昏侯任命李居士为江州刺史，冠军将军王珍国为雍州刺史，建安王萧宝寅为荆州刺史，辅国将军申胄监理郢州，龙骧将军马仙琕监理豫州，骁骑将军徐元称监理徐州。西师前锋进抵芜湖，申胄不战而逃，萧衍占领姑孰。

萧衍到达建康之后，派曹景宗进驻江宁。二十五日，李居士率领精骑一千人，攻击曹景宗。曹景宗奋力反击，击破李居士，并且乘胜前进，进至皂荚桥。萧衍到达新林，命令王茂进据越城，邓元起进据道士墩，陈伯之进据篱门，吕僧珍进据白板桥。李居士见吕僧珍所部人少，就率领精兵一万人，直扑过来。吕僧珍分兵登城，从正面进行抵抗，亲率步骑兵三百人，绕到官军的背后，奋力夹击，大败李居士。李居士请示东昏侯，焚烧长江南岸村舍以开辟战场，大航以西、新亭以北都被烧光。

十月十三日，齐东昏侯派王珍国率领精兵十万多人，布阵于朱雀航南边，派宦官王伥子持白虎幡督战。王茂、曹景宗发起冲锋，士兵殊死拼搏，杀声震天。王珍国抵抗不住，所部迅速瓦解，投河死者不计其数，尸体堆得与桥平齐。其余部队望见此景，也都全部溃散。王茂、曹景宗长驱直入，进抵宣阳门。十七日，宁朔将军徐元瑜在东府城投降。十八日，青冀二州刺史桓和欺骗东昏侯，声称出宫应战，借机率部投降。光禄大夫张瓌丢弃石头回宫。李居士在新亭投降萧衍。

二十一日，萧衍坐镇石头，命令诸军攻打建康。东昏侯下令烧毁城内的营署、官府，驱赶士民进入宫城，然后闭门自守。萧衍命令诸军修筑长围，把宫城围起来。

齐东昏侯坐守宫城，供奉蒋子文为灵帝，指使巫师祭祀祈福，把宫城防务委托王珍国，派兖州刺史张稷为副手。城内守军有七万人，王珍国派兵出城扫荡，却屡遭失败。宠臣茹法珍、梅虫儿劝东昏侯诛杀大臣。王珍国害怕大祸临头，派亲信与萧衍沟通，并与张稷密谋，决定杀掉东昏侯。十二月初六夜晚，王珍国、张稷带兵冲入殿内，兖州中兵参军张齐斩杀东昏侯。张稷召集朝中大臣，派国子博士范云等人把东昏侯的头颅送到石头。

初九，萧衍以宣德太后的名义，自任中书监、大司马、录尚书事、骠骑大将军、扬州刺史，依照东晋武陵王司马遵承制之例，代行皇帝的权力，朝中百官向萧衍致敬。

中兴二年（502年）正月，萧衍迎宣德太后进宫，临朝称制。宣德太后提升萧衍为都督中外诸军事，特许剑履上殿，赞拜不名。二月，萧衍接受宣德太后诏令，出任相国，受封为梁公，继而宣德太后诏令萧衍，进爵为王。二十八日，齐和帝到达姑孰，下诏禅位于萧衍。

四月，萧衍在建康登基，改元天监，建立起南梁政权。

萧衍从雍州起兵，在不到一年时间，就攻克建康，控制了南齐朝廷。论其成功的缘由，一方面是因为齐东昏侯的狂悖和齐朝廷的败坏，另一方面在于萧衍有着非凡的政治眼光和卓越的军事才能。但就这样的开国君主，在其统治半个世纪后，因为年老而昏愦，忠奸不辨，引发侯景之乱，不幸饿死于宫城，令人不胜感叹。

五、萧绎守江陵

东晋南朝时期，荆楚地区（主要指荆州、雍州地区）一直在挑战中央的权威，从王敦到桓玄，再到萧衍，他们都是从湖北地区起兵，进军首都建康，试图主宰天下。前两者命运不济，先后失败，而萧衍笑到了最后。从这段历史发展的过程来看，荆楚地区的方镇势力越来越大，对天下大局的影响力同样越来越强。特别是到南梁后期，荆楚地区的方镇势力发展到了顶峰，以致南梁王朝末年，首都竟由建康转为江陵。虽然这一转变的因素很多，但至少说明在角逐天下的过程中荆楚地区变得越来越重要。

（一）平息侯景之乱

萧梁政权的统治，以侯景之乱为界线，大致分为两个时期：前期梁朝政治相对稳定，形成鼎盛局面；后期为了平息侯景之乱，耗尽了所有国力，最终被后周吞灭。

萧绎，字世诚，梁武帝萧衍的第七个儿子，自幼身有残疾，一只眼失明，还孱弱多病，但偏好读书，经常手不释卷，以至于博学多才。普通七年（526 年），他出任持节都督荆湘郢益和南梁六州诸军事、西中郎将、荆州刺史。大同六年（540 年），改任都督江州诸军事、镇南将军和江州刺史。太清元年（547 年），调任使持节都督荆湘司郢宁梁南北秦九州诸军事、镇西将军、荆州刺史。太清二年（548 年）八月，侯景之乱爆发。九月，叛军包围台城，发起全面进攻。梁武帝被困于皇宫，陷入危险境地。

十一月初九，荆州刺史、湘东王萧绎听说侯景围攻台城，发布檄文给所辖的湘州刺史河东王萧誉、雍州刺史岳阳王萧詧、江州刺史当阳公萧大心、郢州刺史南平王萧恪，要求发兵救援京城。十三日，萧绎派司马吴晔、天门太守樊文皎率军从江陵东进。

十二月十一日，萧绎派其长子萧方等率领步骑兵一万人，前去救援建康。十四日，又派竟陵太守王僧辩率领水军一万人，运载粮食顺江东下。三十日，萧绎为尽快平息叛乱，亲自率领精兵三万人，从江陵出发，派其子绥宁侯萧方诸留守江陵。

太清三年(549 年)正月，萧方等、王僧辩率军进抵建康。三月，叛军攻陷台城。城外援军召开会议，诸将未能达成共识，因而各自引兵散去。四月，萧方等回到江陵，萧绎得知台城失陷，下令在江陵城周围竖立栅栏，挖掘城壕，准备对付叛军。六月，上甲侯萧韶从建康逃到江陵，称受梁武帝的密诏，任命萧绎为侍中、司徒、大都督中外诸军事，加授黄钺，负责平定侯景之乱。

十二月，始兴太守陈霸先集结郡中豪杰，准备讨伐侯景，先派使者抄小路赶到江陵，表示接受萧绎指挥，萧绎任命陈霸先为明威将军、交州刺史。

大宝元年(550 年)四月二十七日，萧绎为梁武帝发丧，下令大举讨伐侯景，传发檄文到各地。五月，益州刺史武陵王萧纪发布通告，派世子萧圆照领兵三万人，接受萧绎指挥。萧圆照领兵进抵巴水，萧绎命令他驻扎在白帝，停止继续东进。六月，江夏王萧大款、山阳王萧大成、宜都王萧大封都来投奔江陵。

七月，侯景派任约领兵进抵湓城，寻阳王萧大心投降。

八月，邵陵王萧纶大修铠仗，准备讨伐侯景，惹得萧绎厌恶。萧绎派左卫将军王僧辩、信州刺史鲍泉率领水军一万人，进趋江、郢二州，声称抵御任约，迎接萧纶到江陵，担任湘州刺史。

九月，王僧辩进取郢州，萧绎任命南平王萧恪为尚书令，世子萧方诸为郢州刺史。任约攻占西阳、武昌。十一月，江州长史徐文盛大破任约。侯景派宋子仙领兵二万人，前去增援任约。任约驻守西阳，长时间没有西进。

大宝二年(551 年)正月，萧绎派护军将军尹悦、安东将军杜幼安、巴州刺史王珣率军二万人，从江夏进趋武昌，接受徐文盛指挥。二月，萧绎任命陈霸先为江州刺史，引兵进攻江州。

三月，徐文盛攻克武昌，进驻芦洲(在今湖北鄂州)。闰三月，侯景为了增援任约，亲自率军西进，派王伟留守建康。二十九日，侯景进抵西阳，与徐文盛隔江对峙。三十日，徐文盛出兵进攻，击破叛军，侯景逃回营垒。

四月，侯景趁郢州防御空虚，派宋子仙、任约率领精锐骑兵四百人，袭击江夏。郢州刺史萧方诸投降，徐文盛逃回江陵，杜幼安、王珣因为家在江夏，也投降侯景。

为了挽回危局，萧绎任命王僧辩为大都督，统领巴州刺史淳于量、定州刺史杜龛、宜州刺史王琳、郴州刺史裴之横东进，攻击叛军。初五，王僧辩进抵巴陵，听说郢州已经陷落，就在巴陵驻防。萧绎派罗州刺史徐嗣徽从岳阳出兵，武州刺史杜崱从武陵出兵，前来与王僧辩会合。侯景派丁和领兵五千人，驻守夏首；宋子仙领兵一万人为前锋，进趋巴陵，另派任约领兵直捣江陵，亲率大军沿水陆两路跟进。王僧辩据城固守，偃旗息鼓，暗中加强战备。十九日，侯景下令攻打巴陵，城内鼓声震天，矢石雨下，叛军死伤惨重，被迫后退。王僧辩派轻兵出战，打一下撤回来，往返十多次，都取得胜利。侯景身披铠甲，赶到城下督战。王僧辩佩着绶带，坐着轿子，奏着鼓乐，在城墙上巡视。叛军昼夜攻城，一直攻不下来。萧绎派天门太守胡僧祐为武猛将军，领兵增援巴陵。胡僧祐进抵赤亭（在今湖南华容），又与信州刺史陆法和会师。

六月初二，胡僧祐、陆法和发动进攻，击破叛军，擒获任约。初三，侯景听到消息，烧毁营垒，连夜仓皇逃跑。任命丁和为郢州刺史，派宋子仙领兵二万人，留守郢城，裨将支化仁防守鲁山。侯景率领亲兵数千人，顺流逃往建康。

萧绎任命王僧辩为征东将军、尚书令，率军继续东进。十八日，王僧辩到达汉口，攻克鲁山。十九日，王僧辩进攻郢州，很快攻克外城，宋子仙退据金城。二十二日，宋子仙受困窘迫，乞求献出郢城，放回建康。王僧辩假装应允，急派杜龛率领精兵一千人，爬上城堞，攻破叛军，又派宋遥率领水军，在江上截击叛军。宋子仙且战且走，退到白杨浦，被西师歼灭。周铁虎捕获丁和、宋子仙，押往江陵处斩。

七月十六日，侯景回到建康。于庆跑到江州，占据郭默城。

三十日，王僧辩乘胜攻克湓城。陈霸先进驻巴丘，分出三十万石粮食，送来支援王僧辩。八月，王僧辩派兵袭击于庆，于庆弃城逃跑。萧绎命令王僧辩暂驻寻阳，与其他部队会合。

九月，萧绎任命尚书令王僧辩为江州刺史，江州刺史陈霸先为东扬州刺史。

十一月十九日，萧栋禅位于侯景，侯景正式称帝。

承圣元年（552 年）正月，萧绎命令王僧辩、陈霸先率军东进，攻灭侯景。二月，王僧辩从寻阳出兵，陈霸先率领甲士三万人、战船二千艘，从湓口出发，与王僧辩会师。初四，王僧辩派侯瑱袭取南陵、鹊头。初九，王僧辩进驻大雷，继而抵达芜湖，叛将张黑弃城逃跑。侯子鉴退守姑孰，抵抗西师，侯景派史安和率领二千人，前来助战。三月初九，王僧辩进抵姑孰，侯子鉴率领步骑兵一万余人，转往岸上挑战，出动快船一千艘，准备迎击西师。王僧辩指挥小船，往后退缩，留下大船夹江停泊。叛兵以为西师退却，争相驶出追赶。这时候，王僧辩指挥大船，切断叛军的退路，从两岸夹击叛军，在长江中流交战。叛兵淹死数千人，侯子鉴只身逃跑，收拾残兵回到建康，据守东府。王僧辩派虎臣将军庄丘慧达留守姑孰，自己率军继续挺进，历阳戍兵被迫投降。

十二日，王僧辩到达张公洲。十三日，沿秦淮河进抵禅灵寺。侯景命令张宾调集各种船只，堵塞秦淮河口，而后沿秦淮河修筑城墙，从石头城到朱雀街，城上楼堞相连。王僧辩向陈霸先询问对策，陈霸先请求到北岸扎营。十四日，陈霸先在石头城西扎营，其余部队跟着修筑八个城垒，延伸到石头城西北面。侯景为了确保西州退路，亲自带领侯子鉴等人，在石头城东北面修筑五个城垒，派王伟防守台城。

十九日，王僧辩进至招提寺北边，侯景率领步兵一万多人、铁骑八百多人，在西州摆开战阵。陈霸先调派部队，分头攻击叛军。侯景出兵冲击王僧志，王僧志收缩战阵，陈霸先派徐度率领弓箭手二千人，阻截叛军的后路。侯景见后路阻断，被迫向后退却。陈霸先和王琳、杜龛率领铁骑趁势出击，王僧辩指挥大军跟进，叛兵退回营垒固守。叛将卢晖略驻守石头城，打开北门投降，王僧辩占据石头城。陈霸先与侯景展开激战，侯景亲率骑兵一百多人，弃矟执刀，冲击陈霸先的战阵，但始终无法冲开，叛军旋即溃散。陈霸先挥师追击，追到建康外城西门。

侯景逃到宫阙下，不敢进入台城，只用皮囊装上两个儿子，搭在马鞍后边，带着骑兵一百多人，向东逃往吴郡。侯子鉴、王伟、陈庆逃奔朱方。王僧辩派裴之横、杜龛驻守杜姥宅，杜崱进据台城。晚上，士兵放火焚烧太极殿和东西堂，宫内的宝器、仪仗、辇车都被烧毁。

二十日，王僧辩命令侯瑱率领精兵五千人，追赶侯景。二十四日，侯景逃到晋陵，收集一部分残兵，继续逃往吴郡。

四月十二日，侯瑱追至松江（在今江苏吴县），赶上侯景，当即发起进攻，击破叛军。侯景带着一批亲信，搭乘一艘小船，准备逃往北方。十八日，库直都督羊鹍指使船上的向导，把船驶向京口。等船靠近胡豆洲，侯景发觉方向不对，又想驶往广陵。羊鹍拔刀砍侯景，侯景窜入船舱，用佩刀去撬船底。羊鹍追赶过来，使矟刺死侯景。南徐州刺史徐嗣徽用盐塞入侯景肚里，押送尸体回建康。王僧辩把侯景的头颅传送到江陵，又剁下他的手送往北齐，然后把他的尸体丢在街市，建康士民争相取食，连骨头都抢光了。

侯景之乱，不仅破坏了社会经济，使江南民众陷入绝境，而且招致北齐、西魏鲸吞蚕食，使南梁疆域大幅缩小。“自巴陵以下至建康，以长江为限，荆州界北尽武宁，西拒硖口，岭南复为萧勃所据，诏令所行，千里而近，民户著籍者，不盈三万而已。”这就是说，萧绎直接统辖之地不过千里，只有三万民户。

（二）西陵之战

大宝三年（552 年）四月，在侯景之乱平息后，益州刺史、武陵王萧纪公然称帝，改年号为天正。八月，萧纪出兵东进，企图夺取荆州，任命永丰侯萧撝为益州刺史，留守成都。

十一月，萧绎在江陵称帝，改年号为承圣，大赦天下。

承圣二年（553 年）三月，萧绎写信向西魏求援，请求西魏出兵攻打萧纪。西魏朝廷议论纷纷，大多数人认为不会取得胜利，只有大将军尉迟迥认为一定会取得胜利。西魏太师宇文泰认为“取蜀制梁，在兹一举”，就派尉迟迥率领甲士一万二千人、战马一万匹，进攻益州。

萧纪听说西魏出兵益州，急忙派人引兵回援益州，自己率军继续东下。但许多将士思归心切，都不想继续东进。江州刺史王开业建议萧纪立即回师，被萧纪严加斥责。五月，尉迟迥进围成都。萧纪率军抵达西陵（今湖北宜昌），舰船布满了长江。萧绎派护军将军陆法和在峡口（即巫峡口）两岸各筑一个营垒，把石头倾入长江，并在两岸拉起铁链，以阻断长江航道。

因为缺少统兵将领，萧绎起用狱中的任约，任命他为晋安王萧方智的司马，率领禁军增援陆法和，共同抵御萧纪。

六月，萧纪构筑起大量的营垒，冲破萧绎的长江防线。陆法和不断向萧绎发文告急。这时候，陆纳据守长沙城，反叛萧绎，虽然王僧辩尽力攻打，仍然未能平定。萧纪领兵进逼江陵，形势十分严峻，使得萧绎焦躁不安。萧绎又释放狱中的谢答仁，任命他为步兵校尉，领兵增援陆法和，还派王僧辩押送王琳到长沙，胁迫陆纳投降。

面对萧纪的大军，陆法和难以抵挡，就不断地向萧绎求救。萧绎打算召回王僧辩的军队，担心陆纳更难制服，只好释放王琳，让他前去劝说陆纳。王琳进入长沙城，招降了陆纳。萧绎恢复了王琳的官职，派他领兵增援峡口。

萧绎请求萧纪和解，允许萧纪留在益州。萧纪断然拒绝，但大军远道而来，久攻西陵不下，形势日渐不利。听说西魏军队攻入益州，成都危急，萧纪不知如何是好，又派度支尚书乐奉业来江陵求和，遭到萧绎拒绝。乐奉业见势不妙，投降了萧绎，并称萧纪粮草匮乏，大量士兵伤亡，必将坐以待毙。萧绎得知此讯，就拒绝和解。

七月，巴东人苻升率领民众起义，杀死峡口城主公孙晃，率部投降了王琳。谢答仁、任约攻打萧纪部将侯睿，一连攻取三个营垒，其他分布于长江两岸的十四个营垒望风而降。萧纪没有退路，只得顺流东下。游击将军樊猛趁势追击，萧纪大军立时崩溃，损失八千多人。

因为有萧绎的密令，要对萧纪赶尽杀绝，樊猛引兵追上萧纪的舰船，萧纪非常恐慌，把一袋子黄金扔给樊猛，请求带他去见萧绎，但仍被樊猛斩杀。

（三）江陵的陷落

承圣二年（553年）八月，在消灭萧纪之后，萧绎下诏，准备还都建康，召集朝臣商议，领军将军胡僧祐、黄门侍郎周弘正等人意见不一；又让方士杜景豪占卜，结果却是不吉。于是，萧绎改称“建康凋残，江陵全盛”，决定留在江陵。

九月，萧绎诏令王僧辩还镇建康，陈霸先还镇京口，任命陆法和为郢州刺史。北齐文宣帝派郭元建在合肥训练水军二万多人，准备进攻建康。陈霸先得知消息，马上报告梁元帝。萧绎急令王僧辩进驻姑孰。十月，王僧辩到达姑孰，派婺州刺史侯瑱、吴郡太守张彪、吴兴太守裴之横在东关修筑营垒，抵抗北齐进攻。

闰十月，侯瑱与郭元建交战，大破北齐军。王僧辩返回建康。

十一月，萧绎派侍中王琛访问西魏。

承圣三年（554年）正月，陈霸先率军从丹徒渡江，进围广陵，秦州刺史严超达从秦郡进围泾州，南豫州刺史侯瑱、吴郡太守张彪从石梁出兵，作为后援。

三月，西魏派侍中宇文仁恕出使梁朝。四月，梁元帝派散骑常侍庾信访问西魏。

六月，北齐文宣帝派步大汗萨领兵四万人，进趋泾州，王僧辩派侯瑱、张彪领兵增援严超达，侯瑱、张彪接到命令，却迟缓不进。北齐冀州刺史段韶领兵驰援泾州，击破严超达，回师进逼广陵。陈霸先解围而退，杜僧明返回丹徒，侯瑱、张彪返回秦郡。

九月，西魏派常山公于谨、中山公宇文护、大将军杨忠率军五万人，进攻梁朝。十月初十，萧绎得到报告，召集朝臣商议对策。领军将军胡僧祐、太府卿黄罗汉、侍中王琛都认为消息不可靠，西魏不会发动进攻。萧绎派王琛访问西魏。十三日，于谨进抵樊、邓，梁王萧詧率军会合。十四日，萧绎停讲《老子》，宣布朝廷内外戒严。十八日，萧绎派主书李膺去建康，征召王僧辩为大都督、荆州刺史，命令陈霸先移镇扬州。王僧辩派豫州刺史侯瑱统领程灵洗等为前锋，兖州刺史杜僧明统领吴明彻等为后军。二十一日，萧绎夜登凤凰阁，不禁叹息道："客星入翼轸，今必败矣！"侍从、嫔妃顿时哭泣。

十一月初一，于谨率军渡过汉水，命令宇文护、杨忠率领精骑抢占江津，切断萧绎往东的逃路。初二，宇文护攻克武宁，俘虏武宁太守宗均。萧绎骑马出城，巡视城周围的栅栏；派领军将军胡僧祐为都督城东诸军事，尚书左仆射王褒为都督城西诸军事。初四，又派太子巡视城楼，下令民众搬运木头石头，供应城防之用。晚上，西魏军队进抵黄华，距离江陵四十里。初五，西魏军逼近栅栏。初六，巂州刺史裴畿、新兴太守裴机、武昌太守朱买臣、衡阳太守谢答仁从枇杷门出战，杀死西魏仪同三司胡文伐。十五日，梁军栅栏内失火，烧毁民宅数千家、城楼二十五座。萧绎视察被毁的城楼，当晚住进民宅。十七日，移居到祇洹寺。于谨下令构筑长围，切断江陵内外联系。

十八日，信州刺史徐世谱、晋安王司马任约在江陵南岸修筑城垒，作为江陵的外援。萧绎视察城防，写信催促王僧辩迅速回援。二十六日，王褒、胡僧祐、朱买臣、谢答仁出城迎战，但都被击败。二十七日，萧绎移居天居寺。十二月初一，移居长沙寺。萧绎向各地征兵求援，都没有赶到江陵。

十二月初二，西魏军猛攻江陵，胡僧祐亲自督战，不幸中箭身亡，城内军民很惊慌。有人打开西门，迎接西魏军进城。萧绎和太子萧元良、王褒、谢答仁、朱买臣退守金城，派汝南王萧大封、晋熙王萧大圆作人质，去向于谨求和。裴畿、裴机出城投降,被于谨处斩。直到傍晚时分,江陵全城陷落。

萧绎躲入东阁竹殿,派舍人高善宝把所收藏的古今图书十四万卷全部烧毁,自己准备跳进火堆,左右侍从急忙阻止。萧绎拔出宝剑砍向柱子,竟使宝剑折断,因而长叹道:"文武之道,今夜尽矣!"于是让御史中丞王孝祀写投降书。于谨接到投降书,要求派萧元良作人质。萧绎派王褒陪萧元良去见于谨,自己丢掉仪仗,穿着便服,骑着白马,逃出东门。西魏兵看见之后,跳过城壕,扯住白马,把萧绎驮到白马寺北边,换乘一匹老马,去见于谨。梁王萧詧派出铁骑,把萧绎押回军营,狠狠地羞辱一通。初三,于谨派仪同三司长孙俭进据金城,把萧绎带入禁中。初四,于谨逼迫梁元帝召降王僧辩,萧绎拒绝。十九日,萧绎被处死,萧元良、萧方略、萧大成都被杀害。

萧绎出身皇室,天性嗜好读书,若是撰写文章,提笔就能成篇,但完全不懂军事。诚如他本人所说:"我韬于文士,愧于武夫。"应该说不懂得军事谋略,是萧绎败亡的重要原因。

第五章　隋唐五代

隋唐五代时期，荆楚地区发生的战争，主要有统一战争、农民起义和藩镇割据。隋唐开国之初，面对强大的分裂势力，隋唐统治者积极备战，竭力重建统一的局面，隋陈战争和李靖迫降萧铣就属于统一战争。到了唐朝末年，朝廷政治日渐黑暗，藩镇割据愈益猖獗，社会危机不断加剧，引发王仙芝、黄巢领导的农民战争，其中包括黄梅之役。五代时期，名义上存在着正统王权，但实力是决定一切的关键，从荆南立国可知当时藩镇势力的顽固，国家统一事业的艰难。

一、隋陈战争

隋陈战争，又称为隋灭陈之战，是一次著名的大规模渡江作战。开皇八年（588 年）十月，隋文帝派五十万大军，分作八路，同时向江南进发，以致“旌旗舟楫，横亘数千里”。其中，有两路大军部署在荆楚地区：一是秦王杨俊大军进攻襄阳，二是刘仁恩大军进攻江陵，加上杨素统领的水军，从永安东下，集中在长江中游一带，属于西部战场。西部战场的任务是夺取武昌，切断陈军上下游的机动，以保证隋军在东部战场顺利推进，一举攻克建康。

（一）战前的形势

南北朝末年，经过三百多年的大乱，中国境内仅余北周、突厥和陈三个政权。北周武帝死后，外戚杨坚当权，逼迫年仅 9 岁的静帝禅位，建立了隋朝，定都长安。这时隋朝的统治范围，包括长江以北，长城以南，东至大海，西达巴蜀的广大地区。杨坚是一位有作为的皇帝，在前朝的基础上，励精图治，使隋朝的政治、经济和军事力量大为增强，奠定了统一天下的基础。

隋朝建立之初，整个社会还不稳定，外有突厥、陈朝的威胁。杨坚本想先进军南方，消灭陈朝，但鉴于突厥屡次南下，且规模越来越大，不得不改变战略，决定先打击突厥。杨坚利用突厥内部相互残杀之机，出兵攻打突厥，迫使突厥各部先后降服。在出击突厥的同时，为了麻痹陈朝，杨坚不断地派出使节，出访建康，向陈朝廷示好。

隋文帝杨坚

开皇七年（587年）八月，杨坚征召南梁皇帝萧琮来长安朝觐。萧琮一行两百多人，从江陵出发抵达长安。杨坚担心萧琮离开江陵之后，南梁内部可能发生动乱，就派武乡公崔弘度领兵屯驻江陵，以加强防备。崔弘度大军进到鄀城（今湖北宜城），南梁朝廷一片恐慌，以为隋朝将要灭亡南梁。萧琮的叔叔萧岩担任太傅，害怕隋朝会加害于己，就派都官尚书沈君公秘密会见陈朝荆州太守陈慧纪，请求归附陈朝。

九月，陈慧纪率军进抵江陵，萧岩带领吏民十多万人，在陈军的护卫下，逃入陈朝境内。

杨坚闻讯大怒，下诏废除南梁政权，任命萧琮为上柱国，封莒公，同时派尚书左仆射高颎南下，安抚留下来的民众。南梁政权苟延残喘三十多年，最后名实俱亡。经历了这场变故，杨坚更加坚定了灭陈的决心，加快了伐陈的步伐。

隋陈之间的间谍战，也在激烈地展开，杨坚却很克制，每次擒获陈朝的间谍，都释放回南方，并给予一定的礼物。所以，隋陈两国的和睦关系，还维持了一段时间。但是，陈宣帝陈顼即位之后，屡次派军队骚扰隋朝，大肆劫掠百姓。杨坚派兵还击，又碰上陈顼去世，出于传统的外交礼仪，就立即停止进攻。杨坚派使节送信哀悼，信中自称"杨坚"，还写着"叩头"二字。陈叔宝刚继位，见到这封书信，竟然得意忘形。在回信中，陈叔宝竟说："料想你治理国家还行，使得天下清静安泰。"杨坚看了很不高兴，让文武百官传看。杨素身为上柱国，觉得这是对隋朝的侮辱，臣子应该以死谢罪，叩头请求处罚。

杨坚询问高颎，如何消灭陈朝？高颎回答说："江北地寒，田收差晚，江南土热，水田早熟。量彼收获之际，微征士马，声言掩袭。彼屯兵御守，足得废其农时。彼既聚兵，我便解甲，再三若此，贼以为常。后更集兵，彼必不信。犹豫之顷，我乃济师，登陆而战，兵气益倍。又江南土薄，舍多竹茅，所有储积，皆非地窖。密遣行人，因风纵火，待彼修立，复更烧之。不出数年，自可财力俱尽。"这一方略注重破坏活动，借以削弱陈朝的经济实力，再利用突然袭击的手段消灭陈朝，得到杨坚的赞许。

杨　素

杨素、贺若弼、高励、崔仲方等人也就消灭陈朝的问题，纷纷提出了各种建议。其中崔仲方认为，“现在要在蕲州等地加派兵马，秘密准备渡江。在襄州、荆州、基州、郢州等地赶制战船。蜀江、汉水位于陈朝的上游，都是交通要道，兵家必争之地。即使陈朝用水军封锁流头、荆门、延洲、公安、夏首、蕲口等地，但都容易各个击破。水军胜负的关键在于峡口和汉口的决战。陈朝发现上游情况紧急，就会派出援军西上，我军就有机可乘，在下游横渡长江；如果他们不增援，我军可以顺流东下，乘风破浪，势如破竹。到那时，虽然九江、五湖的陈朝防线完整无缺，但已经没有足够的能力固守。残存的三吴、百越的大军，必将因为陈叔宝的刻薄寡恩而不能为其所有。”杨坚赞同这一建议，任命崔仲方为基州刺史，加紧准备战争。

（二）作战的经过

开皇八年（588 年）三月，杨坚下诏讨伐陈朝，列出陈叔宝的二十条大罪，并派人送给陈叔宝，同时抄写三十万份，向江南地区散发。

十月，隋朝在寿春设立淮南行省，由晋王杨广任尚书令。这一机构的设置，主要是为了战争动员和作战指挥。由于隋陈关系的改变，陈朝的使者王琬、许善心被隋朝廷扣押。王琬、许善心屡次请求归国，都被隋朝廷拒绝。

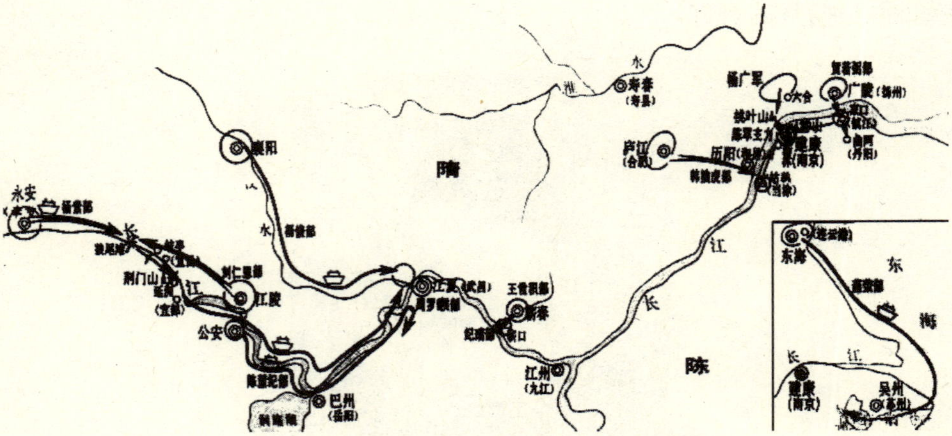

隋灭陈之战要图

随着战争动员相继完成，杨坚前往太庙祭祖，做出重大军事部署，任命晋王杨广、秦王杨俊、清河公杨素为大将军。杨广出兵六合，杨俊出兵襄阳，杨素出兵永安，荆州刺史刘仁恩出兵江陵，蕲州刺史王世积出兵蕲春，庐州总管韩擒虎出兵庐江，吴州总管贺若弼出兵广陵，青州总管燕荣率水军出兵东海，总共八路大军，共有五十多万人，一齐进发江南，全部由晋王杨广节制。杨坚任命左仆射高颎为长史，右仆射王韶为司马，由他们决定军中事务。

十一月，东路军杨广部抵达长江，秦王杨俊率军驻守汉口，负责长江上游的军事行动。与此相对应，陈叔宝任命周罗睺为都督巴峡缘江诸军事，以抵抗长江上游的隋朝军队。

杨素率领水军东下，越过三峡，直抵流头滩（在今湖北宜昌）。陈朝将军戚昕率青龙舰队一百多艘，固守狼尾滩（在今湖北宜昌西）。狼尾滩地势险恶，易守难攻，杨素担心无法攻克。杨素认为白天进攻，容易被陈军发现，加上水流湍急，很难取得成功，因而决定夜晚突袭。杨素亲率数千艘战舰，让战士口衔木条，顺流东下，同时派开府仪同三司王长袭率领步兵，从南岸登陆，攻打陈军的另一兵营；派大将军刘仁恩率领骑兵，从北岸攻击白沙（在今湖北宜昌东）。刘仁恩于天亮时赶到，两军一同发起进攻，前后夹击，大败陈军。戚昕狼狈逃跑，陈军余部被俘。杨素对俘虏厚加抚慰，全部加以释放，并严令隋军所至，秋毫无犯，受到民众的称道。

陈朝沿江守军听说隋军不断逼近，纷纷奏报朝廷，但被中书舍人施文庆、沈客卿全部压下，没有报告给陈叔宝。

对于萧岩、萧瓛带来的十多万南梁人，陈叔宝一直心存忌惮。陈叔宝任命萧岩为东扬州刺史，萧瓛为吴州刺史，使他们远离部众；同时任命领军将军任忠为吴兴太守，居中控制两州。陈叔宝又派南平王陈嶷镇守江州，永嘉王陈彦镇守南徐州。但没多久，陈叔宝为了摆谱，征召陈嶷、陈彦各领所属水军进京，参加即将举行的元旦朝会，目的是向南梁人炫耀一下实力。这样一来，万里长江竟然没有一艘战船防守，而上游的战船又被杨素大军阻截，没有一艘能够增援建康。

陈朝湘州刺史陈树文深受民众爱戴，又因为湘州地处上游，陈叔宝对陈树文颇为猜忌。环顾左右，陈叔宝觉得无人可以依赖，就擢升施文庆代替陈树文为湘州刺史，率领两千人赴任，同时征召陈树文进京述职。施文庆赴任之前，害怕一旦离开京城，朝廷大权会旁落他人，于是推荐他的死党沈客卿接替他的职位。这时候，护军将军樊毅、仆射袁宪认为京口、采石都是战略要地，建议各增派军队五千人、战船两百艘，以加强防御力量。朝臣认为很有必要，施文庆、沈客卿却竭力阻挠。最后，大家讨论来讨论去，一直无法决定下来。

面对严峻的战争形势，陈叔宝并不怎么担忧，还对侍臣吹嘘说："王气在此，齐兵三度来，周师再度至，无不摧没，虏今来者必自败。"都官尚书孔范奏称："长江天堑，古来限隔，虏军岂能飞度？边将欲作功劳，妄言事急。臣自恨位卑，虏若能来，定作太尉公矣！"正是怀着这种心理，陈叔宝无心备战，每天只顾观赏乐舞，纵情饮酒，把朝廷大事抛在脑后。

祯明三年（589年）正月初一，陈叔宝朝会群臣，因为大雾弥漫，呼吸辛酸空气，竟然昏睡过去，直到午后才醒过来。隋将贺若弼从广陵渡过长江，陈朝守军没有察觉；韩擒虎从横江浦夜渡长江，因为守军都喝醉酒，就轻易地攻取采石；杨广统领大军，进驻六合（今江苏六合）。初三，陈叔宝召集群臣，商议军事计划。初四，陈叔宝任命骠骑将军萧摩诃、护军将军樊毅、中领军鲁广达为都督，司空司马消难、湘州刺史施文庆为大监军，派南豫州刺史樊猛统领水军防守白下，散骑常侍皋文奏镇守南豫州。陈朝廷设立重赏，征发僧尼、道士参与防御。初六，贺若弼攻下京口，俘虏南徐州刺史黄恪。初七，韩擒虎攻下姑孰，俘虏南豫州行事樊巡。于是，贺若弼、韩擒虎两路并进，夹击建康，沿江守军望风而逃。陈叔宝派司徒陈叔英驻守朝堂，萧摩诃驻守乐游苑，樊毅率军驻守耆阇寺，鲁广达驻守白土冈，孔范驻守宝田寺，共同抵御隋军。

这个时候，建康还有甲士十多万人，但陈叔宝生性怯懦，又不懂得军事，只是日夜哭泣，台城内的所有军务，都委托施文庆处置。施文庆忌恨诸将，生怕他们建立功勋，便向陈叔宝进谗言，不应该相信诸将。因此，诸将所有的奏请，大都没有被批准。贺若弼进至钟山，陈叔宝召集萧摩诃、任忠到内殿商议，萧摩诃主张出城掩袭，任忠坚持守城待援，陈叔宝都不同意。哪知到了翌日，陈叔宝忽然说："兵久不决，令人腹烦，可呼萧郎，一出击之。"任忠跪地叩头，苦求不要出战，却被置之不理。二十日，陈叔宝命令鲁广达在白土冈布阵，往北依次是任忠、樊毅、孔范和萧摩诃，诸军摆成一条线，南北长达二十里，首尾无法联络。

隋将贺若弼率领轻骑登上钟山，望见陈军的战阵，又疾驰下山，与所部总管杨牙、员明等率领甲士八千人，摆好战阵迎敌。因为陈叔宝与萧摩诃之妻私通，萧摩诃不想为朝廷卖命，只有鲁广达率部死战，与贺若弼势均力敌。陈朝士兵斩获敌首,都跑去献给陈叔宝求赏。贺若弼看到陈军骄惰,引兵冲击孔范所部,孔范所部刚一交战,就败退下来,其他部队随之溃散,自相践踏不止,损失士兵五千人,萧摩诃被俘虏。任忠驰入台城,向陈叔宝报告,劝陈叔宝准备船只,前往上游与周罗睺会合。陈叔宝相信任忠,敕令任忠出宫准备,又让宫人收拾行装,与任忠一道撤离。任忠行至石子冈,竟然投降韩擒虎,引导隋军直趋朱雀门,守城将士本想抵抗,但见任忠出面劝降,也就立时溃散。城内文武大臣见状,全都纷纷逃跑,只有尚书仆射袁宪在殿内,尚书令江总在府中。陈叔宝面对袁宪,十分感慨地说:"我从来接遇卿不胜余人,今日但以追愧。非唯朕无德,亦是江东衣冠道尽!"

陈叔宝惊慌失措,不顾袁宪的劝阻,跟随一些宫人逃出后堂,想躲藏到井里。后阁舍人夏侯公韵用身体挡住井口,陈叔宝争执很久,才得以跳入井里。等到夜晚,隋兵进来搜索,朝井里探视,并大声喊叫,井下无人答应,就说要落井下石,方才听到呼唤,往井里抛下绳索,把陈叔宝与张贵妃、孔贵嫔一起拉上来。陈叔宝在位七年,最终以这种方式沦为俘虏,实在令人好笑。

隋陈之战,隋军在战略方面很成功,面对数千里的长江防线,集中优势兵力扼守江防要点,致使陈朝十多万大军困于荆楚地区,不能充分发挥战斗力,从而达到了各个击破的目的。至于陈军的失败,有多方面的原因,诸如朝廷政治腐败,军事战略失当,军队麻痹大意、毫无准备等等。但是,荆楚地区作为战略要点的丢失,致使陈军上游援军不能顺利到达建康,仍为陈朝迅速灭亡的重要因素。

二、李靖迫降萧铣

李靖迫降萧铣之战,是唐代军事史上的一次重要战役。这次战役的主战场在沿长江的夷陵、江陵等地。李靖作为唐朝军队的统帅,在这战役中尽显指挥才能,为他本人赢得了声誉。今湖北石首建有李卫公祠,就是因为"李靖取江陵,破萧铣,屯兵于此,后人祀之",这表明后人对此役的重视。

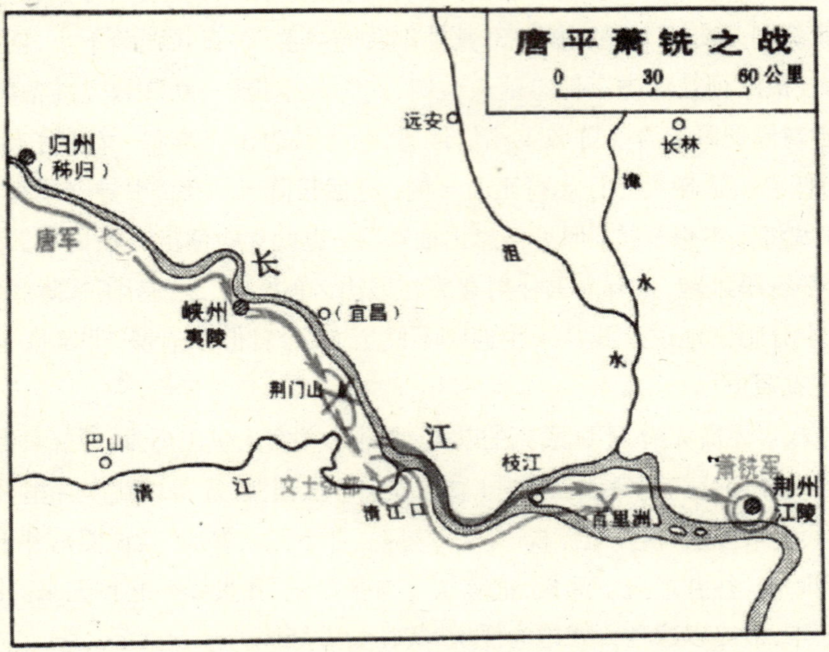

唐平萧铣

(一)萧铣称帝

萧铣,后梁宣帝的曾孙,其祖父萧岩背离隋朝,归附陈朝。隋文帝灭陈之后,诛杀了萧岩。萧铣年少家贫,为人抄书养家糊口,供养老母。隋炀帝即位之后,册立萧铣之叔伯姑母为皇后,萧铣遂以外戚的身份,被任命为罗县令。

大业十三年(617年),岳州校尉董景珍、雷世猛和郑文秀、许玄彻、万瓒、徐德基、郭华、张绣等人密谋起兵,反抗隋朝,众人推举董景珍为首领。董景珍自以为出身贫寒,被众人推为首领,担心不能服众,就向众人举荐萧铣,声称萧铣宽仁大度,颇有梁武帝的遗风。所以,推举萧铣,就等于顺天应人。随后派人告诉萧铣。萧铣当即表示同意,并迅速招募数千人,扬言追捕盗贼,实际上是响应董景珍。

为了鼓舞士气,萧铣召集部众,自称梁公。这时候,沈柳生领兵进入罗县,归附萧铣,被任命为车骑大将军。因此,许多人前来归顺,仅四五天时间内,就聚集了数万人。随后,萧铣引兵进入巴陵。董景珍派徐德基、郭华率领豪门大族,前来迎接。沈柳生先见到他们,担心徐德基的势力过于庞大,会威胁到自己的地位，就杀掉徐德基。萧铣大为震惊，对沈柳生说："我们起兵是为了平定祸乱，现在突然自相残杀，我做不了你们的首领。"沈柳生叩头请罪，萧铣严加斥责，宽恕了沈柳生。但董景珍说："徐德基忠心不二，沈柳生无故加以杀害。不杀沈柳生，以后无法号令部众。这帮土匪难以与我们相处，将来定会作乱。"萧铣不好辩解，就处死了沈柳生。于是，在城南筑坛祭天，自称梁王，改年号为鸣凤。

义宁二年（618 年），萧铣自称皇帝，设置文武百官，沿用南梁制度。隋朝大将张镇州、王仁寿攻打萧铣，未能取得胜利。等到隋朝灭亡，他们率领岭南州县，投降了萧铣。萧铣派军攻取了豫章、南郡和岭表。自此以后，南到交趾，北抵汉水，西至三峡，全部归附萧铣。萧铣拥有精兵四十万，开始独霸南方。

为了复兴南梁，萧铣迁都江陵，重新在祖墓上修建宗庙，任用岑文本为中书侍郎，掌管机密。派杨道生攻打峡州，但被刺史许绍击破，士卒损失过半。因为诸将专擅兵权，飞扬跋扈，萧铣害怕他们难以控制，就谎称休兵务农，解除他们的兵权。大司马董景珍的弟弟任将军，怨恨萧铣，阴谋反叛，被萧铣察觉处死。董景珍正镇守长沙，萧铣下文赦免了他，征召他进京述职。董景珍恐惧，派人前往李孝恭处请求归降，并献出了地盘。萧铣派张绣攻打董景珍，张绣引兵包围董景珍。董景珍失败后逃亡，途中被部下杀死。

萧铣提拔张绣为尚书令，但张绣依仗有大功，很快骄横狂妄起来，又被萧铣诛杀了。萧铣作为一名君主，有着严重的性格缺陷，为人"外宽内忌，疾胜己者"，以致群臣心生猜忌，多数人都叛逃而去。萧铣对此无法禁止，后梁政权越来越弱。

（二）李靖征讨萧铣

武德三年（620 年），李渊派遣夔州总管李孝恭讨伐萧铣，李孝恭率军接连攻下通州、开州，斩杀后梁东平王萧阇提。

武德四年（621 年）二月，李渊命令李孝恭大量制造战舰，训练水军。李孝恭不太熟悉水军，李渊任命李靖为行军总管兼长史，辅佐李孝恭处理军政事务。李靖建议李孝恭把巴蜀地区的蛮族酋长子弟全都召集到总部，授予不同的官职，留在身旁，名义上是一种优待，其实是把他们当成人质，以免蛮族投靠后梁。

八月，李靖在夔州举行大规模阅兵。时值秋雨时分，江水暴涨，萧铣以为李靖不可能顺流东下，完全放松了戒备。李靖的部将也都请求，要等江水平稳之后，再向后梁进军。李靖认为兵贵神速，解释说：“我们刚刚集结军队，萧铣还没有发觉，如果趁涨水之势，进逼敌营，就会达成迅雷不及掩耳之势。萧铣即使能仓促集结军队，也无法抵御我军。”

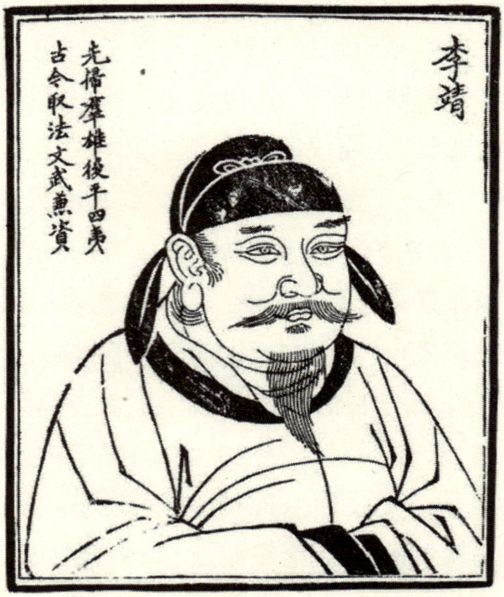

李　靖

九月，李渊决定对后梁发动进攻，任命李孝恭为荆湘道行军总管，李靖为代行军长史，率军从夔州顺长江东下，同时派庐江王李瑗统管荆郢道大军，黔州刺史田世康向辰州道进军，黄州总管周法明进军夏口道（今湖北武汉），一起攻击萧铣。

十月，萧铣认为长江水势很大，不容易行船，就没有防备唐军袭击。李孝恭攻破荆门、宜都两处重镇，进逼夷陵。萧铣的将领文士弘带领数万人，屯驻在清江（在今湖北宜昌）。李孝恭率军进攻，击破文士弘，缴获战船三百多艘。文士弘军遭受重创。唐军一直攻打到百里洲（在今湖北枝江），才停止进攻。文士弘收集余部，再次发动攻击。李孝恭击败了他们，战船进入北江。后梁江州总管盖彦举率领五个州的军队，投降了唐朝。

文士弘大败之后，唐军很快逼近江陵。萧铣大为恐惧，因为仅有数千人作禁卫军。萧铣下诏征召勤王，但外地的兵马都在五岭以南，距离遥远，路途不通，不能马上集结。于是，萧铣只得动员城中现有的兵力，登城抵抗。

李孝恭将要攻城，李靖劝阻说：“萧铣的守军是临时拼凑起来的乌合之众，远不是长期训练出来的劲旅的对手，不可能坚持太久。我们若在马头岸歇息一天，他们的兵力就会分散，有的固守城池，有的固守大营。兵力一旦分散，士气就会衰落。在士气衰弱时，我们全力发动攻击，一定能够取胜。现在猛攻，他们一定合力死守，荆楚士兵向来以彪悍锋锐著称，不容易战胜。”李孝恭不听，命李靖留守，亲率大军出战，果然大败而回，撤退到马头岸。后梁士兵纷纷抛弃战船，争抢唐军丢弃的武器装备。每个士兵携带的东西太多，以致步履艰难，行动缓慢。李靖看到这一情形，马上引兵出战，大败梁军，一直追到江陵城下，并攻入外城，缴获大量战船。

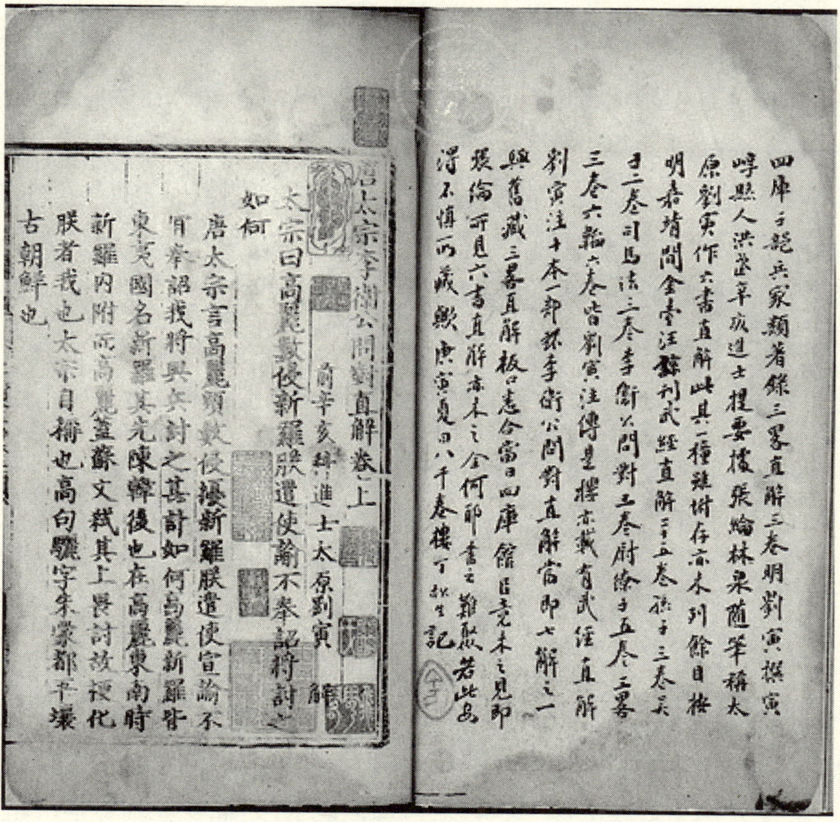
唐太宗李衛公問對直解卷之上
前辛亥科進士太原劉寅 解
太宗曰高麗數侵新羅朕遣使諭不奉詔將討之
如何
唐太宗言高麗頻數侵擾新羅朕遣使宣諭不
肯奉詔我將興兵討之其計如何高麗新羅皆
東夷國名新羅其先辰韓後也在高麗東南時
新羅內附而高麗蓋蘇文弑其上畏討故侵伐
朕者我也太宗自稱也高句驪守朱蒙郡平壤
古朝鮮也

李靖传世兵法著作

接下来，李靖建议李孝恭把这些战船全部丢弃到江心，让它们漂往下游。诸将一致反对，认为应该利用这些战利品，若把它们全都丢弃，会再次落到敌人手中，增加他们的战斗力。李靖解释说：“萧铣的版图辽阔，南到大庾岭以南，东到洞庭湖。现在我们孤军深入，如果不能攻克江陵，后梁援兵就会从四面八方蜂拥而来。到那时，我们腹背受敌，进不能攻，退不能守，要这些战船有什么用？而今丢弃这些战船，让它们顺流东下，后梁援军见到，以为江陵已经沦陷，就会迟疑不决，不敢轻率前进。等到他们派兵探明情况，又需要十天半月。那时，江陵就属于我们的了。”

后梁交州刺史丘和、长史高士廉、司马杜之松将到江陵，朝见萧铣，听到梁军战败的消息，都来归降李孝恭。

李孝恭率军包围江陵，切断城内外的交通，使江陵变成一座孤城。萧铣询问中书侍郎岑文本有什么办法，岑文本建议投降。萧铣感慨地说：“天不佑梁国，现在不能支撑。如果非要孤注一掷，死战到底，受苦的将是老百姓。为什么要为我一个人，而使百姓遭到灾害呢？”于是到太庙祭祀，敬告祖先，然后下令打开城门，向李孝恭投降。

萧铣投降之后，各地勤王的军队纷纷赶到，共有十多万人。他们得知江陵沦陷，也都脱下战袍，向李孝恭投降。李孝恭把萧铣押往长安。李渊责备萧铣，萧铣回答说：“隋失其鹿，英雄竞逐。铣无天命，故为陛下擒，犹田横南面，岂负汉哉？”李渊非常恼怒，遂将萧铣处斩。

后梁政权仅存在五年，在唐朝统一的历史进程中，可以说是一段小插曲。

三、王仙芝战黄梅

唐朝末年，社会矛盾日益加剧，自然灾害不断发生，各级政府应对不暇，许多官员为保政绩，故意隐瞒实情。没有政府的救济，百姓只好背井离乡，流亡途中不免饿死，就有许多人啸聚山林，四处劫掠为生。唐朝地方军力量不足，加上久不经沙场，无法稳定社会秩序。正是在这种形势下，王仙芝率领数千饥民，在长垣（今河南长垣）起义，拉开了唐末农民战争的序幕。

（一）王仙芝攻蕲州

唐僖宗乾符二年（875年），王仙芝率军攻陷濮州、曹州，队伍发展到数万人。天平节度使薛崇出兵镇压，被王仙芝击败。与此同时，黄巢率领数千人，在冤句（今山东菏泽）发动起义，以响应王仙芝。王仙芝、黄巢都做过私盐贩子，比较了解社会下层，因而携手领导农民起义，使起义军迅速壮大。

十二月，王仙芝率军攻打沂州。平卢节度使宋威上奏朝廷，建议专人负责讨伐事宜，拨给五千骑兵，兼率本地武装，搜捕起义人员。唐朝廷同意，任命宋威为诸道行营招讨草贼使，拨给禁军三千人，骑兵五百人，负责指挥黄河以南讨伐事宜。

乾符三年（876年），宋威在沂州城下大败王仙芝，王仙芝险些丧命，仓皇而逃。宋威上报朝廷，称王仙芝被杀死；随后命令征剿兵解散，各自返回驻地。宋威返回平卢。但三天过后，地方政府上报朝廷，称王仙芝仍活着，仍旧四处抢掠，攻城略地。唐僖宗下诏再次征调士兵，征剿士兵刚被解散，又要集合，一时群情鼎沸，险些哗变。

八月，王仙芝攻克阳翟、郏城。唐僖宗命令忠武节度使崔安潜率军讨伐。崔安潜的弟弟崔慎由曾任宰相，命令昭义节度使曹翔率领本部步骑兵五千人，与义成征剿兵一起南下，守卫洛阳；任命左散骑常侍曾元裕为招讨副使，屯守洛阳；派山南东道节度使李福率领两千骑兵，驻守汝州、邓州的交通要道。王仙芝军逼近汝州，唐朝廷命令邠宁节度使李侃、凤翔节度使令狐绹率领步兵一千人、骑兵五百人，保护陕州、潼关。

九月，王仙芝攻陷汝州，擒获刺史王镣。唐僖宗下诏赦免王仙芝、王仙芝的得力战将尚君长，并授予政府官职。王仙芝没有理睬，又接连攻打阳武、郑州。昭义监军判官雷殷符驻守中牟，出兵攻击王仙芝，王仙芝大败而逃。

十月，王仙芝南下攻击唐州、邓州，不久，又攻陷郢州（今湖北京山）、复州（今湖北天门）。十二月，连续进攻申州（今河南信阳）、光州（今河南潢川）、庐州（今安徽合肥）、寿州（今安徽寿县）、舒州（今安徽潜山）、蕲州（今湖北蕲春）等地。淮南节度使刘邺上书朝廷，请求增援，唐朝廷派感化节度使薛能率领精兵数千人，前来驰援刘邺。

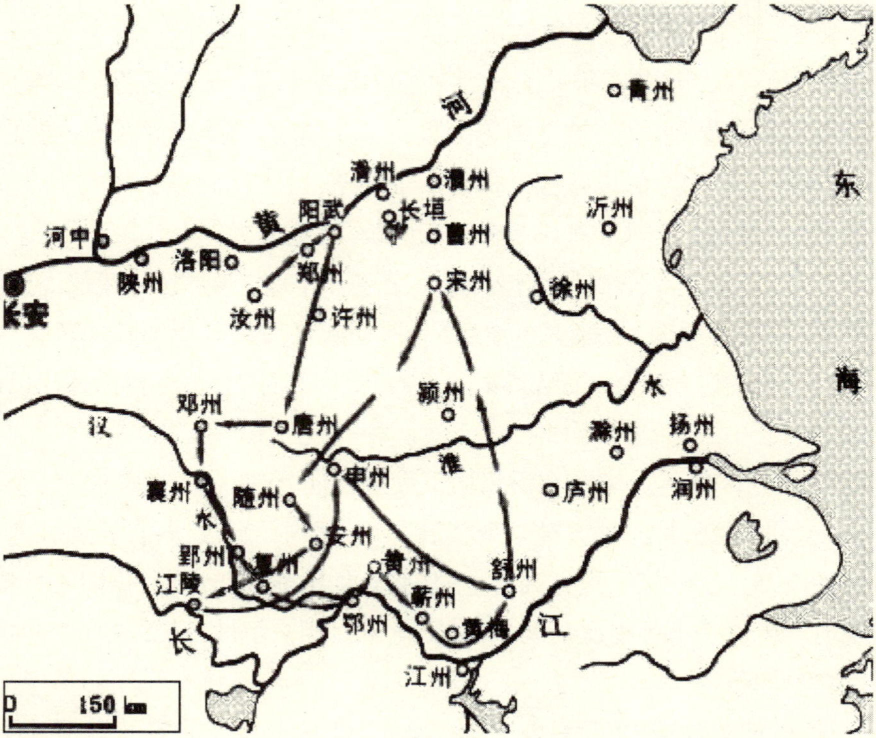

王仙芝起义图

这个时候，宰相郑畋再次上疏："自从沂州大捷之后，王仙芝的势力越来越大，一次能够连克数州，弄得赤地千里。招讨使宋威年老多病，谎报王仙芝之死后，大家都瞧不起他。宋威自己很郁闷，一直逗留亳州，没有任何斗志。招讨副使曾元裕手握重兵，驻守蕲州、黄州(今湖北新洲)，因为贪欲太大，又很胆小懦弱，一旦有变，必定望风而逃。万一王仙芝攻占扬州，江南恐非朝廷所有。忠武节度使崔安潜的威望最大；左威卫上将军张自勉骁勇善战；官苑使李瑑骁勇善战，他们都是难得的人才。希望能任命崔安潜为行营都统，李瑑为招讨使以代替宋威，张自勉为招讨副使以代替曾元裕。"这些建议多被唐僖宗采纳。

在攻打蕲州时，王仙芝致信蕲州刺史裴偓，表达投降朝廷的愿望。裴偓与王仙芝约定，双方暂时休战，等待奏报朝廷，以求得一官半职。裴偓大开城门，让王仙芝进城，宴请王仙芝、黄巢等起义军首领三十多人，并将大量的金银财宝送给他们。没过多久，在宰相王铎的坚持下，唐朝廷批准招安，任命王仙芝为左神策军押牙兼监察御史，派宦官到蕲州宣读任命状。

王仙芝接受招安，转身成为朝廷命官，自是欣喜不已。但是，黄巢没有捞到一官半职，弄得非常气愤，甚至动手殴打王仙芝。起义军议论纷纷，王仙芝害怕众叛亲离，于是拒绝归附朝廷。

因为朝廷招安失败，王仙芝率领起义军，大肆攻掠蕲州城，有一半百姓被杀害，剩下的掳为奴隶。起义军四处放火，蕲州城陷入火海，只剩下一片瓦砾。裴偓逃往鄂州，钦差宦官逃往襄州（今湖北襄阳）。从此以后，起义军分为两支：一支由王仙芝和尚君长指挥，一支归黄巢指挥，开始各自为战。

（二）王仙芝兵败黄梅

乾符四年（877年）二月，王仙芝攻陷鄂州，黄巢攻陷郓州，杀死天平节度使薛崇。三月，黄巢攻陷沂州，后与王仙芝的部将尚让会师，共同据守嵖岈山。

七月，王仙芝和黄巢联合攻打宋州（今河南商丘），唐平卢军、宣武军和忠武军共同迎击。起义军击败官军，把招讨使宋威围困在宋州。左威卫上将军张自勉率领七千多人，紧急增援宋州，杀死起义军两千多人，解除了宋州的包围。王仙芝率领余部，急速南下，攻陷安州（今湖北安陆）。

宰相王铎、卢携欲让张自勉部隶属于宋威。宰相郑畋认为宋威与张自勉之间有仇，一时难以化解，一旦张自勉成为宋威的部属，张自勉定会被宋威杀害。所以，郑畋拒绝在奏章上签名。王铎、卢携二人非常气愤，向唐僖宗请求辞职。郑畋也闹情绪，要求回家养病。唐僖宗全部不予准许。

八月，王仙芝攻陷随州（今湖北随州），生擒刺史崔休征。山南东道节度使李福上疏朝廷，请求增援。唐僖宗派左武卫大将军李昌言率领骑兵五百人，紧急驰援。王仙芝得知此讯，转而攻打复州（今湖北天门）、郢州（今湖北京山）。忠武军将领张贯率领四千人，会合宣武军增援襄州，走到申州、蔡州之间，竟然逃回本镇。唐僖宗下令忠武节度使崔安潜、宣武节度使穆仁裕派人阻截，责令继续南下增援。这时候，黄巢率领起义军，也进入荆楚地区，攻陷蕲州、黄州。诸道行营招讨副使曾元裕领兵迎击，大破起义军，杀死四千多人，黄巢仓皇逃走。

十一月，诸道行营招讨副使杨复光派人游说王仙芝归降朝廷，王仙芝再次写下降表，派心腹大将尚君长、蔡温球去邓州请降。杨复光使人送尚君长、蔡温球前往长安,途中被招讨使宋威派人劫持。十二月,宋威奏报朝廷,称擒获尚君长,已经押解到京师。杨复光上疏辩说,尚君长已经归降,不是宋威俘虏的。双方各执一词,争执不下。唐僖宗派侍御史归仁绍调查,没有弄清真相,就把尚君长、蔡温球处斩。

王仙芝得知消息,大为愤怒,立即率军南下,渡过汉水,进攻荆南(今湖北荆州)。乾符五年(878年)正月初一,荆南大雪纷飞,节度使杨知温正忙着过节,没有任何戒备。王仙芝率军进抵江陵城下,立即攻破外城。江陵守军急忙关闭内城,抵御起义军。杨知温见军情紧急,马上派人向山南东道节度使李福求救。李福率领本部兵马,联合协防襄阳的沙陀骑兵五百人,急速增援江陵。

因为无法攻克江陵,王仙芝下令全军撤退,进入申州(今河南信阳)之后,遭到招讨副使曾元裕的截击,起义军损失二万多人。唐朝廷擢升曾元裕为招讨使,颍州刺史张自勉为招讨副使,调派西川节度使高骈任荆南节度使,集中优势兵力,全力围剿王仙芝。二月,王仙芝率军进入黄梅(今湖北黄梅),又被曾元裕包围,经过激烈的战斗,起义军死伤五万多人。在突围过程中,王仙芝不幸战死,余部转战到江南,一部分投奔黄巢,继续反抗唐朝廷。

王仙芝领导的农民大起义,历经三年多时间,主要活动在荆楚地区,特别提出"平均"的战斗口号,具有重大的历史意义。这次农民大起义打击了唐朝的统治,为此后黄巢纵横天下,提供了宝贵的斗争经验。

四、荆南立国

荆南,又称南平,是五代十国中间领土最小的国家,辖区仅有江陵府、归州和峡州三地,包括十七个县,有十四万户人家,位于南北交通要道,在战乱不断的环境中,历经五代君主,延续五十多年,最后归附宋朝。

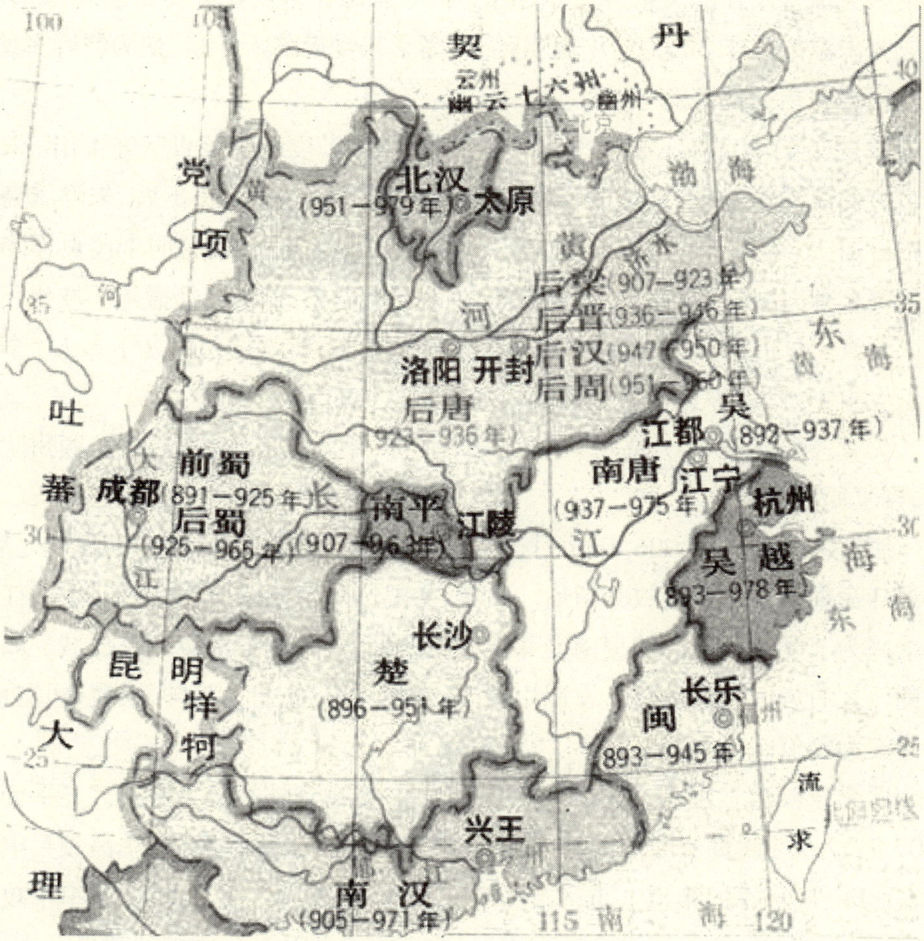

南平国

(一)高季兴据守荆南

历史上,整个荆楚地区通常以江陵为行政中心,春秋时楚国定都于此,战国时在此设立南郡,汉朝在此设立荆州,隋朝又罢荆州为南郡,唐武德四年(621年),恢复荆州建制。安史之乱以后,江陵的战略地位更为突出,因为要把东南地区的物资转运到西北地区,唐朝廷设置荆南镇,以加强对江陵的控制。在这一过程中,高季兴坐镇江陵数十年,一直支配着荆南的局势。

高季兴,本名季昌,字贻孙,陕州硖石人。他少时在汴州,给富人李让做仆人。李让靠贿赂宣武节度使朱温而得宠,被朱温收养为义子,改姓名为朱友让。

高季兴凭借朱友让的关系，得到朱温的赏识。朱温让朱友让收养高季兴，高季兴就成为朱温的孙子。因为给朱温当孙子，高季兴慢慢踏入仕途，初为制胜军使。后升任毅勇指挥使。

天复二年（902年），朱温率军攻打凤翔，凤翔节度使李茂贞坚守不出。朱温与诸将商议撤军，高季兴却建议利用诈降的方法，引诱李茂贞出城。朱温派高季兴招募勇士，得到骑士马景等人，就让马景带领几名骑兵，前去向李茂贞诈降。马景等人奔向城门，敲着城门大喊："梁军就要撤退了，前锋已经撤走。"岐州兵人信以为真，开门攻打梁军。梁军跟在马景后面冲杀，斩杀岐州兵九千多人。李茂贞见大事不妙，就被迫与朱温讲和。高季兴从此出名。

天复三年（903年），高季兴出任宋州刺史，率军攻克青州，后改任颍州防御使，恢复原姓高氏。

唐哀帝天祐三年（906年）十月，在梁军攻破襄州，赶走荆南留后赵匡明之后，朱温任命高季兴为荆南权知留后。次年，朱温废黜唐昭宗，自立为帝，正式任命高季兴为节度使。这时的荆南受邻近各州的瓜分，只剩下江陵一座孤城。高季兴到任之后，开始招抚流亡，发展生产，任命倪可福、鲍唐为将帅，梁震、司空薰、王保义为幕僚。

后梁政权建立之后，荆南处于四战之地，屡遭到外来势力侵袭。开平元年（907年）六月，武贞节度使雷彦恭联合南楚王马殷，进军江陵，高季昌领兵屯守公安，切断武贞军的粮道。雷彦恭战败，楚兵随之撤退。九月，雷彦恭率军攻打涔阳（在今湖北公安），又被高季兴击退。鉴于雷彦恭及其父雷满的残暴行为，朱温下诏撤销雷彦恭的职务，并命令荆州节度使高季昌和南楚王马殷率军攻打雷彦恭。

十月，高季兴派部将倪可福会同楚将秦彦晖一起攻打朗州。雷彦恭归附于弘农国，弘农王杨渥派部将冷业率领水军屯驻平江，李饶率领骑兵屯驻浏阳，以增援雷彦恭。马殷派徐德勋率军攻打冷业，冷业进驻郎口。徐德勋派五十人，秘密顺流东下，夜袭冷业大营。冷业军一时骚动，徐德勋趁势进击，生擒冷业，赶来增援的李饶也被生擒。冷业、李饶被押解到长沙处斩。

开平二年（908年）四月，杨渥出兵进攻石首（今湖北石首），后梁山南东道节度使派军迎战，击溃弘农军。杨渥又派李厚率领水军一万五千人，攻打荆南，高季兴迎战，又把李厚打败。

九月，高季兴率军进驻汉口，截断了南楚朝贡后梁的道路。马殷派徐德勋率领水军反击，很快进军到沙头（今荆州沙市）。高季兴闻讯惊恐，派人与南楚达成了和解。

开平三年（909 年）八月，襄州李洪领兵进攻荆南，高季兴派倪可福率军打败李洪。朱温派马步都指挥使陈晖率军与荆南军会合，共同讨伐李洪。陈晖率军逼近襄州，李洪出战失利。后不久，陈晖攻克襄州，杀死一千多人，生擒李洪。李洪被押送到后梁都城洛阳处斩。

开平四年（910 年），南楚王马殷请求朱温任命他为天策上将，朱温加授他为天策上将军。马殷设天策府，使其弟马赍为左宰相，马存为右宰相。马殷有点得意忘形，出兵攻打荆南，驻扎到油口（在今湖北公安）。高季兴率军大破马殷，杀死五千多人，一直追击到白田（在今湖南岳阳），尔后撤兵。

因为屡次击退外敌侵犯，高季兴在荆南的地位逐渐稳固。他作为朱温的部将，十分推崇朱温，对后梁输诚纳忠。但在朱温执政末年，后梁朝廷日益败坏，高季兴开始谋划割据，奏请修筑江陵外城，扩大城建规模，以增强其防御能力。据《三楚新录》记载："季兴以江陵古之重地，又当天下多事，阴有割据之志，乃大兴力役，重筑城垒，执畚者逮十数万人，皆将校宾友负土助焉。其郭外五十里坟冢，皆令发掘，取砖以甃之。"这说明高季兴扩建江陵，可以说是不遗余力。

乾化二年（912）六月，后梁郢王朱友珪杀死朱温，矫诏继承帝位。十一月，南吴淮南节度副使陈璋率军攻打南楚，擒获岳州刺史苑玫。南楚王马殷派水军都指挥使杨定真增援岳州。陈璋继续溯长江西上，攻打荆南。荆南节度使高季兴派部将倪可福率军抵御。陈璋无法攻克荆南，只好引兵撤退。荆南、南楚军在江口会合，将要攻打陈璋。陈璋得到消息，急忙下令把所有战船列为一个纵队，连夜撤退，荆南军发觉之后，已经来不及追赶。

十二月，高季兴出兵进攻襄州，声称奉朝廷之命讨伐晋国。山南东道节度使孔勍击败高季兴。从此以后，高季兴不再向后梁朝贡，与后梁朝廷断绝关系。

（二）高季兴自成王国

后梁乾化三年（913 年）二月，后梁均王朱友贞发动政变，逼迫朱友珪自杀，自立为皇帝，是为后梁末帝。

后梁朝廷的内讧，促使高季兴专横跋扈。高季兴开始聚敛民财，招聚亡命之徒，以扩张荆南的实力。面对这一挑衅行为，朱友贞无可奈何，只能好言相劝，还晋封高季兴为渤海王。即便如此，高季兴仍不理会，继续结交吴、蜀，后梁朝廷不能限制。

乾化四年（914年）正月，基于前蜀东部地区原属于荆南，高季兴出兵攻打前蜀，但被前蜀军打败，损失将士五千多人。

后梁贞明三年（917年）五月，高季兴约合山南东道节度使孔勍，又开始向后梁朝廷进贡，这完全是为了割据荆南。

贞明五年（919年）五月，南楚军攻击荆南，高季兴向南吴求救。南吴镇南节度使刘信率军增援，进攻潭州。武昌节度使李简率领水军，进攻复州（今湖北天门）。当刘信军进逼潭州，南楚军就从荆南撤退。李简军攻入复州，擒获南楚刺史鲍唐。

贞明七年（921年）十二月，高季兴派都指挥使倪可福领兵一万人，修筑江陵外城。

后唐同光元年（923年）二月，晋王李存勖在太原称帝，是为后唐庄宗。十月，后唐军攻克汴州，灭掉了后梁。高季兴本来效忠于后梁，至此见风使舵，转而讨好李存勖，准备赴京城晋见。梁震作为幕僚，当面劝阻高季兴。高季兴不为所动，还分析说："某事梁祖，仅获自免，龙德以来，止求安活。我今入觐，亦要尝之。彼若经营四方，必不縻我。若移入他镇，可为子孙之福，此行决矣。"于是带领骑士三百人，前往洛阳朝觐。

高季兴来到洛阳，李存勖热情款待。李存勖本想扣留高季兴，宰相郭崇韬认为：后唐朝廷刚建立，在众多节度使中间，只有高季兴亲自朝觐，这应该加以褒奖；倘若扣留高季兴，不仅道义上有亏，而且会使天下人失望。李存勖听过此言，就放了高季兴。

高季兴离开洛阳，急速南返。过了十多天，李存勖有点后悔，派人追赶高季兴，已经来不及了。十二月，高季兴回到江陵，告诉身边人说：李存勖沉溺于游猎，以致政务荒废，没什么可以忧虑。

同光三年（925年），李存勖为了笼络高季兴，晋封他为南平王。

这个时候，后唐出兵远征前蜀，一路进展顺利，前蜀军接连败退。趁着后唐军的强大攻势，高季兴命其子高从诲留守，亲率大军逆江西上，攻打施州(今湖北恩施)。前蜀将领张武用铁链连接两岸，以阻断长江航道。高季兴派人搭乘小艇，携带巨斧，去砍断铁链。但因遭遇大风，小艇被铁链勾住，不能继续行驶。在前蜀守军攻击下，高季兴的战船被毁，改乘小艇狼狈逃走。不久，后唐军攻破成都，灭掉了前蜀。张武派使节赴洛阳，归降于后唐。

同光四年(926年)四月，后唐大将李嗣源发动兵变，领兵进入汴京。李存勖回到洛阳，准备组织抵抗，却被直御指挥使过从谦杀死。李嗣源登基为帝。高季兴得知此讯，本想全力攻打南楚，就下令督造战船，但经掌书记孙光宪劝阻，最终取消了作战计划。六月，高季兴上疏后唐朝廷，请求把夔州、忠州和万州归还荆南，得到李嗣源同意。

后唐天成二年(927年)，夔州刺史潘炕去职，高季兴立即派兵攻入州城，诛杀后唐军士兵。后唐朝廷任命奉圣指挥使西方邺为刺史，高季兴拒绝接受，派军袭击涪州，却没有攻克。不久，后唐魏王李继岌派押牙韩珙押送征伐前蜀所得的战利品，顺江东下。高季兴在西陵峡口杀死韩珙，抢劫了所有物品。这使李嗣源非常气愤。

二月，李嗣源下诏剥夺高季兴的爵位和官职，任命山南东道节度使刘训为南面招讨使、知荆南行府事，忠武节度使夏鲁奇为招讨副使，率领步骑四万人，讨伐高季兴；任命东川节度使董璋为东南面招讨使，夔州刺史西方邺为招讨副使，率领巴蜀军从三峡东下；还命令南楚军向北进击，三面同时攻打荆南。

三月，刘训军抵达荆南，南楚王马殷派都指挥使徐德勋率领水军，进驻岳州，与刘训遥相呼应。高季兴据江陵城，固守不出，急忙向南吴求救。南吴派出救兵西上，赶来救援荆南。

四月，江陵天气闷热，加上连绵大雨，讨伐军粮食短缺，将士们纷纷患病，刘训卧床不起。李嗣源得到报告，派枢密使孔循前往巡视。五月，孔循到达江陵，下令发动猛攻，仍不能攻克，转而派人入城，去游说高季兴。高季兴态度傲慢，拒绝投降。李嗣源派人送给马殷一万套军服，要求他提供粮食。马殷推三阻四，终不肯提供。李嗣源无奈之下，只得命令刘训撤兵。

高季兴盘踞荆南，正是凭借荆南的特殊地位，在错综复杂的政治格局下，利用军事和外交手段，处理与周边势力的关系，得以长期割据一方。天成四年（929年），高季兴去世之后，后唐追封他为楚王。因与南楚国相区别，又称南平为北楚。这个王国历时五十七年，最终被北宋吞并。

第六章 宋 元

宋元时期，北方少数民族日益强大，民族矛盾成为历史主线。先是金人南下，攻占北宋首都汴梁，灭亡了北宋，而后继续南下，与南宋隔江对峙。南宋作为偏安政权，前后苟存一百多年。蒙元统治者凭借强大的武力，消灭了金国，并对南宋形成了合围之势。经过多年的争战，南宋也被蒙古灭亡。元朝作为统一的帝国，拥有辽阔的疆域，但其治国方略有缺陷，实行民族歧视和民族压迫政策，致使民族矛盾激化，红巾军起义遍及大江南北，最终推翻了元朝。在这四百多年间，荆楚地区发生的军事活动，主要有岳飞经略荆襄、宋元襄樊之战、元军南征和红巾军大起义。

一、岳飞经略荆襄

岳飞，字鹏举，北宋相州汤阴（今河南汤阴）人，出身于农民家庭。他少年志向远大，深沉少语，能用心读书，特别爱读《左氏春秋》、《孙子兵法》、《吴起兵法》等典籍，又随周侗、陈广习武，擅长使枪射箭。靖康元年（1126年），他在相州应募入伍，并奉枢密院官刘浩之命，招降当地土匪，初任承信郎一职，后随刘浩南下抗金，参与解救东京之围。建炎元年（1127年），宋高宗即位之后，他上书建议出兵北伐，收复中原，因越职被免官。但从此以后，他一直反对议和，主张抗战到底。

（一）岳飞攻取荆襄

建炎元年（1127年），岳飞被免官之后，投奔河北招讨使张所，张所对岳飞十分器重，以国士之礼相待，委任他为修武郎，充任中军统领。岳飞在张所手下屡立奇功。建炎三年(1129年),岳飞随留守司统制杜充到建康,抵御金兵南下,在杜充降金之后,继续坚持抵抗。绍兴三年(1133年),岳飞入朝觐见宋高宗,赵构亲笔书写"精忠岳飞"四字,制成旗帜赐给岳飞。岳飞被任命为镇南军承宣使、江南西路沿江制置使,后调任神武后军都统制,仍保留制置使职务。这时候,李山、吴全、吴锡、李横、牛皋等部都隶属于岳飞,被人们称为"岳家军"。

绍兴四年(1134年),伪齐政权派遣李成,趁着金兵南侵,攻取了襄阳、唐州、邓州、随州、郢州等地,并攻打信阳军。杨幺在洞庭湖起兵,也与伪齐政权相联络,企图顺江东下,进攻临安。面对这一危局,宋高宗任命岳飞兼任荆南、鄂州和岳州制置使。岳飞上奏说:"襄阳等六郡是收复中原的关键所在,如今应该先收复这六郡,以解心腹之患。李成远逃之后,我们再增兵湖湘,到时就可以毕其功于一役,一举消灭所有贼寇。"宋高宗把这一建议告诉丞相赵鼎,赵鼎认为对长江上游的利害得失,没有人比岳飞了解的更多。于是任命岳飞为黄州、复州、汉阳军和德安府制置使。

武汉黄鹤楼公园岳飞像

岳飞接到朝廷任命,马上率军进入荆楚地区。宋军进抵郢州城下,伪齐将领京超素有"万人敌"之称,凭借坚城,抗拒岳飞。岳飞亲自擂鼓,激励将士登城猛攻,敌军霎时崩溃,京超投崖自杀。岳飞收复郢州之后,又派张宪、徐庆收复随州。岳飞率军直趋襄阳,李成率众列阵迎战,左翼靠近襄江。岳飞见此情形,不禁嘲笑说:"步兵适宜在险要地区作战,而骑兵适宜在平坦地带作战。李成的左翼骑兵排列在岸边,右翼步兵排列在平地,纵然拥有十万之众,又能把我们怎么样?"于是派王贵率领长枪步兵,攻打李成的骑兵;派牛皋率领骑兵,攻打李成的步兵。两军展开激战,李成军的战马纷纷被长枪刺倒,后面的骑兵被挤入江中,死亡的步兵不计其数。李成连夜仓皇逃亡,岳飞顺利收复襄阳。伪齐刘豫增加李成的兵力，让他驻守新野，岳飞和王万两面夹击，再次把李成打败。

这个时候，岳飞上奏朝廷说："金人喜欢的只是金银财宝和美女，他们的斗志已经开始懈怠。刘豫虽然建立伪齐政权，但天下人没有忘记宋朝。如果我们派出精兵二十万，长驱直入中原，恢复故土，并不是一件难事。襄阳、随州和郢州的土地都很肥沃，如果实行屯田，会获得巨大好处。等到粮草充足，我会立即率军过江剿灭伪齐。"宋朝廷重视深入北方，收复故土，所以支持岳飞的建议。

七月，岳飞进军邓州，李成和金将刘合孛堇排列战阵，抵抗岳飞。岳飞派统制官王贵、张宪分别从光化和横林进攻。李成率军出战，统制官董先运用奇兵，发动攻击，大败李成，刘合孛堇只身逃脱。李成的党羽高仲退入邓州城，固守待援，王贵、张宪领兵蜂拥而上，一举攻克邓州，活捉了高仲。岳飞移驻德安（今湖北安陆）。宋高宗得知这一胜仗，高兴地说："我早听说岳飞治军严明，没有想到他还善于攻城略地。"没过多久，岳飞率军东进，又收复唐州、信阳军（今河南信阳）。

岳飞收复荆襄之地后，请求辞去制置使一职，并要求朝廷另派重臣，来治理荆襄地区，宋朝廷没有同意。赵鼎上奏说："鄂州、岳州是长江上游地区最重要的战略枢纽，应该命令岳飞屯驻鄂州、岳州，这样不仅江西地区可以借助于岳飞的声势，湖、广、江和浙等地也可以获得安定。"于是，宋朝廷把随州、郢州、唐州、邓州和信阳军合并为襄阳府路，隶属于岳飞。岳飞移驻鄂州，被授予清远军节度使，兼湖北路、荆、襄和潭州制置使，封为武昌县开国子。岳飞达到了个人功业的顶点，"自渡江后诸将建节，未有如飞之年少者"。

（二）平定杨幺起义

南宋初期，随着金兵紧逼南下，宋军溃兵沿途剽掠，地方官府横征暴敛，激起江南民众的反抗。建炎四年（1130 年），钟相、杨幺在武陵起义，攻破州县，焚烧官府，诛杀贪官，提出"等贵贱，均贫富"的口号，得到民众的广泛响应。但不久遭奸细暗算，钟相被俘遇害。杨幺和夏诚、杨钦率领起义军数十万人，退据龙阳（今湖南汉寿），依托洞庭港汊交错、岛屿环绕的有利条件，创建水寨，继续与官府对抗。

绍兴三年（1133 年）四月，杨幺自称大圣天王，建立了楚政权，控制着北自公安(今湖北公安),南到潭州(今湖南长沙),东达岳州(今湖南岳阳)、西抵鼎澧(今湖南常德、澧县)的广阔地域。六月,荆南、潭鼎澧岳制置使王𤫉率军三万多人,并指挥荆潭制置司水军统制吴全部一万多人,动用战船数百艘,进趋洞庭湖,镇压起义军。绍兴四年(1134年)七月,杨幺趁着江水暴涨,率领水军出湖反击,利用车船的优势,一举攻破官军,歼灭官军一万多人,王𤫉狼狈逃走。

绍兴五年(1135年)二月,宋高宗调集二十万大军,任命张俊为诸路兵马都督,岳飞为荆湖南北路制置使,前去围剿洞庭湖。官军抵达潭州之后,张俊派出一部分兵力,去封锁沿湖诸要津;命令岳飞率军进趋鼎、澧二州,从上游袭击起义军营寨。五月,岳飞率军进抵鼎州,一面派降人杨华为间谍,混入起义军营寨,私下结交杨幺的部下,引诱起义军首领投降,一面下令将士安营扎寨,摆布战船,准备进攻起义军。

在军事威慑之下,岳飞招降起义军,收到了明显的效果。六月,起义军首领杨钦率领三千人,连同一批战船,向岳飞投降。后不久,刘衡、金琮、刘诜、黄佐等首领相继投降。起义军被迅速瓦解,只有杨幺、夏诚两人,仍然坚守营寨,与官军对抗。鉴于湖区地势复杂,官军水战不敌起义军,岳飞派人打开堰闸放水,用木筏堵塞港汊,抛撒青草于湖面,以阻滞起义军的车船。继而以杨钦为向导,率军围攻杨幺营寨。杨幺率部突围,因为寡不敌众,最终被俘就刑,余部全被歼灭。

岳飞之所以能平息杨幺起义,是因为做到了"知彼知己",加上借用起义军的力量。在剿灭杨幺的前夕,宋朝廷征召张浚入朝,商筹防备金兵事宜,临行时岳飞拿出一幅地图给张俊,张俊本想来年再讨伐杨幺,因而不想看地图。岳飞自称有了作战计划,八天之内就能击溃杨幺。张俊不以为然,岳飞就解释说:"王𤫉用官军攻打水寇当然不容易,而我用水寇攻打水寇则很容易。水上作战是官军的短处,却是敌人的长处,用我们的短处去攻击敌人的长处,自然非常困难。如果我们能招降敌将,使用敌兵,就等于斩断敌人的手足,隔离敌人的心腹,必定使敌人陷入孤立。这样趁机发起进攻,就能俘虏贼寇所有首领。"果然没过多久,岳飞就平息了杨幺起义。

在平息杨幺起义之后,宋朝廷任命岳飞兼任蕲黄制置使,岳飞因为眼病请求辞职。宋朝廷没有同意,反而擢升岳飞为检校少保,进爵为公。岳飞率军返回鄂州,被任命为荆湖南路、荆湖北路和襄阳路招讨使。

（三）岳飞北伐中原

岳飞在鄂州期间，积极准备北伐作战，偶得一点闲暇，曾经登临黄鹤楼，遥望北方，满怀悲壮地写下了《满江红·登黄鹤楼有感》。岳飞一生写过两篇《满江红》，一是传诵千古的“怒发冲冠”篇，另一首就是《登黄鹤楼有感》。这后一首词写于鄂州，全篇如下：

遥望中原，荒烟外，许多城郭。

想当年，花遮柳护，凤楼龙阁。

万岁山前珠翠绕，蓬壶殿里笙歌作。

到而今，铁蹄满郊畿，风尘恶。

兵安在？膏锋锷。民安在？填沟壑。

叹江山如故，千村寥落。

何日请缨提锐旅，一鞭直渡清河洛！

却归来，再续汉阳游，骑黄鹤。

这首词同“怒发冲冠”篇一样，表达了岳飞收复中原的决心。绍兴六年（1136年）八月，岳飞派牛皋领兵进攻伪齐新设的镇汝军，王贵、董先等领兵进攻虢州（今河南卢氏）。牛皋勇猛善战，一举攻破镇汝军，而后引兵东进，扫荡颍昌府，直抵蔡州，烧毁伪齐军的物资储备而返。王贵、董先等将迅速攻占虢州，而后引兵西进，收复商州。十一月，伪齐发起反扑，派兵骚扰岳家军的后方，攻掠德安、邓州。岳飞派张宪率领一万人，迎战伪齐军。张宪采取设伏诱敌的方法，一举击破伪齐军。

绍兴七年（1137年）二月，岳飞升任太尉、宣抚使。

绍兴九年（1139年），宋金双方议和，岳飞在鄂州，听说和议即将达成，立即上书朝廷，提出反对意见，认为“金人不可信，和好不可恃”，直接抨击了相国秦桧的投降活动，招致秦桧的忌恨。在和议达成之后，宋高宗赏赐文武大臣，诏书下过三次，都被岳飞拒绝。直到宋高宗好言相劝，岳飞才勉强接受。但对岳飞的北伐请求，宋高宗没有采纳。

绍兴十年（1140年）五月，金国撕毁和议，分兵四路，大举进攻南宋。宋高宗命韩世忠、张俊、岳飞等率军迎敌。在挡住金兵进攻之后，岳飞统领全军北上，迅速进入中原。七月，岳飞进驻郾城，与金兀术所部交锋。岳飞亲率将士，向金兵战阵冲击，击破金兵“铁浮图”和“拐子马”，大败金兀术。此后，岳飞乘胜进逼朱仙镇，距离汴京仅四十五里。金兀术集结十万大军，企图阻挡宋军，又被岳飞打败。

岳飞此次北伐作战，一举收复了颍昌、蔡州、陈州、郑州、汝州等十多座州府，消灭了金军的主力，迫使金兀术从汴京撤退。面对眼前的胜利，岳飞兴奋地对诸将说：“直抵黄龙府，与诸君痛饮尔!”而金军遭遇惨败，也发出一声哀叹：“撼山易，撼岳家军难！”由此可见，宋军若是继续北伐，完全有望收复中原。

但是，在这一大好形势下，宋高宗对岳飞愈加猜忌，害怕难以驾驭岳飞。秦桧正在与金人议和，担心岳飞破坏他的计划，进而削弱他的权势，就怂恿宋高宗连发十二道金牌，把岳飞从前线撤退，立刻回朝复命。岳飞回到临安，马上遭到秦桧、张俊等人的陷害，被逮捕入狱。绍兴十一年(1141年)除夕夜，宋高宗下令处死岳飞，岳飞竟以“莫须有”的罪名，被缢死于临安。

岳飞墓

岳飞短暂的一生，有一半时间活动于荆襄地区，与荆襄民众结下深厚的感情。岳家军以“冻死不拆屋，饿死不打掳”的严明作风，深得荆襄民众的爱戴。在岳飞遇害之后，鄂州百姓怀念岳飞的品行，几乎每家都要悬挂岳飞的绘像，早晚祭祀岳飞。等到宋高宗禅位，宋孝宗继位之后，立即为岳飞平反。后来，南宋朝廷在鄂州为岳飞建立忠烈庙，赐谥为武穆。再后来，又追封岳飞为鄂王。岳飞“再续汉阳游，骑黄鹤”的愿望，虽然没有实现，但他那颗拳拳爱国之心，一直激励着荆楚人民。

二、宋元襄樊之战

宋元襄樊之战是宋元时期的一场重要战役，是元朝统一中国的一场关键战役。此役开始于咸淳三年(1267 年)蒙古将领阿术进攻襄阳，经历吕文焕的反包围战，张贵和张顺增援襄阳之战、龙尾洲之战和樊城之战，结束于咸淳九年(1273 年)吕文焕孤立无援而降元。此役前后持续五年时间，在世界军事史上都属罕见。

(一)蒙古军围襄樊

南宋与蒙元之间的战争，主要有东、中、西三个战场：一个是四川地区，以川东为争夺要地；一个是两淮地区，扬州之战最为激烈；一个是江汉地区，以襄樊为战略枢纽。在襄樊之战前，蒙古军已经灭掉西夏、金国，招降吐蕃，吞并大理，对南宋构成一个大包围圈。所以，当宋蒙展开襄樊之战时，蒙古军占有明显的战略优势。

元中统元年(1260 年)3 月，元世祖忽必烈就任蒙古大汗。中统四年(1263 年)，忽必烈定都上都(今内蒙古正蓝旗)。至元八年(1271 年)，忽必烈定国号为大元。至元九年(1273 年)，忽必烈迁都燕京，称为大都(今北京)，元朝统治中心转向中原地区。正是在这一转变过程中，忽必烈开始大规模地进攻南宋，引发了旷日持久的襄樊之战。

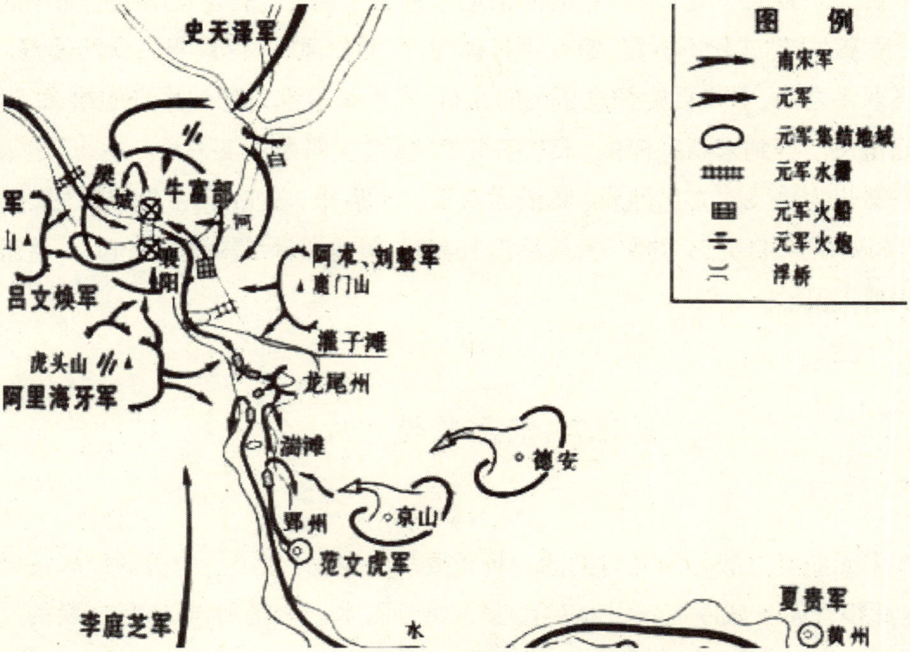

襄樊保卫战要图

宋景定二年（1261 年），南宋潼川府路安抚副使兼知泸州刘整投降蒙古国，使南宋丢失大半个四川，宋蒙战争的形势急转直下，朝着有利于蒙古方面转化。刘整叛降之后，向忽必烈筹划消灭南宋的方略，认为“攻蜀不若攻襄，无襄则无淮，无淮则江南唾手下”，因而建议首先攻取襄阳。忽必烈采纳这一建议，决定从襄阳中路突破，以打破宋蒙对峙的僵局。

景定四年（1263 年），蒙古人根据刘整的计谋，派人贿赂宋京湖制置使吕文德，请求在襄樊城外设立榷场，以便进行贸易活动。吕文德没有识破此计，同意了蒙古人的要求。没过多久，蒙古人以防止榷场受骚扰为借口，要求对襄阳外的榷场加筑土墙。吕文德上报宋朝廷，得到允许。于是蒙古人“筑土墙于鹿门山，外通互市，内筑堡壁”，后又修筑堡垒于白鹤山，并派兵戍守，“以遏南北之援”，并不断派出骑兵，在襄阳城外四处掳掠。到了此时，吕文德发现蒙古人的意图，但是为时已晚。

宋度宗咸淳三年（1267 年），忽必烈召集各路兵马，任命阿术为征南都元帅，与刘整负责攻取襄樊。宋朝廷积极采取对策，调任吕文德之弟吕文焕防守襄阳，并让他兼任京西安抚副使。秋季，阿术率军攻打襄阳，宋军出战失利。在蒙古军撤退之际，宋军出动水师，在襄阳西的安阳滩截住了蒙古军的退路，同时使用骑兵展开冲杀，蒙古军阵形大乱，阿术坠马，险些被活捉。蒙古将领怀都挑选善于游泳的士兵，夺得宋军的战船，方才转败为胜。安阳滩一战，蒙古军虽然取得了胜利，却暴露出不善水战的缺点。

咸淳四年（1268年）九月，刘整与阿术商议，认为蒙古军的骑兵天下无敌，攻无不克，战无不胜，只是水军不如宋军，因而要修造战船，练习水军，消除蒙古军的短处，就可以战胜宋军。于是建造了战船五千艘，日夜加紧训练，即使下雨无法训练，也要在地面画船，模拟演习水战。这样训练出水军七万人，修筑白河城，切断了南宋增援襄阳的道路。

咸淳五年（1269年）五月，蒙古军包围樊城，修筑了鹿门堡，切断了南宋增援樊城的通道。京湖都统张世杰率军反攻，与蒙古军大战于赤壁滩，结果遭到失败。

七月，夏贵率军紧逼新郢，企图袭击阿术，没有成功。当初，沿江制置副使夏贵率军增援襄阳、樊城，乘着春季汉江涨水，轻兵直进襄阳城下。但因为害怕蒙古军会来包围，仅与吕文焕交谈几句，就下令撤退回去。等到秋季，天降大雨，汉水再度暴涨，夏贵派遣一部分士兵，出没于汉水东岸的山林河谷之间。阿术识破宋军的用意，召集军队攻打新城。第二天，夏贵率领水军向新城进发，行进到虎尾洲，遭遇阿术的埋伏，士兵掉进汉水淹死的有很多人。范文虎率领水军援救夏贵，走到灌子滩，也被阿术打败。范文虎乘坐轻型小船，才得以逃脱。

十二月，吕文德病死。因为同意蒙古人在襄樊城外设置榷场，吕文德非常悔恨，临死时还说："我坏了国家大事。"

咸淳六年（1270年）正月，宋朝廷以李庭芝为京湖制置大使，率军增援襄阳、樊城。当时，夏贵、范文虎相继失败，得到李庭芝增援的消息，范文虎写信给贾似道说："我率领数万士兵进入襄阳，可以一战而定，只求不要朝廷遥控指挥，等战事结束之后，功劳全都属于恩相。"贾似道信以为真，当即下令李庭芝听命于范文虎。李庭芝屡次请求率军攻打蒙古军，范文虎以朝廷未下命令为由加以拒绝，整天招妓一起玩乐。

十二月，蒙古张弘范对史天泽说："现在按部就班地攻打襄阳，把它包围起来，目的是要等宋军崩溃。然而，夏贵趁着江水大涨，给守城军队送衣服和粮食，我军则无人能够抵御。江陵、归、峡之地宋军来往频繁，前后相继，哪里有宋军崩溃的时候？如果修筑工事截断襄阳的西部，在灌子滩竖立栅栏以断绝东部，则襄阳很快就会攻克。”史天泽听从了张弘范的建议，下令修筑万山，调张弘范军驻守鹿门。从此，襄樊变成一座孤城，被断绝了一切援助。

（二）宋军援救襄樊

咸淳七年（1271年）五月，元朝廷下诏东道诸军围攻襄阳，其他各道军队加以协助。于是，秦蜀行省平章政事赛典赤瞻思丁率领诸将水路并进，郑鼎率军从嘉定出发，汪良臣率军从重庆出发，刺不花率军从泸州出发。元朝各路军队进展顺利，一路收降大批士兵，缴获大量战舰。

襄阳古城

六月，范文虎率领十万大军，行进到鹿门。借着汉水大涨，阿术沿汉江两岸东西列阵，另派一支军队前往会丹滩，攻打宋军前锋，其他将领顺流而下，擂鼓呐喊，以壮声势。范文虎军初战失利，丢弃旗鼓铠甲，连夜逃散。元军俘虏宋军士兵，缴获战船武器不计其数。

咸淳八年（1272年）五月，李庭芝率军援救襄阳。这时候，襄阳已经被围困五年之久,援兵一直不到,吕文焕竭力抗拒元军,死守襄阳。幸运的是城中粮食很多,所缺的只是柴火和布帛。张汉英守卫樊城,写好一封蜡书,招募善于游泳的人,把蜡书放在发髻中,藏身在水草下面,偷偷出城请求救兵。蜡书上称鹿门已经修成,应该从荆州、郢州救援。这个人游到隘口,被元兵俘获,没有把求援书送出去。这样一来,郢州、邓州通向樊城的路也断绝了。

宋朝廷下诏李庭芝率军驻守郢州,诸将都驻守在新郢和均州河口,以把守重要的渡口。李庭芝听说襄阳西北有一条青泥河,发源于均、房两地,就在当地建造一百多艘轻舟,把三条船连在一起,中间的装载人,两边的空着,并用东西掩盖起来。随后重赏招募敢死之士,得到骁勇善战的民兵三千多人,特别是得到张顺、张贵两人。张顺号称矮张,张贵号称竹园张。这两个人智勇双全,曾经为民兵首领,向来为诸将所佩服,被任命为都统。李庭芝下令说:“此次行动只有死路一条,你们有的人可能不想去,不想去的赶快离开,不要坏我的大事。”大家听了激动不已,决心誓死一战。汉水刚好涨水,出动一百艘战船,顺流而下,进到高头港口,结成方阵,各船中配备火枪、火硝、烟炭、大斧头和劲弩。午夜时分,行动开始,以红灯为号,张贵先行,张顺在后,乘风破浪,杀向围城的元军。进到磨红滩之后,元军的战船布满江面,根本没有进路。张顺乘势砍断铁链,一连数百,转战一百二十多里,所向披靡,元军纷纷逃开,以避其锋芒。黎明时分,张贵等人杀到襄阳城下。城中早已断绝音信,看到张贵等人前来增援,士气倍增。等到入城之后,发现仅张顺一人阵亡。后找到张顺的尸体,身中四枪六箭,满脸怒气,与生前一样威武,大家都以为天将下凡,就厚葬了张顺。

张贵进入襄阳之后,吕文焕要求他留下,共同防守襄阳。张贵依仗骁勇善战,准备杀回郢州城,就招募了两个勇士,他们能够潜入水中,数日不进食。吕文焕让他们持蜡书到郢州城,请求范文虎发救兵。元军收紧包围圈,水路用铁链阻断,延续了数十里,并在水中打下木桩,阻止行人通过。那两位勇士遇到木桩,用锯锯断,竟然抵达郢州城。他们返回城中后说,范文虎允许派出救兵,让五千人驻守龙尾洲,以协助吕文焕夹击元军。

在计划商定之后,张贵辞别吕文焕东下,检视他所率领的士兵,正要登舟离开,忽然发现一名士兵逃走。这名士兵因事挨过鞭子,估计会去投降元军。在这种情况下,张贵认为没必要采取保密措施,就马上放炮开船,乘着夜色,顺流而下，斩断江中的铁链，奋勇杀向元军。

张贵军气势凶猛，逼迫元军纷纷躲避，等到杀出险地，来到小新河时，已经是夜半时分。阿术、刘整得知宋军突围，派出大量战船阻截张贵。汉江两岸全是火炬，灯火通明，好像白昼一样。张贵军杀到勾林滩，快靠近龙尾洲时，远远望见大量战船，旌旗招展。张贵军以为是郢州的援兵，顿时欢呼雀跃，举起流星火以告知他们。这些战船见到流星火，就向张贵军驶来，等对方靠近时，才发现是元军。原来，郢州的援兵因为风大浪急，向后撤退三十里，而元军得到宋军逃亡士兵的报告，先行占领了龙尾洲，在这里以逸待劳。张贵军困乏之极，而元军出其不意，以致张贵军大败，士兵大都阵亡。张贵身负数十处伤，最终被元兵俘虏。

张贵被俘之后，被押解到阿术处，阿术想收降张贵，但张贵宁死不屈，因而被杀害。元军指派四个降兵，把张贵的尸体抬到郢州城下，对着城中大喊："你们认识矮张都统吧！这就是他的下场。"守城士兵见状，不禁放声大哭。吕文焕捉住那四个降兵，杀死他们给张贵殉葬，并将张贵安葬在张顺的墓旁，建立两个庙来祭祀。

这个时候，因为担心刘整为元朝效命，荆湖制置使李庭芝请求招降刘整，许以卢龙军节度使，封燕郡王。宋度宗表示同意，就派一位和尚携带着金印、牙符和李庭芝的招降信，前去与刘整接洽。那位和尚进入元朝境内，很快被元兵发觉，并上报到元朝廷。元朝廷派遣张易、姚枢加以审问。刘整听到消息，赶忙从军中赶到忽必烈所在之处，诉说这是宋朝廷使用的离间计。忽必烈赦免了刘整，让他重新回到军中，而诛杀了那位和尚。

（三）襄樊的陷落

咸淳九年（1273年）正月，元军攻陷樊城。樊城前后被围四年之久，京湖都统制范天顺及部将牛富拼死突围，始终毫无进展。牛富多次射书到襄阳城中，要求吕文焕固守襄阳，因为襄阳、樊城唇齿相依，只有彼此共同固守，才能守住这两座城。但不久，元将阿尔哈雅从西域人手中获得回回新炮，用大炮攻打樊城。樊城受到极大的损失，外城被元军攻陷。元将张弘范鉴于襄阳、樊城的关系，向阿术建议说："襄阳位于汉水的南边，樊城在汉水的北边，我们在陆上攻打樊城，襄阳必定出动水军攻打我们，这样无法攻克樊城。不如截断水运航道，断绝樊城的襄阳救兵，我们水陆一道攻打樊城，就会很快攻下樊城。樊城一旦被攻下，襄阳就会不攻自破。”阿术认为有道理，就采纳了这一建议。

襄阳、樊城隔着汉水，吕文焕在水中打下木桩，再用铁链连接，上面建造浮桥，以便援兵通过。这两座城藉此相互依赖，共同抗拒元军的围攻。元朝水军总管张禧看到宋军浮桥的作用，就向阿术建议砍断铁链，毁掉木桩，彻底地把浮桥破坏。阿术派人锯断木桩，用大斧子砍断铁索，放火烧掉浮桥。这样一来，襄阳不能增援樊城，元军派兵截断汉水，出动精锐攻打樊城。

当樊城陷落时，范天顺仰天长叹：“生为宋臣，死为宋鬼！”遂在驻地自缢而死。牛富率领数百名敢死之士，与元兵进行巷战，杀死元兵不计其数。他们放火焚烧民居，断绝街道，阻止援兵的进攻。最后，牛富身受重伤，再也无力战斗，就用头撞柱子，但没能自杀成，又转身跳入大火。副将王福见状，不愿独自苟活，也赴火自焚了。

二月，宋朝廷下诏为郢州统制张顺在荆湖立庙祭祀，赐谥号为忠显。

吕文焕孤立无援，率领守军投降元朝。襄阳被元军长久围困，外援断绝，拆房屋为柴火，祭祀用的衣物都要用来缝制衣服。吕文焕每次登城巡视，都会望着南方痛哭，向朝廷请求救兵。贾似道屡次上书，请求调发救兵，但暗地却让台谏官上疏阻止。樊城陷落之后，贾似道上书请求援救襄阳，监察御史陈坚认为，大军出动援救襄阳，将会危及江淮地区；不出动援救，只会危及襄樊一地，所以不如固守临安，以统筹天下大势。宋度宗竟然同意。

三月，元将阿尔哈雅带领吕文焕进京朝见忽必烈，忽必烈任命吕文焕为襄阳大都督。防守襄阳的南宋士兵，在投降后被编入远征军，投入远征日本的战场，但遭遇台风而覆没，几乎无人返回大陆。

襄樊保卫战的失败，对南宋王朝影响极大，宋军士气一落千丈，以致形成了土崩之势。宋度宗曾下诏说：“襄阳六年之守，一旦而失，军民离散，痛切朕心。”次年，元朝军队顺江东下，长江沿线的汉阳、鄂州、黄州、蕲州、江州、南康、安庆、池州、和州、建康、镇江、江阴以及鄂州以上的江陵、峡州、归州、澄州相继出降，可见南宋将领对宋朝廷已经完全失望。

但就元朝来说，襄樊之战的胜利，不仅使元军控制了通向长江中下游的锁钥，而且提高了元军水上作战与攻坚作战的能力，证明了元朝占据绝对的军事优势，彻底改变了宋元战争的相持局面。所以，在襄樊之战后，元朝军队势必继续东进，直至消灭南宋王朝。

三、元军攻灭南宋

在襄樊之战后，随着宋元军事力量对比的变化，元朝加快了统一全国的步伐。咸淳十年(1274年)正月，阿尔哈雅上奏称："襄阳自昔用武之地也，今天助顺而克之，宜乘胜顺流长驱，宋可必平。"刘整也上奏说："襄阳破，则临安摇矣，若将所练水军，乘胜长驱，长江必皆非宋所有。"元世祖忽必烈听取他们的意见，决心一举攻灭南宋。

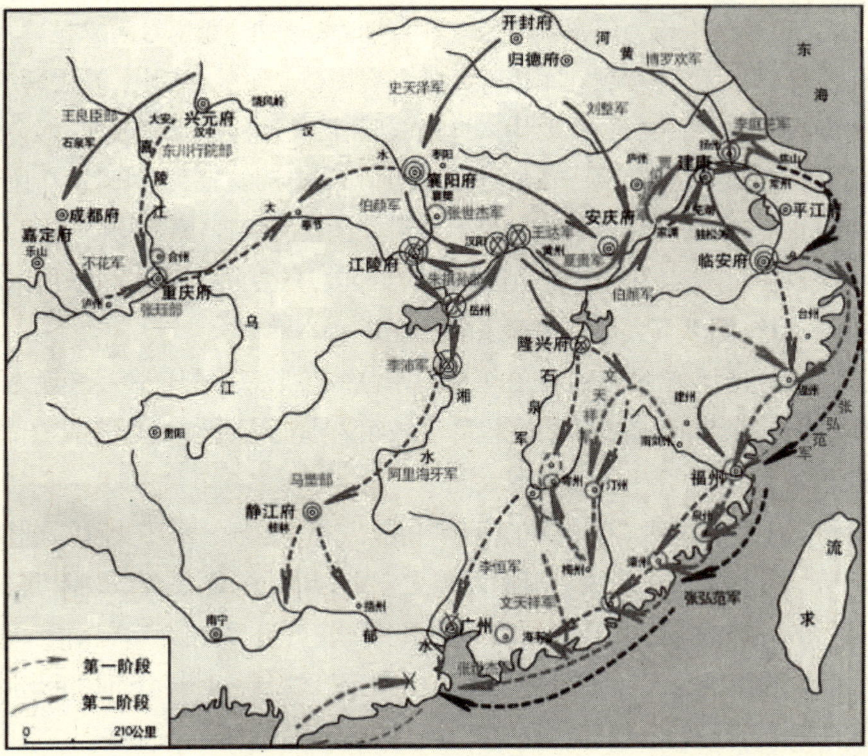

元灭南宋要图

（一）战前的形势

因为襄樊的沦陷，南宋遭到严重的威胁。宋朝廷十分震惊，严厉追究战败之责。给事中陈宜中说：襄樊的失守是由于范文虎的怯懦和临阵逃亡。京湖制置使范立信也说：范文虎身为三卫长，临阵怯战；俞兴才疏学浅，导致刘整叛变，所以长江上游的官吏百姓都认为范文虎和俞兴父子是丧失襄樊的罪魁祸首。于是，范文虎被降职，改为知安庆府，另由张世杰都督诸军事，率军驻守郢州。俞兴之子俞大忠被免职，关进大狱。此后，南宋战略防御的重点退到长江一线，注重加强京湖、两淮和川蜀地区的一些防御要地。

早在咸淳九年（1273年）六月，前四川宣抚司参议张梦发上书朝廷，建议在峡州、宜都、荆门、鄂州等地修筑城堡，以便招聚流民，加强长江中游沿岸的防御力量。宋朝廷重视这一建议，立即着手加强长江一线的防御，调任李庭芝为淮东制置使兼知扬州，夏贵为淮西制置使兼知庐州，陈奕为沿江制置使兼知黄州。

咸淳十年（1274年）正月，宋军在鄂州修筑汉口堡和沌口西岸堡。

三月，元朝廷改荆湖、淮西枢密院为行中书省。伯颜、史天泽都被任命为左丞相，阿术为平章政事，阿尔哈雅为右丞相，吕文焕为参知政事，行省于荆湖。任命哈达、刘整为左丞相，达春、董文炳为参知政事，行省事于淮西。

六月，忽必烈命令诸将率军南下，进攻南宋，并发布讨伐檄文，列举了贾似道不履行承诺且扣押郝经的罪状。

七月，京湖制置使汪立信写信给贾似道，指责贾似道深居宫中，玩物丧志，不思进取，并就宋元战争态势，提出了三种对策：内地向来平安无事，兵源比较充足，应该全部征发，用来充实边境防御。南宋的兵力有七十多万人，其中精兵有五十多万人。长江一线不过七千里，百里之地设一屯，屯设守将，十屯设为一府，府设总督，战略要地应增加兵力防守。平时出动战船，在长江、淮河上巡逻，进入战时，无论

贾似道

攻守都可以应付。各军之间相互联络，相互支援，做到共同对敌。选拔宗亲、大臣、忠良或有才能的人任命为统制，分别掌管东、西二府。这是上策。送还被扣押的元朝使节，并以好礼相送，答应缴纳岁币，作为缓兵之计。不过两三年间，边境战事稍为平息，各处防御逐渐加固，兵源会越来越多，那就进可战，退可守。这是中策。以上两策不能实行，就只能叩头投降。贾似道收到书信，勃然大怒，很快找一个借口，免去汪立信的官职，以朱禩孙代替汪立信，担任京湖、四川宣抚使兼知江陵府。

元军统帅伯颜即将出征，忽必烈叮嘱他说："昔曹彬以不嗜杀平江南，汝其体朕心，为吾曹彬可也。"这说明忽必烈赞赏北宋大将曹彬平定江南的做法，希望伯颜不要肆意杀戮。

这个时候，宋元双方对峙的地区，主要有以下几处：一是胶东地区，宋军活跃于胶州湾水域，与元朝胶州军对峙；二是淮东地区，宋朝以扬州为中心，战线东起海州，中经淮安，向西延伸到盱眙；三是淮西地区，南宋以庐州为中心，战线东起五河口，中经濠州、寿春、霍邱、固始、大别山北部，向西延伸到信阳；四是巴蜀地区，以夔州、重庆府为中心，战线北自蜀、合、蓬、泸，一直到成都；五是江汉地区，以江陵为中心，战线东自鄂州，中经复州、郢州、均州，一直到安康。仅从作战态势来看，宋军在江汉地区的战略要地，主要是郢州和鄂州。

忽必烈

八月，元左丞相史天泽进言：元军大举南伐之际，荆湖、淮西都设立行省，势必导致号令难以统一，影响征讨南宋事务。忽必烈采纳这一建议，下诏改淮西行中书省为行枢密院。史天泽以身体有病为由，请求专任伯颜一人，忽必烈当即允准，任命伯颜为河南等路行中书省，总领征讨南宋事务。

这个时候，元中书省也提出建议：江汉地区未攻下的城池，应该让南宋降将吕文焕率领所部，前往各处招降，使南宋将士知道元朝善待降者。忽必烈认为是好办法，就采纳了这一建议。

（二）郢州之战

咸淳十年（1274 年）九月，元左丞相伯颜抵达襄阳，把元军分为三路行动，派唆都领兵从枣阳出发，翟招讨领兵从老鸦山出发，以牵制江陵宋军；亲自统帅主力军，与阿术、张弘范一道，沿汉水南下，进攻郢州，由此展开郢州之战。

南宋张世杰率军进驻郢州城。郢州城在汉水北岸，城墙是用石头修筑而成。新郢州城位于汉水的南岸，四周连接着大量的铁链，战船分布开来，水中打有木桩，还设有砲弩。凡是紧要的地方，都布置上带刺的小木棍，并设有守城的器具。等到元军攻城，张世杰拼力抵抗，没有让元军得逞。伯颜见攻城太难，就派人招降张世杰。张世杰断然拒绝，决心死战到底。这时候，阿术抓来一名乡民询问，得知宋军汇集于新旧郢州城内，倘若出动水军在两座城之间实施攻击，骑兵不能在岸上掩护，那就非常危险，所以不如顺流而下，先夺取黄家湾堡，后把战船拖进腾湖，这里离汉江仅有三里水路。伯颜反复权衡之后，决定放弃郢州城，顺流而下，派遣总管李庭、刘国杰攻下黄家湾堡，引导元军经过藤湖，转入汉水。

十月，宋军得知元军东下，派副都统赵文义率领两千名精锐骑兵，急速追击元军。伯颜、阿术率军迎战，把宋军击溃，赵文义被俘遇害，所部被杀五百多人，其余士兵全部逃散。

元军进到沙洋，派遣宋军俘虏带着元军的黄榜檄文，进入城内招降。宋军守将王虎臣、王大用把俘虏斩首，并烧掉元军的黄榜檄文。接下来，伯颜又派吕文焕前往城下招降，也没有成功。等到晚间起风，伯颜命令元军顺风发射火炮，以焚烧城中房舍，城中顿时燃起大火。元军随之攻破沙洋，生擒王虎臣、王大用，并把城中官吏、士兵和百姓全部屠杀。

元军攻破沙洋之后，马上进逼郢州新城，宋都统制边居谊拼死抵御。吕文焕把在沙洋屠城时割下的耳朵堆放于城下，还把王虎臣等人押到城下，企图利用威吓来招降边居谊，但被边居谊拒绝。第二天，吕文焕再度招降，边居谊谎称要和吕文焕说话。吕文焕信以为真，骑马走上前去，哪知边居谊埋伏弩兵，暗箭齐发，射中吕文焕的右臂、坐骑和马仆。宋兵用钩子来勾吕文焕，差点把吕文焕擒获。元军士兵赶来相救，吕文焕换上一匹战马，才得以狼狈逃脱。但眼见元军势大，宋军总制黄顺、副总制任宁相继投奔元军，其所部士兵也打算逃跑。边居谊把这些士兵赶出城，在城门口全部斩首。吕文焕闻讯大怒，引兵强攻郢州新城，但被边居谊用火器击退。

经过一番激战，边居谊虽然没有失守，但得不到任何外援，也很难坚守下去。后不久，元军总管李庭攻破外城，元兵像蚂蚁般爬上城墙。边居谊拼死抵抗，终因体力不支，拔剑自杀，竟然没有死成，又跳入火中自焚。郢州守军三千人奋力拼杀，也都全部战死。

在郢州之战后，伯颜为边居谊壮烈殉国的精神所感动，下令寻找他的尸体，厚葬了边居谊。边居谊的事迹传到宋朝廷，宋度宗特别下诏，为边居谊立庙祭祀。

（三）阳逻堡之战

元军攻破郢州，继续沿汉水东下。十一月，元军进抵复州，宋知复州翟贵投降。伯颜下令诸军不得入城。阿术派部下阿尔哈雅来见伯颜，询问渡江时间，伯颜没有回答。次日，阿尔哈雅又来询问，伯颜仍旧没有回答。阿术只好亲自过来，与伯颜约定渡江日期。元军随即进至蔡店，伯颜到达汉口。

这个时候，宋淮西制置使夏贵统领上万艘战船，让都统制王达驻守阳逻堡（在今武汉新洲），京湖宣抚使朱禩孙率军扼守长江中流，元军无法继续东进。阿术部将马福建议从阳逻堡西边的沙芜口进入长江，伯颜派人秘密侦察沙芜口，见有宋军把守。为了夺取沙芜口，元军开始包围汉阳，声称要从汉口渡江。夏贵得到报告，果然移兵增援汉阳。

十二月，伯颜派遣阿喇罕领兵出其不意地攻占沙芜口。从汉口开坝引船驶入沦河，转道沙芜口进入长江。元军战船数以万计，前后相连，极为壮观，其中数千艘战船驻守在沦河湾口。

伯颜派人前往阳逻堡，企图招降南宋守军，遭到守将王达拒绝。紧接着，伯颜命令诸将出动战船千艘，攻打阳逻堡，连续三天毫无进展。伯颜见状，与阿术秘密商议说："彼谓我必拔此堡，方能渡江。此堡甚坚，攻之徒劳。汝今夜以铁骑三千，泛舟直趋上流，为捣虚之计，诘旦渡江袭南岸。已过，则速遣人报我。"

阿术也不赞同强攻阳逻堡，建议调用一半战船，沿着长江岸边西上，停靠在青山矶下，然后伺隙而动。

等作战计划确定后，伯颜派阿尔哈雅指挥张弘范、忽失海牙等人，引兵进逼阳逻堡，迫使夏贵率军前来增援。阿术率军趁天黑逆流而上，迅速进至青山矶。当晚天降大雪，到了黎明时分，阿术从远处望见长江南岸露出许多沙洲，就登上战船，命令诸将直接渡江。万户史格领兵先行，被宋荆鄂都统程鹏飞击败，损失士兵三百人。阿术率军跟随其后，与宋军在江中交战。程鹏飞支撑不住，开始往回撤退。阿术率军抵达沙洲，上岸与宋军厮杀。元军阵形被打散四次，又都合到一起。经过奋力拼杀，元军击溃宋军，一直追击到鄂东门。程鹏飞身受重伤，最后被迫逃走。阿术缴获宋军战船一千多艘，当即排列成浮桥，让元军渡过长江。

伯颜得知阿术过江，指挥诸将加紧攻打阳逻堡。夏贵闻讯大惊，率领所属战船三百艘，急忙顺流东下，先行逃跑。宋军纵火焚烧西岸，大肆掳掠一番，然后退还庐州。阳逻堡沦陷之际，宋都统制王达以下八千人全都战死。元军诸将请求追赶夏贵，伯颜没有同意，而是率军与阿术会师。

（四）南宋的灭亡

阳逻堡之战后，元军商议下一步军事行动，有人主张攻打蕲州和黄州，阿术认为元军顺流而下，势必退无所据，所以不如先攻取鄂州，而后继续东进。伯颜听取阿术的建议，率军攻打鄂州。元军把缴获宋军战船付之一炬，火光冲天，致使宋军大为惊恐。朱禩孙率军增援鄂州，途中听说阳逻堡失陷，连夜逃回江陵。宋将王仪驻守汉阳，很快献城投降。鄂州本来依恃汉阳为屏障，但因王仪投降元军，也就变成一座孤城。

吕文焕率领元军，部署在鄂州城下，并向城中喊话，要求守军投降。宋知州张晏然认为无法固守，随即举城投降。在这种情况下，程鹏飞被迫投降，但其幕僚张山翁拒不投降。元军诸将要杀张山翁，伯颜认为张山翁为义士，就把他释放了。因为劝降信阳诸郡有功，程鹏飞被任命为荆湖宣抚使。伯颜亲率大军与阿术一道东下，继续向临安挺进，留下阿尔哈雅率领四万人，驻守鄂州。阿尔哈雅驻守鄂州，禁止将士掳掠百姓，没有一个人犯禁，鄂州百姓大悦。

在东进途中，伯颜派程鹏飞到黄州，招降陈奕。陈奕率众投降，被任命为沿江大都督。伯颜又致书给宋知蕲州管景模，但没有回音。这时长江一线的守军都是吕文焕的旧部，所以招降信一到，也都纷纷投降。

德祐元年（1275 年）正月，元军进抵黄州（今湖北黄冈），宋沿江制置副使、知黄州陈奕请降，被伯颜委任为沿江大都督。伯颜派吕文焕、陈奕携书招降蕲州安抚使管宗模，并派阿术率领水军进至蕲州城下。管景模举城投降，被伯颜委任为淮西宣抚使。阿术率领水军继续紧逼江州，宋兵部尚书吕师夔正在江州，与知州钱真孙派人迎降，伯颜委任吕师夔为江州守。二月，元军进抵安庆，宋殿前都指挥使、知安庆府范文虎投降，被伯颜委任为两浙大都督。宋朝廷急令丞相贾似道统领大军，西上迎战元军，进至芜湖。贾似道先派人送信给伯颜，约贡岁币求和，在遭到伯颜拒绝后，命令步军指挥使孙虎臣率领精兵七万人，列阵于丁家洲（在今安徽芜湖），淮西安抚制置使夏贵率领战船二千五百艘，横摆在长江上，而他亲自率军进驻鲁港（在今安徽芜湖），阻止元军东下。于是双方展开激战，宋军被彻底击溃，贾似道逃往扬州，夏贵逃往庐州，范虎臣逃往泰州。此后，元军相继占领太平、建康、镇江、淮安、扬州等地，伯颜以行中书省进驻建康。

德祐二年（1276年）正月，元军进逼临安，宋朝廷派知临安府贾余庆携带传国玺及投降书，来向伯颜请降。宋丞相陈宜中、检校少保张世杰、礼部侍郎陆秀夫等人携带益王赵昰、广王赵昺，先后退到福州、广州、崖山。直到祥兴二年（1279年），元将张弘范攻陷崖山，陆秀夫背赵昺跳海殉国，南宋最终灭亡。

四、红巾军起义

元朝末年，统治阶级横征暴敛，残酷地掠夺和奴役百姓，政府滥发纸币，物价飞涨，加上黄河连年失修，多次决口，民众无以为生。各种社会矛盾急剧激化，社会上流传着“一日三遍打，不反待若何”的歌谣。在这种情形下，红巾军大起义爆发。红巾军主要分为两支，一是北方红巾军，以刘福通为首领，主要活跃于中原地区；一是南方红巾军，以徐寿辉为首领，主要活跃于荆楚地区。这里主要叙述徐寿辉领导的红巾军在荆楚地区的活动。

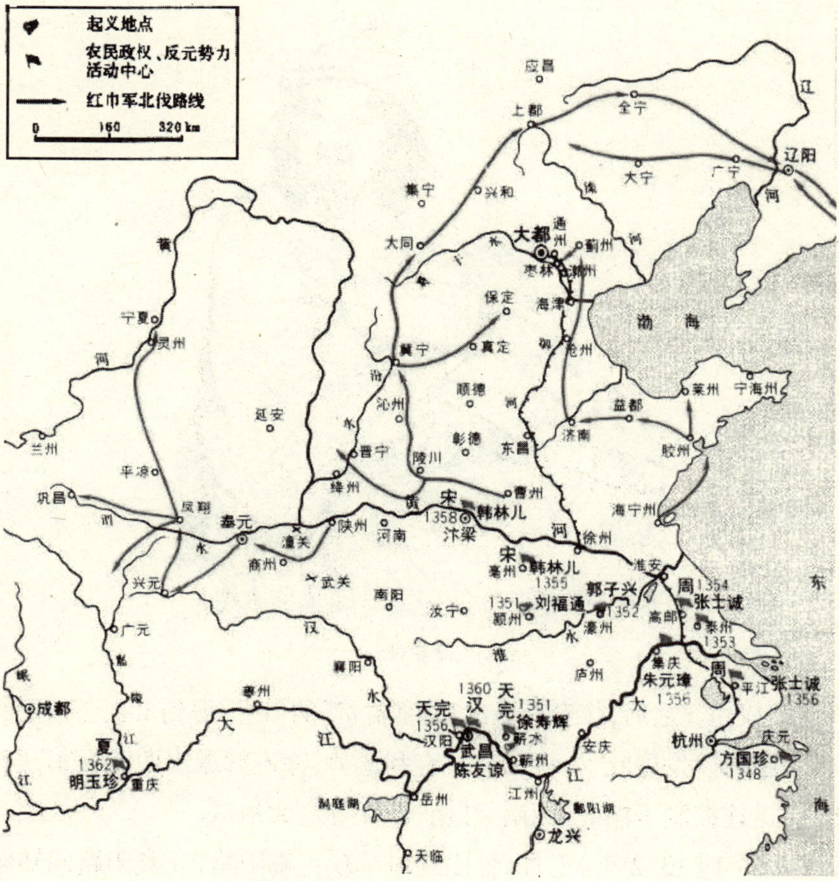

红巾军起义

（一）徐寿辉与天完政权

徐寿辉，又名真一，蕲州罗田县人。他出身贫寒，早年以贩布为业，往来于蕲州、黄州间，结交了不少朋友。至正十一年（1351年）八月，他与麻城铁匠邹普胜、江西宜春和尚彭莹玉等人一起，利用弥勒佛教组织信众，在蕲州发动起义，反抗元朝统治。起义军头裹红巾，所以称为红巾军。九月，徐寿辉率领红巾军打败元威顺王宽撤不花，占领蕲州和黄州。十月，徐寿辉在蕲水（今湖北浠水）称帝，建国号为“天完”，改年号为“治平”，设置统军元帅府、中书省、枢密院和六部机构，任命邹普胜为太师，倪文俊为领军元帅。

徐寿辉

天完政权建立之后，徐寿辉提出“摧富益贫”的口号，得到了社会下层的广泛响应，红巾军得以发展壮大。根据这一有利形势，徐寿辉派出两路大军，向江西、湖南挺进，迅速控制了湖北、湖南、江南、浙江等广大地区。

至正十二年（1352年）正月，竹山红巾军攻克襄阳路，元襄阳路同知额森布哈等人不战而溃。徐寿辉派丁普郎、徐明远攻克汉阳、兴国府，派邹普胜攻克武昌。元湖广行省平章桑节见红巾军势大，召集幕僚商议对策，有人推荐老将郑万户。桑节把郑万户召来，命令他招募士兵，修缮城池和军器，加强巡逻防卫措施。邹普胜派二千多人，前去诈降，却被郑万户识破。郑万户处死了这两千人，关押了十多名首领。但其同僚接受红巾军的贿赂，加上嫉妒郑万户的功劳，就诬陷郑万户错杀降兵，释放了那十多名首领。次日，邹普胜率军攻城，里应外合，很快攻下武昌。元威顺王库春布哈、行省平章和尚弃城而逃。

与此同时，徐寿辉派鲁法兴领兵攻打安陆府。知府绰噜招募士兵数百人，击败鲁法兴的前锋，并且乘胜追击。鲁法兴趁机攻入城中，放火烧城。绰噜引兵回来，士兵看到城中起火，一哄而散。绰噜被鲁法兴捉获，不愿投降而被杀。

徐寿辉亲自率军攻打沔阳府。元沔阳推官俞述祖领兵驻守绿水洪，城陷时被活捉。徐寿辉让人把俞述祖押来,俞述祖大骂徐寿辉。徐寿辉十分恼怒,就下令肢解了俞述祖。紧接着,徐寿辉率军攻打中兴路,元山南宣慰司同知伊古轮实领兵出战,一触即溃。宣慰使布哈弃城而逃。山南廉访使济尔克敦领兵抵抗,被红巾军擒获处死。

武昌的沦陷,使长江下游地区震动极大。红巾军出动大量战舰,顺流而下。江西行省右丞博罗特穆尔驻守江州,听到红巾军东下,竟然不战而逃。总管李黼决心抵抗,黄梅主簿伊苏特穆尔与李黼一道,共同抗击红巾军。李黼与伊苏特穆尔盟誓之际,红巾军已经逼近。于是,李黼领兵迎战,伊苏特穆尔随后,一举击败红巾军,迫使红巾军撤退了六十里。沿途民兵凭借险阻,居高临下,投放木石,杀死红巾军两万多人。后不久,红巾军出动数千战船,擂鼓进军,被李黼预先布置的铁锥刺中,进退不得。李黼命令士兵发射火翎箭,焚烧红巾军的战船。红巾军阵势大乱,烧死和淹死的不计其数。李黼因功被提任为江西行省参政,兼任江州、南康等路军民都总管。

二月,徐寿辉率军攻克江州,李黼领兵登城抵御,继而与红巾军巷战,终因寡不敌众,被红巾军斩杀,红巾军攻取南康路。

徐寿辉政权铸钱

三月,徐寿辉派项普略攻克饶州路,占领徽州、信州。元饶州守将魏中立、信州总管于大本被红巾军擒获,押送到蕲水。徐寿辉本想招抚魏中立、于大本,但他们宁死不屈,遂被处死。

四月,元湖广行省参政铁杰、万户陶梦祯率军打败红巾军,相继收复武昌、汉阳。不久,红巾军反攻,赶跑铁杰、陶梦祯,再次占领武昌、汉阳。这时候,元四川行省平章耀珠率军攻陷归州，进抵峡州，与峡州总管赵余褫一起，大败红巾军，杀死红巾军将领李太素，长江上游地区的农民起义遭到遏制。

五月，耀珠收复中兴路，参政达实巴都鲁请求率军攻取襄阳，耀珠拨给达实巴都鲁率领三千人。当时，红巾军已经发展到十万人，政府军的三千人根本不是对手。达实巴都鲁自知实力不敌，采用宋廷杰的建议，招募襄阳官吏和土豪逃避战乱的人为兵，得到民兵两万人。达实巴都鲁率军抵达蛮河，因红巾军把守要道，一时无法渡河。于是派屈万户领兵绕道从后面攻打，前后夹击，大败守军。达实巴都鲁军追击红巾军，一直到襄阳城南，擒获红巾军首领三十多人，全部处斩。红巾军不敢出战。达实巴都鲁视察地势之后，命令包围襄阳，另派兵驻守岘山、楚山，以阻挡红巾军的援军，亲率中军进驻虎头山。达实巴都鲁率军攻城，城中归降的人从城墙上放下绳子，元兵陆续进入城中。红巾军展开巷战，遭到失败之后，逃往城北的战船，但由于战船被破坏，全部淹死江中。红巾军首领王权率领一千多人突围，遭遇伏兵被俘虏。

八月，红巾军首领俞君正率军攻陷荆门州，元荆门知州聂炳败退之后，四处招兵买马，募集士兵七万人，又收复了荆门。不久，俞君正再次攻打荆门，聂炳竭力抵抗，但因孤立无援，再次丢掉荆门。九月，红巾军攻陷湖州、常州。

至正十三年(1353年)七月，元湖广行省参政阿噜辉打败红巾军，攻克武昌和汉阳。八月，元朝廷任命四川行省平章耀珠为淮西元帅，率军进剿湖广红巾军。十二月，元江浙行省平章布延特穆尔、南台中丞曼济哈雅、四川行省参政哈临图、左丞桑图实里、西宁王索哈尔哈呼军一起率军围剿湖广红巾军，攻陷蕲水。徐寿辉率部逃入黄梅山区，所属官吏四百多人被俘。

至正十四年(1354年)九月，元湖广行省左丞吕思诚升任中书左丞，调离武昌，红巾军再度攻取武昌。十二月，红巾军撤出武昌。武昌屡经战乱，残破不堪，大部分百姓或死于战乱，或死于瘟疫。红巾军驻扎在长江两岸，致使道路阻塞，粮价飞涨，人心惶惶。总管成遵进入武昌，向行省暂借军储钞万锭，招募士兵五千多人，建造战船，派人到太平、中兴购买粮食，剩余百姓才得以活命。红巾军的战舰经常在江中往来，但由于成遵号令严明，一直不敢靠近武昌。

至正十五年(1355年)正月，徐寿辉派倪文俊再次攻占沔阳。三月，徐寿辉率军攻克襄阳。五月，元军反攻徐寿辉，又收复襄阳路。倪文俊率军从沔阳出发，进攻中兴路，杀死元军元帅多尔济巴勒。七月，倪文俊率军再次攻取武昌、汉阳。

至正十六年(1356年)正月，为了控制天完政权，倪文俊迁都汉阳，并把徐寿辉接到汉阳。三月，徐寿辉率军攻打襄阳，没有攻克。

至正十七年(1357年)二月，倪文俊率军攻克峡州。九月，倪文俊阴谋杀害徐寿辉，却被徐寿辉挫败。倪文俊被迫逃出汉阳，赶往黄州，投奔部将陈友谅。在迁都汉阳之后，倪文俊专擅朝政，引起陈友谅的不满。趁着这一机会，陈友谅杀死倪文俊，收编了他的部众，自封为平章政事。十二月，徐寿辉部将明玉珍率军攻取重庆路，不再听命于徐寿辉，也开始建立政权。

至正十九年(1359年)十二月，徐寿辉迁都江州，改年号为天定。但在此时，陈友谅掌握军政大权，自称汉王，设置王府官属，并把徐寿辉的心腹部将逐一杀害，徐寿辉变成傀儡。至正二十年(1360年)四月，陈友谅暗置伏兵，谎称察看作战地形，把徐寿辉骗至太平(今安徽当涂)，而后杀害。天完政权至此灭亡。

(二)陈友谅与大汉政权

陈友谅，沔阳玉沙(今湖北仙桃)人，出身渔民家庭，曾经做过县吏。他听说徐寿辉起兵，就追随倪文俊，马上赶到蕲州，参加了红巾军。天完政权建立之后，他被任命为元帅簿书掾，后因功升任领兵元帅。

至正十七年(1357年)九月，倪文俊谋害徐寿辉未遂，逃到黄州，投奔陈友谅。陈友谅杀死倪文俊，将他的头颅送给徐寿辉，从而得到徐寿辉的信任。陈友谅出任平章政事，开始掌控天完政权。

十月，陈友谅率军东进，与巢湖水师赵普胜部会合，进攻安庆。赵普胜攻东门，陈友谅攻西门，修筑飞楼，昼夜不停地攻城。元淮南行省左丞余阙受伤自杀。十八年(1358年)正月，陈友谅攻克安庆。

至正十九年(1359年)正月，陈友谅派王奉国领兵进攻信州(今江西上饶)，元镇南王子大圣奴、枢密院判官席闰据城固守，屡次挫败天完军。二月，陈友谅之弟陈友德率军进驻信州城东，参与攻城，但仍无进展。三月，王奉国调整战法，一面分兵攻打衢州，阻止元军增援，一面挖掘一百多处地道，更猛烈地攻城。六月，王奉国攻破信州，大圣奴战死。

九月，赵普胜率军进攻池州（今安徽贵池），与朱元璋展开争夺。陈友谅为了控制天完政权，假借会师的名义，赶到安庆，杀害了赵普胜，收编了他的部众。

沔城陈友谅塑像

十二月，徐寿辉从汉阳出发，决定迁都南昌，路过江州。陈友谅假装出迎，在城西门外设下埋伏，等徐寿辉进城之后，马上关闭城门，杀死徐寿辉的所有部属，随后定都于江州。陈友谅自称汉王，设立王府，配置官属，挟持徐寿辉号令各部，独揽天完军政大权。

至正二十年（1360年）五月，陈友谅统领水军，进攻池州，被朱元璋击败，损失了一万多人。闰五月，陈友谅统领水军，挟持徐寿辉，攻克太平（今安徽当涂），然后派人杀死徐寿辉。陈友谅赶到采石（在今安徽马鞍山），急忙登基称帝，建国号为大汉，改年号为大义，任用邹普胜为太师，张必先为丞相，张定边为太尉，正式建立了政权。

大汉政权建立之后，陈友谅把军事重心放在东线，企图一举消灭朱元璋，达到称霸江南的目的。

陈友谅统领水军，顺长江而下，直指应天（今江苏南京），同时派人前往平江（今江苏苏州），邀约张士诚夹击朱元璋。朱元璋针对陈友谅求战心切、骄傲轻敌的心理，采取诱敌深入、设伏聚歼的战法，派陈友谅的老友康茂才写信向陈友谅诈降，诈称愿为内应，约定在江东桥（在今南京）会合，以呼“老康”为暗号。同时派常遇春、徐达等人四处设伏，派胡大海领兵进攻信州，威胁陈友谅的侧后。朱元璋亲率主力军，埋伏于卢龙山（在今南京），只等汉军进入埋伏圈。陈友谅接到康茂才来信，竟然信以为真，不等张士诚的答复，就率军进抵应天。等到江东桥连呼“老康”不应，才知道受欺诈，急忙登陆立栅。朱元璋趁汉军立足未稳，发起全面攻击。汉军迅即溃败，将士争相逃命，被杀和溺水而死者甚众，还有二万多人被俘。陈友谅换乘小船，狼狈逃回江州。朱元璋率军追击，夺得了安庆、太平、信州等地。

至正二十三年(1363年)二月,张士诚出兵进攻安丰。小明王向朱元璋告急求援。安丰是应天的屏障,救安丰即是保应天。三月,朱元璋率军救援安丰。四月,陈友谅趁江南空虚之机,率军围攻洪都,占领吉安、临江、无为州。洪都守军浴血奋战,坚守一个多月。朱元璋返回应天之后,一面命令洪都守军坚守待援,一面集结兵力准备驰援。七月,朱元璋亲率水军二十万人,迅速进抵湖口。陈友谅听说之后,立即从洪都撤围,东至鄱阳湖迎战。汉军战船联结布阵,延绵数十里。朱元璋把自己的战船分为二十队,每队配备大小火炮、火铳、火箭、火蒺藜、大小火枪、神机箭和弓弩,命令各队接近敌船,先发火器,次用弓弩,靠近敌船再做短兵格斗。二十一日,双方展开激战,呈现胶着状态。二十二日,朱元璋亲率水军出战,决定改用火攻破敌,选择勇士驾驶渔船,船上装满火药柴薪,迫近敌船,顺风放火燃烧,大火迅速蔓延,烧毁汉军数百艘战船。汉军死伤过半,陈友谅的两个兄弟和大将陈普略都被烧死。二十三日,双方再度交锋,陈友谅瞄准朱元璋的旗舰,展开猛烈围攻,但朱元璋刚刚转移,不在原舰上面。二十四日,朱元璋发起反击,汉军被迫撤退,陈友谅转为防御。经过一个多月的相持,陈友谅耗尽粮饷,只得冒死突围。八月,汉军撤至湖口,朱元璋动用水军、火筏四面猛攻,使汉军陷入绝境。陈友谅中箭而死,汉军彻底溃败,有五万多人投降。

陈友谅墓

在鄱阳湖之战后，张定边等人保护陈友谅次子陈理返回武昌，拥立陈理为皇帝，改年号为德寿。至正二十四年（1364年）二月，朱元璋率军进抵武昌城下，陈理被迫出降，大汉政权灭亡。

第七章 明 清

明清时期，中国古代专制体制发展到了顶峰，出现了长期稳定统一的局面。历史上困扰国家统一的藩镇势力基本上消失，但由于专制统治的强化，社会下层的生存权益受到政府的肆意践踏，人民群众的反抗斗争变得空前激烈。到了清朝末期，西方列强的坚船利炮轰开了清朝闭锁的国门，新思想和新技术随之涌入中国，反映在军事领域促成了新的战争形态。这一时期发生在荆楚地区的军事活动，主要有李自成、张献忠征战湖北，白莲教起义，太平军三战武昌和辛亥武昌首义。

一、明末农民战争

历史上一些统一王朝延续了很长的时间，但是两三百年仍要改朝换代一次。这种治乱交替的现象，有人称为中国历史的“周期律”。与汉唐统一王朝相似，明朝末年朝廷政治混乱，各级官吏腐败，土地兼并加剧，加上自然灾害频繁，致使民不聊生，全国爆发了农民大起义。

（一）农民起义爆发

天启七年（1627 年），陕西白水县农民王二率领数百人起义，杀死知县张斗耀，揭开了明末农民战争的序幕。崇祯元年（1628 年），王嘉胤、高迎祥、王大梁、王左卦等人起兵响应。崇祯三年（1630 年），张献忠在陕西米脂起义，自称“八大王”；李自成也杀贪官造反，在他舅舅高迎祥部下当“闯将”。农民起义发展迅速，仅陕西就有 100 多支队伍，并蔓延到山西、河南地区。

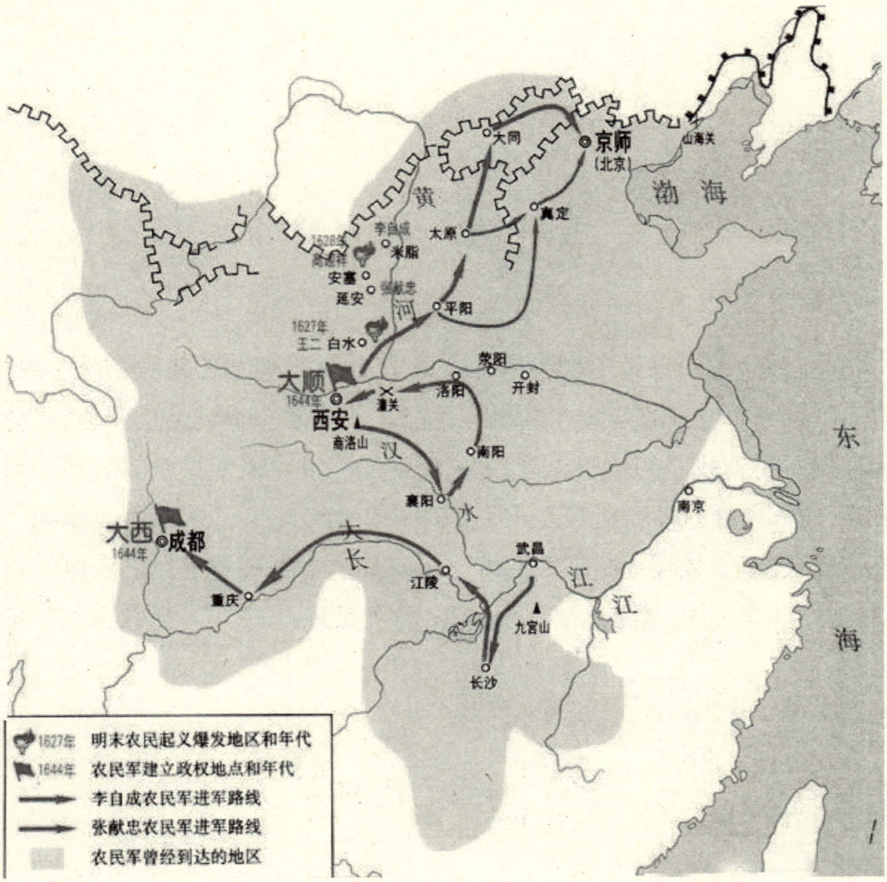

明末农民战争

崇祯六年(1633年),起义军南下河南,遭到明朝将领左良玉、汤九州等人的截击,转而潜入卢氏山区,从小路进入内乡。内乡与淅水接壤,过淅水就是郧阳,由郧阳可以直逼襄阳。国家承平日久,郧、襄各地军备废弛,起义军如入无人之境,很快攻陷郧西、上津。这时在各路起义军中间,最有实力的是高迎祥部,李自成跟随高迎祥,后来分领一支部队,得以自成一军。

崇祯七年(1634年)正月,起义军从郧阳渡过汉水,进逼谷城,继而进攻襄阳,又分兵攻打紫阳、平利。起义军攻克平利之后,又南下进入四川。

三月,明军击败起义军,起义军纷纷撤出四川,分别进入汉中和湖北。明总兵张应昌率军攻入湖北,在五岭山被起义军击败,不得不撤退。副将杨世恩继续攻打起义军,在石河口打败起义军。

四月，因为郧西的失陷，郧阳抚治蒋允仪被捕下狱，大名副使卢象升取代蒋允仪，就任郧阳抚治。起义军分兵三路北上，离开湖北，进入河南。

六月，明总督陈奇瑜和郧阳抚治卢象升在上津会师，围剿在湖广的起义军，基本上把起义军剿灭。

崇祯八年（1635年）二月，张献忠、罗汝才率部攻克罗田。三月，起义军在安徽作战失利，转入蕲州、黄州。张献忠部攻克麻城。明总兵曹文诏率军冒雨攻打随州，斩杀起义军三百多人。四月，张献忠率部由麻城西进，与高迎祥、李自成会师。十一月，起义军攻克峡州，从峡州整军东下。

崇祯九年（1636年）三月，起义军从光化渡过汉水，进攻郧阳和襄阳。卢象升派遣总兵秦翼明、副将雷时声从南漳、谷城出兵征剿起义军。起义军的主力高迎祥、李自成部分道转入陕西。因为起义军分布太广，主力四处流动作战，明军疲于奔命，总是顾此失彼。

七月，闯王高迎祥在陕西盩厔（今陕西周至）战败，被俘牺牲，李自成被推为闯王。这时在起义军中间，李自成的势力并不大，而张献忠的势力最强。后不久，张献忠与李自成开始分裂，各自率部攻城略地，建立起各自的政权。

（二）张献忠起义

崇祯九年（1636年）十月，张献忠率军十多万人，转战于丰阳、界山、均州、襄阳等地。总兵秦翼明率领两千骑兵讨伐，大小数十战，杀死许多起义军，但起义军越来越多，终究无法消灭。巡抚苗胙土率军从汴梁南下，援救襄阳，双方大战于牌楼阁，死伤大体相当。

十一月，因为农民起义军在郧阳、襄阳发展壮大，湖广巡抚苗胙土被罢职，陕西右部政陈良训取而代之。总兵秦翼明在汉江水浅的地方设防，派李同阳、刘大归率领五百人，驻守庙滩。汉南的起义军从水深的罗汉滩处填土渡江。于是，起义军进入江北地区。

十二月，汉南的起义军分道攻打应城，应城知县张绍登领兵迎战，大战一日一夜，打退了起义军。马守应率军攻入郧阳、襄阳之后，暂时休养生息，获得大量粮草，就与其他起义军会合，共有二十万人，一起东下蕲州、黄州和六合，分别攻打江北各地。

张献忠

崇祯十年(1637年)正月，张献忠、罗汝才率军离开襄阳，东下进军安庆。

崇祯十一年(1638年)四月，因明军屡败起义军，熊文灿下令招降，起义军多欲投降。张献忠军进入湖广，左良玉、陈洪范率军攻打，张献忠仓皇逃走，身中两箭，被左良玉砍中面部，差一点被俘虏。明军接连在舞阳、光山、固始等地大败起义军。张献忠势单力孤，因而占据谷城，请求归降朝廷。

熊文灿接受张献忠的投降，但明朝廷对张献忠不加以任用。张献忠大为恼怒，向熊文灿要求发放属下十万人的军饷，熊文灿不能决定。于是起义军四出抢劫，百姓或逃或死，许多乡村空无一人。

八月，罗汝才率部从南阳进攻襄阳。九月，熊文灿率军逼近襄阳，诸将请求出战。熊文灿本打算分兵合击，后接受中官卢九德的建议，与左良玉、陈洪范、龙在田部一道，在双沟大战起义军，杀死了两千多人。罗汝才率领余部逃到均州，其部将李万庆逃往光山、固始。

十一月，因为后金兵入边，危及京师的安全，明朝廷征召洪承畴、孙传庭率领五万人，紧急赴京增援。罗汝才担心遭到围剿，向熊文灿假称投降。熊文灿同意，派房县知县郝景春骑马到罗汝才营中安抚。郝景春与罗汝才歃血为盟，罗汝才率部归降熊文灿。熊文灿让罗汝才进驻郧县，一面请求朝廷加封罗汝才，一面要求解散起义军，只选用一些身体强壮的士兵。罗汝才不同意，随即占领郧县，与张献忠遥相呼应。

崇祯十二年(1639年)四月，河南总兵张任学从京城回师，接连打败河南、湖北一带的起义军，重新占领了襄阳。

五月，张献忠在谷城反叛，罗汝才等人同声附和，谷城知县阮之钿担心张献忠反叛，曾经规劝张献忠，但遭到张献忠痛斥，因而忧愤成疾。张献忠反叛之后，抢劫谷城的仓库，释放狱中的囚犯，派人向阮之钿索要官印。阮之钿严词拒绝，被张献忠下令处死。熊文灿得到消息，下令派兵驻守荆门、当阳、江陵等地。由于明军有所防备，张献忠不敢沿江东下。

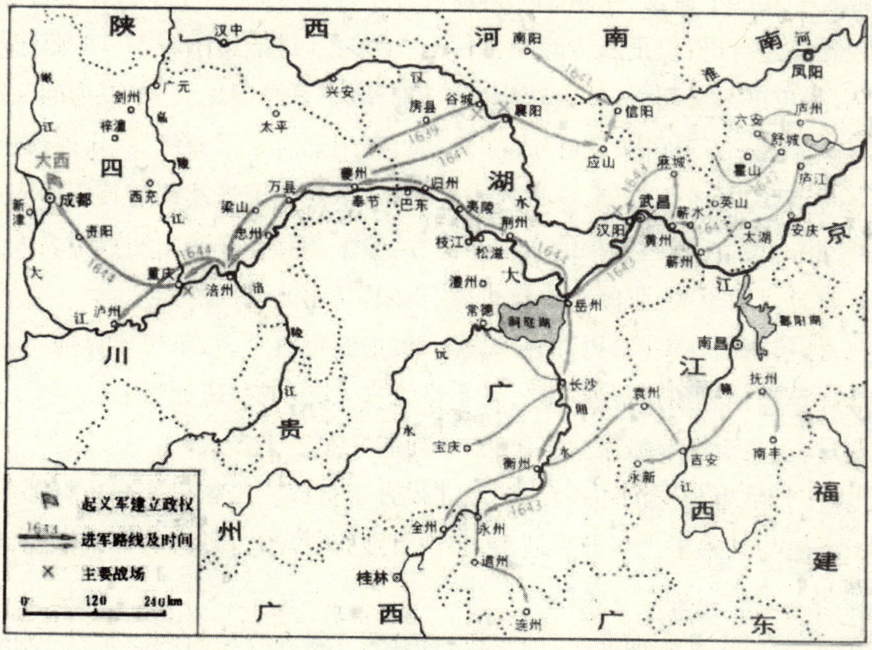

张献忠起义图

七月，张献忠与罗汝才会合，攻破房县、保康。张任学派中军罗岱与左良玉率军追击。左良玉令罗岱为前锋，自己率军紧随其后。距离房县八十里，罗岱行至罗英山，遭遇起义军埋伏，被起义军擒获处死。左良玉随后赶到，也被起义军击败，军中印信全部丢失，损失士兵一万多人。因此，左良玉被连降三级，张任学被撤销官职。明崇祯帝闻讯大怒，竟将熊文灿下狱处死，改派兵部尚书杨嗣昌统领诸军，进剿起义军。

八月，在罗英山之战后，张献忠本想率部进入陕西，陕西总督郑崇俭率领贺人龙、李国奇军在兴安击退张献忠。于是，张献忠撤退到兴山、太平，占据湖北、四川交界地区，准备西上攻打四川。

崇祯十三年（1640 年）正月，杨嗣昌坐镇襄阳，统领各路部队，攻打起义军。左良玉率军在枸坪关打败张献忠，张献忠率部退入四川。

崇祯十四年(1641年)一月,张献忠、罗汝才转战至开县,大破明军,摆脱明军的追击。

二月,张献忠、罗汝才由开县东进,重新返回湖北,直接进攻襄阳。郧阳巡抚袁继咸统率其部下截击,张献忠不得前进。于是,张献忠留下罗汝才率部跟进,亲率轻骑急速行进,仅用八天时间,行军一千多里,进抵襄阳城下。张献忠派出先遣队,乘夜进入襄阳城,放火焚烧襄王府。城中百姓望见大火,以为起义军占领了襄阳,纷纷夺门而出,明守军霎时崩溃,襄阳知府王承惊慌失措,连夜逃走。等天亮时,起义军主力赶到,一举攻占襄阳城,杀死襄王朱翊铭与其侄贵阳王朱常法。经此一役,杨嗣昌囤积的大批军饷、武器装备和驻守襄阳的数千名人全部归于张献忠。后不久,张献忠攻克樊城、当阳,又向北进入河南。

三月,杨嗣昌在夷陵,得知襄阳失陷,被迫服毒自杀。张献忠攻克随州,随州知州徐世淳被杀。随州接连失陷,几乎空无一人,变成一座死城。

四月,左良玉在麻城大败张献忠,杀死起义军三千多人。

七月,张献忠与罗汝才不合,罗汝才投奔李自成。张献忠率部攻打郧阳,明游击王光恩与其弟王光兴分兵迎击,多次打败张献忠。张献忠从郧阳撤退,转而攻克郧西。

八月,张献忠从郧西北上,前去攻打信阳,又被左良玉打败。张献忠腿部受伤,仅剩下数十名骑兵,就去投奔李自成。李自成任用张献忠为属下,惹得张献忠大怒。李自成欲杀掉张献忠,被罗汝才劝阻。罗汝才私下拨给张献忠五百名骑兵。张献忠率兵离去,转战于安徽,收编一些起义军,声势再次高涨,然后向西挺进,再度进入湖广。

崇祯十六年(1643年)正月,张献忠率部攻克蕲州、黄梅。

五月,张献忠率部攻克武昌,诛杀楚王朱华奎,自称为大西王。武昌城中男子十五岁以上、二十岁以下都被征兵入伍,其余的人全部屠杀。在补充兵力之后,张献忠分兵出击湖广、江西,屡战获胜。明廷命总兵左良玉领兵二十万人,从安庆西上,进击张献忠。张献忠分析形势,放火焚武昌城,率部南下湖南。七月,左良玉收复武昌。八月,左良玉连破岳州(今湖南岳阳)、长沙。张献忠鉴于明军逼近,为了建立根据地,谋求长远发展,决计再度进入四川。

张献忠铸西王赏功

崇祯十七年(1644年)初,张献忠从荆州溯江而上,击败明总兵秦良玉部,攻克夔州(今四川奉节)、万县,直抵涪州(今四川涪陵)。六月,张献忠进逼重庆,四川前巡抚陈士奇为了保卫重庆,派兵东扼铜锣峡,西守浮图关。张献忠采取声东击西的战法,以水师佯攻铜锣峡,亲率精锐骑兵,从小道绕过重庆城,攻破江津,夺得一批船只,把一部分骑兵渡至北岸,驰往浮图关;亲率船队从江津顺江而下,在菜园坝登陆,一举夺取浮图关。明铜锣峡守军听说起义军出现在重庆城下,旋即溃散。于是,起义军合围重庆,经过六天激战,攻占了重庆。明瑞王朱常浩、陈士奇等人都被处死。

七月,张献忠率部向川西南挺进,连克沿途州县。八月,攻克成都,斩杀明巡按御史刘之勃、巡抚龙文光、总兵刘佳允,蜀王朱至澍投井自杀。起义军迅速控制了四川大部分地区。十一月十六日,张献忠正式称帝,建立大西政权,改年号为大顺,以成都为西京。

清顺治三年(1646年),清军由陕南入川,攻打大西军。七月,清军逼近成都,张献忠撤离成都,北上与清军作战。十一月,张献忠途经凤凰山(在今四川南溪),被清军射死。

(三)李自成起义

崇祯九年(1636年)七月，李自成被推为闯王之后，率部展开流动作战，采取避实击虚的战法，接连攻取阶州(今甘肃武都)、陇州(今陕西陇县)、宁羌(今陕西宁强)，随即分兵三路，进入四川，在剑州(今四川剑阁)、绵州(今四川绵阳)屡败明军，杀死明总兵侯良柱。

李自成

崇祯十年(1637年)冬，李自成围攻成都，未能攻克，而后挥师梓潼，迎战明总兵左光先、曹变蛟，又作战失利，随即分道撤入陕西，移师潼关，再遭明军伏击，伤亡甚众，仅带部将刘宗敏、田见秀等十八人，逃入商洛山中。

崇祯十二年(1639年)，李自成亲赴谷城(今湖北谷城)，与张献忠会合，出兵攻破竹溪，而后协助罗汝才，击败明总兵杨世恩。

崇祯十三年(1640年)，李自成率部进至房县，被明总兵左良玉击败，再度进入河南，接连攻克永宁(今河南洛宁)、宜阳，始以牛金星、宁献策为谋士，并根据李岩的建议，提出“均田免赋”的口号，得到广大民众的拥护，起义军扩编至数十万人。

崇祯十四年(1641 年)正月,李自成攻破洛阳,捕杀福王朱常洵。随后进围开封,但在一年半之内,三度攻城未遂。直到次年九月,黄河决堤冲毁开封。开封内城一片汪洋,淹死居民数十万人,明周王朱恭枵乘船逃走。在这种情况下,李自成南走邓州,与罗汝才合兵,进一步地壮大了势力。

崇祯十五年(1642 年)闰十一月,李自成率部南下湖北。明总兵左良玉驻守襄阳,自知不能抵抗起义军,只得移军南下武昌,向楚王请求拨给军饷,以稳定军心,但被楚王拒绝。等起义军渡过汉水,襄阳官吏纷纷出逃。十二月,李自成攻克襄阳,而后连克宜城、郧阳、谷城、荆门。当起义军进逼荆州,湖广巡抚陈睿谟不战而逃,民众开门迎接起义军。

李自成铸大顺通宝

崇祯十六年(1643 年)正月,李自成在襄阳称“新顺王”。起义军接连攻下云梦、黄陂、孝感。时任黄陂县丞的夏统春,被调往麻城担任知县,还没有来得及启程,起义军攻打县城。夏统春率众固守,坚持了十五昼夜。等起义军撤退后,夏统春预料起义军定会再来,但守城士兵过于疲惫,就暂时回家休养。隔了五天,起义军发动突袭,一举攻克黄陂。夏统春指挥巷战,最后被擒获处斩。

三月,李自成杀死罗汝才,又击溃其他起义军,原先的十三家七十二营或降或死,只剩下李自成、张献忠两支起义军。

十月,李自成挥师北上,攻破潼关,杀死明督师孙传庭,占领整个陕西。

崇祯十七年(1644年)正月,李自成在西安称帝,建立大顺政权。三月,李自成率军攻入北京,崇祯帝自缢而死。五月,清军进入山海关,接受吴三桂投降,一举击败李自成。李自成被迫退出北京,仓皇地退往西安。

顺治二年(1645年)正月,清军攻陷潼关,李自成撤出西安,途经襄阳,试图与明总兵左良玉联合抗清。四月,李自成进入武昌,但被清军击溃。五月,李自成行至通城九宫山,被当地乡民杀死。

李自成墓

李自成、张献忠死后,农民起义军余部仍活跃于洞庭湖一带和四川、贵州等地,坚持斗争了十多年。在清军不断打击下,起义军将领李过病逝,高一功、刘体纯、郝摇旗先后战死,孙可望投降清军,李定国败走缅甸。直到顺治十八年(1661年),明永历帝被处死,明末农民战争彻底结束。

二、白莲教起义

白莲教起义，又称川楚白莲教起义，发生在清朝中期嘉庆年间(1796—1820年)，波及湖北、四川、陕西、河南、湖南和甘肃六省，主要分布于湖北、四川和河南三地。这次起义持续九年时间，沉重打击了清朝统治，致使清朝沦入衰败。

早在乾隆末年，白莲教在湖北、四川、陕西三省就得到广泛的传播，清朝廷下令追捕其骨干成员，要求不使一人漏网。直到乾隆五十九年(1794年)，各地白莲教首领都被逮捕，只有刘之协等人逃脱。在镇压白莲教过程中，各地官府趁机勒索民众，如果民众无法满足，就污蔑为邪教治罪，加上镇压湖南、贵州的苗民起义，不断增派各种赋税，大批农民遭到破产，社会矛盾更加尖锐。

为了继续反对清朝统治，刘之协等人以“官逼民反”为号召，联合各地白莲教首领，约定在嘉庆元年(1796年)三月十日发动起义，但因叛徒告密，宜都、枝江首领张正谟提前至正月初七日起义。长阳、长乐首领林之华、覃加耀率众应声而起。当阳、竹山、孝感、来凤等地的教众相继发动起义。起义军很快占领了当阳，攻破了竹山、保康。二月初二，张汉朝、姚之富和王聪儿在襄阳，高均德在邓州发动起义。三月，这些起义军会合于襄阳北部的吕堰、双沟地区，拥有部众数万人。起义军头裹白布作为标志，所以称为“白巾军”。

清朝廷得到报告，从陕西、广西、山东调集军队，会同湖北、四川驻军，共有一万多人，派都统永保、湖广总督毕沅统领，全面镇压白莲教起义。各地起义军修筑营垒，据险防守。清军人数较少，力量分散，进剿经常失利。四月，清朝廷从直隶、山西增派军队，交由永保统一指挥，但仍无法取胜。六月，清朝廷从湖南征调苗兵两万多人，前往襄阳增援。起义军面临的形势，开始发生逆转。

八月，清军将领福宁在旗鼓寨打败起义军，起义军两千多人投降，都被福宁活埋。这时候，各路清军会集于钟祥，起义军也聚集在钟祥，男女老少有四五万人。起义军躲在山谷地带，据险固守，双方僵持不下。张正谟率领起义军，屯聚在灌湾脑，不敢出战，而在半山的丛林中设置了很多地雷，埋伏了大量劲弩。张正谟派张多潢前往榔坪请求救兵，被知县杨于果生擒。官军设下埋伏，并伪装成援军，引诱起义军出山。张正谟望见援军到来，准备出寨迎接，遭到清军的伏击，有八百多人被杀。清军乘胜追击，大败各路起义军。各路起义军遭受重创，损失了两万多人。

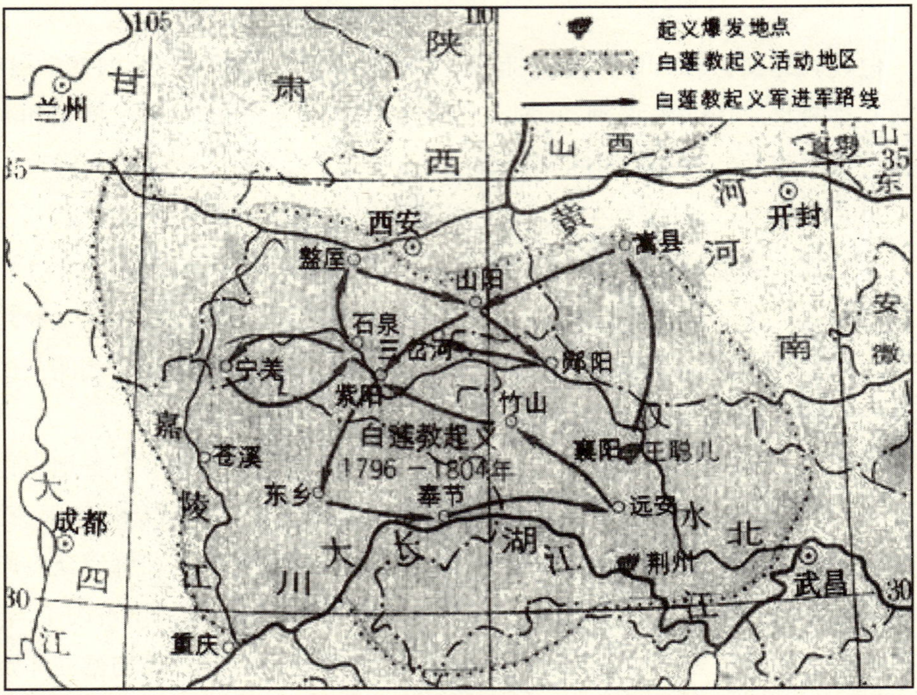

白莲教起义形势图

白莲教首领姚之富带领三百人，从枣阳逃往马石，途经大泉口，进攻襄阳。途中招兵买马，又与李槐的部众合并，气势再次大盛，聚集了上万人。

九月，白莲教首领林之华率军攻打长阳，遭到官军的迎击，退入凉山固守。凉山位于宜都和长阳的交界处，石壁陡峭，易守难攻。林之华听说张正谟在灌湾脑失败的消息，预料清军下一步定会对他开战，就强迫山民加入起义军，那些山民非常恐惧，纷纷逃散。清军从凉山背后，爬上山攻打起义军，林之华失败后逃走。

十月，林之华收集余部，夺取黄柏山。黄柏山峰峦叠嶂，广袤百余里。清军分兵三路，扼住起义军出路，起义军数万人不敢下山，清军也不敢深入山区，双方转入对峙。

十一月，姚之富、齐王氏率众进攻枣阳，在遭受挫败之后，转往谷城，攻打光化。

十二月，湖广巡抚汪新率军进驻随州，派兵驻守各处要害。起义军听说之后，不再攻打随州。清军将领福宁分兵数路，攻打黄柏山，被起义军击败，逃回襄阳。襄阳起义军分兵两路，一路由姚之富、齐王氏率领进军东南；另一路由张汉潮、刘起荣率领进军东北，后又南下与姚之富会合。清军追击到兴隆集，杀死起义军两千多人。

嘉庆二年(1797年)正月，姚之富被官府追剿，处境非常危急，就派沈训扮成难民，出营去搬求救兵，暗中与曹洪恩联络，但曹洪恩被杀害，加上官府处处设卡，难以回复姚之富。于是，沈训伪造传单，散布于房县、竹山等地，声称房县九道梁有起义军两万多人，将要搜山抢劫，攻打房县，企图以此吓跑百姓，阻止清军前进。但此计谋没有成功，沈训也被杀害。

林之华据守黄柏山，担心弹尽粮绝，秘密派精兵从天池口下山，以探寻逃亡的路径，却被清军击败。起义军攻打淡家岗，又被清军分割包围，共有四千人战死。

二月，姚之富率军进入枣阳，驻守吴家集，后派六七个骑兵先行，登上云台山，请求山寨借道。山寨守卫民兵很少，不敢出击，就准许起义军通过。等到天亮，清军赶来，起义军已经通过云台山，到达松林寺。此后，姚之富率领起义军，继续沿江西上，离开湖北，进入陕西。四月，湖广提督刘君辅率领一千多人，进驻郧阳。在姚之富进入陕西之后，襄阳已经没有起义军。各路起义军在清军的围攻下，或被消灭，或逃往他省，湖北境内仅剩下林之华领导的起义军，仍据守在芭叶山。

五月，清军围剿林之华，侍卫阿达春、千总张锦荣、游击林朝辅、千总李荣光先后战死。起义军连失三十多个据点，也有四百多人战死。

六月，清军占领芭叶山，林之华率军撤退，转战到白沙铺。

七月，林之华撤退到白鱼寨，先锋官张祖训被清军俘虏。

姚之富率领起义军，分两路进入湖北。其中，齐王氏率领前队两万多人，从兴山、保康出发，途经南漳，进攻襄阳。王廷诏率领后队，经过当阳、远安，进攻荆州。湖广巡抚汪新派兵驻守房县、保康，以保卫襄阳，又派兵驻守东湖、当阳，以保卫荆州，还下令荆州驻军守卫城堤，以防起义军盗掘河堤。

白莲教起义雕塑

清军进至腰带岩，打败了林之华，林之华逃往帽子山，继而率部到归州，与姚之富会合。

八月，姚之富、齐王氏进攻襄阳，遭到清军的阻截，被迫折回房县、竹山，假装进军陕西，引诱清军追入山区，而后趁机北渡汉水。清军追击到茨河镇，姚之富派步骑兵七千人迎战，却被清军打败，损失一千两百多人。姚之富、齐王氏逃往谷城。

九月，姚之富从襄阳、谷城进攻房县，连续攻打三次，都没有攻下房县，随即率部从竹山、竹溪，进驻白河。林之华率领六千多人，从帽子山撤退到巴东。

十月，林之华在巫山战死，剩余部众两千多人，拒绝向官府投降，而转战到各地，继续与清军对抗。

嘉庆三年（1798年）三月，张汉潮率领一万多人，从四川进入湖北，攻打房县，失败后转攻南漳，驻守观音寺。清军从襄阳出发，水陆并进，直扑南漳，大部分起义军被歼灭。张汉潮率领残部，逃往谷城，途中又遭清军袭击，损失五千多人，剩余部众逃往郧阳。

姚之富、齐王氏率军进攻郧西，在甘沟收到清军的夹击，战死了一千多人。

郧西知县孔继檊率领民兵阻截，起义军不能前进。清军分兵数路，围困起义军于三岔河，起义军分别据守左右山，准备拼死突围。清军得知姚之富、齐王氏在左山，派出全部精兵围攻。齐王氏、姚之富战败，走投无路，最后跳崖而死。

六月，刘成栋、张汉潮率部进入陕西，在镇坪被清军击溃，又逃往四川太平。于是，陕西、湖北的起义军都被逼进四川。

嘉庆四年(1799年)七月，起义军兵分三路进入湖北，一路进入竹山，一路进入竹溪，另一路进入大河田。起义军中很多襄阳人，且都屡经战阵，战斗力很强，屡败清军。清朝廷极为震动，急忙调集兵马，前来湖北征剿。

嘉庆五年(1800年)正月，陕西起义军首领张洪荣和四川起义军一起共有五千人进入湖北，逼近房县，被政府军大败。随后，起义军转战于兴山、南漳、保康、谷城、均州、当阳、房县等地。

五月，徐添德率领起义军兵分三路，分别攻打襄阳、宜城和钟祥。攻打襄阳的起义军被政府军阻止，无法渡江，另外两路都被打败。于是，起义军撤退到荆门。

六月，四川起义军首领苟绍九率军攻打宜昌，焚烧水府庙，杀人无数。湖北政府军大多进入四川、陕西追剿起义军，留在湖北的政府军大多是从山东、河南征调过来，不熟悉起义军的情况，经常被起义军打败。

八月，徐添德进军南漳，在政府军的追击下，逃往当阳、远安，屯驻在大小双坪。政府军从小道进军，翻越红山，逼近起义军营寨。清军将领明亮察看过山势后说："山路陡峭，人多没有用。如果我军直接进军，起义军派人攻打我军后部，将使我军进退不得，这是非常危险的做法。"于是，明亮设下埋伏，让前队进攻引诱起义军。起义军果然上当，派军袭击政府军后部，被政府军伏兵打败，损失六百多人。徐添德的侄子坠崖而死，徐添德化装成妇女逃跑，率领余众进入谷城。谷城知县孙光先、游击富庆闭城固守不出。政府军尾随追击，村民误以为是起义军，采取措施阻止渡河。有人认出政府军的一位副将，政府军才得以渡河，在孙家湾打败起义军。余众从郧县逃入陕西。

十二月，徐添德率领三千多起义军士兵杀回湖北，进入谷城。高二、高三、马五等人领导其他几支起义军仍然活跃在湖北境内。

嘉庆六年(1801年)正月，徐添德率军屯驻火烧坪，四处活动，杀人放火抢劫，波及上百里的范围。徐添德每次开战，驱使难民妇女上千人走在起义军队伍前面，以抵挡政府军发射的炮弹和石头。其他各支起义军主要活动于郧县、房县一带，与政府军展开游击战。嘉庆帝下诏以后交战应该设法解救难民，重点捉拿起义军首领，并悬赏求购起义军首领的头颅。

二月，徐添德率军攻打竹溪，焚烧民房无数。政府军兵分四路进剿，在地方民兵的协助下，开炮轰击起义军营垒。起义军大惊，四处逃散，很多人被践踏致死。政府军救出被起义军裹挟的难民一千多人。

三月，徐添德率军东下，政府军进军谷城，扼守起义军东下的道路。

朝廷征召在四川征剿起义军的德楞泰率军进入湖北，征剿湖北地区的起义军。德楞泰在马鞍山打败龙绍周率领的起义军，又追击到丝茅冈。政府军冒雨攻打，起义军又逃往官渡河。当时，大雨连日不断，河水猛涨。河上的渡船事先被政府军收缴在一起，起义军只得夜里偷偷渡河。政府军发觉后，众将领请求赶快进攻，德楞泰说："前有大河，后又追兵。起义军定会拼死作战，会死很多人。不如等一下。"于是，命令各军开炮轰击，假装要进攻。起义军顿时大乱，三千多人淹死，一千多人跳水后顺流逃生。

四月，德楞泰率军连续打败各路起义军，杀死数千人，起义军形势危急。

五月，徐添德在德楞泰的追击下，率军逃往陕西。湖北境内的起义军进入房县，占据黄土岭，凭借山高路险，抗拒政府军。政府军众将领十分忧虑，提督长龄说："山势险峻，从下向上攻打不能成功。应该分道攻打，就可以攻破。"于是，分兵进击，大败起义军。长龄率军乘胜进军，大败各地起义军，杀死上千人。

七月，龙绍周起义军再次进入湖北，抢劫竹山巴豆园。其他各支起义军也相继进入湖北。

当时，各路起义军分分合合，没有统一的建制和指挥。他们的活动区域主要位于湖北、四川和陕西三省的交界地带。当地山高林深，人迹罕至，少有人烟。居民虽然建立堡寨，但是没有武器对抗起义军。湖北征剿紧急，就逃往四川和陕西，四川和陕西征剿紧急，则又逃回，以致政府军来回调动，疲于奔命。

嘉庆七年（1802年）二月，各路起义军联合从巫山龙泉寺进军湖北。湖北地区政府军向朝廷告急。

湖北边境地区的深山老林中，起义军和流民杂处在一起，随时都会联合在一起，相互难以区分。杀死一个起义军首领，很快就会有下一个推举出来。冬天，这些人藏在山谷中的岩洞里。春天到来之后，便出山抢掠，声势越来越大。起义军数年不能剿灭，主要原因就在于此。

嘉庆帝

四月，起义军首领樊人杰率军从陕西平利进入房县、竹山，一路抢劫，五六千人陆续加入起义军，直奔谷城。德楞泰率领政府军讨伐，接连大败樊人杰。樊人杰损失大半人马，实力渐衰。

六月，樊人杰在保康被政府军打败后，逃往獐落河，进军花梨沟，余众尚有千人。德楞泰率军追击，樊人杰移军白铁河，进入蜜蜂塘。当地寨民向德楞泰建议说："这里山峰险峻，地势险恶，又三面临河。最近大雨不断，起义军很难飞走。如果向东绕道出庙坪，再向西到白铁河，就可以歼灭起义军。"德楞泰依照寨民的建议，包围起义军，开炮轰击。起义军霎时崩溃，四散奔命，哀号之声此起彼伏。樊人杰跳河自杀。樊人杰是襄阳地区的白莲教首领，辈分最高，很多起义军首领都听命于他。樊人杰战死之后，起义军更加衰弱。余众在政府军的追打下，或逃往四川，或活跃于四川、湖北的交界地带。

嘉庆八年（1803年）六月，在各路政府军的围剿之下，陕西境内的起义军被完全消灭，湖北和四川境内的起义军仍有零零碎碎大量小股起义军。政府军兵分二十路，依次排查隐藏在山林中的起义军，许多人被杀。

七月，德楞泰等人奏报朝廷，湖北、四川和陕西境内的起义军已经基本肃清。嘉庆帝下诏德楞泰进京朝觐，德楞泰对嘉庆帝说：湖北地区的搜捕工作兵分六路，由庆成统领正在进行。

十月，德楞泰出京，继续主管搜捕工作。起义军余众仅有三百多人，但都是些身经百战的老战士。他们不仅熟悉作战环境和政府军的情况，而且武艺高强，十分难以对付。时而在陕西，时而在四川，忽聚忽散，飘忽不定。屡次被包围，屡次趁雾跳崖逃走。有些人身中数箭，仍然奋力作战。小股政府军对付不了，等到大队政府军到来，却已经逃脱。

嘉庆九年(1804年)二月，德楞泰在太平包围起义军，四面设立关卡，层层进逼。起义军屡次趁雾突围，都没有成功，便在夜里用绳子从悬崖绝壁缒下逃走。行到竹溪，被尾随而来的政府军打败。从此，白莲教起义平息下去，坚持斗争了九年之久，终于失败。

三、太平军三克武昌

洪秀全

1840年，鸦片战争爆发之后，清王朝遭遇前所未有的变局，各种社会矛盾涌现出来，使清朝廷应接不暇。在这种社会背景下，洪秀全在广东花县创立拜上帝会，鼓动广大群众起来反抗清王朝，最终发起了太平天国运动。

(一)太平军首克武昌

咸丰元年(1851年)一月，洪秀全在广西桂平起义，自称天王，宣布建立太平天国。九月，太平军攻占永安(今广西蒙山)，继而建立太平天国制度。咸丰二年(1852年)四月，太平军从永安突围，迅速进入湖南。九月，太平军进攻长沙失利，撤围向北挺进。

十一月，太平军攻占益阳，抢夺民船一千多艘，自称是天父所赐，乘船顺流东下，从湘阴往东进入洞庭湖。清军湖北提督博勒恭武驻守岳州，不战而逃。十二月三日，太平军进入岳州。岳州储存有大军械和火炮，还有五千艘船只，都被太平军夺取，太平军实力大增，军威大震。十二月七日，太平军携带大量马匹，从陆路到达蒲圻，清蒲圻知县战死。

太平军攻克岳州，直逼武汉，使清朝廷大为惊讶。十二月十七日，湖广总督徐广缙被革职留任，湖南巡抚张亮基、提督鲍起豹都降四级留任。清朝廷派琦善赶赴河南、湖北交界处，布置防御工事，以阻止太平军北上；派直隶提督陈金绶率领三千人，赶赴河南增援；派江西巡抚张芾赶赴九江，布置防务；从山东、浙江抽调四千人，增援安徽；同时拨付军费一百万两，专门用于征剿太平军。

武昌是湖北的省会，其西边濒临长江，东边依托洪山，城墙既高又厚，可谓易守难攻。但是，清驻守军队仅有三千多人，湖北巡抚常大淳、提督双福就把守军全部撤入城内。十二月二十一日，湖南总兵常禄、王锦绣率领一千多人，前来增援，也进入城内。为了防备太平军秘密挖掘地道攻城，常大淳等人以妨碍炮击太平军为由，下令焚毁城外的民房，大火连烧七日，这让民众忿恨不已。

十二月二十二日，太平军进抵武昌城外，没有遇到任何抵抗，就占领了洪山、小龟山、紫荆山等军事要点，随后分兵两路，包围了武昌城，在外围挖掘壕沟，以阻止清军援兵。同日，太平军的战船抵达鹦鹉洲。次日，李开芳、林凤祥和罗大纲等率领水军攻克汉阳。清军副将朱轮、参将长庆和知府董振铎战死。十二月二十九日，太平军占领汉口。为了进攻武昌，太平军在汉阳与武昌之间架设两座浮桥，用战船连接而成，上面铺设木板，供人马通行。

咸丰三年（1853 年）一月三日，太平军与清提督向荣部一万多人，在武昌南郊激战，双方死伤都很严重。向荣无法突破太平军的包围线，与城内清军取得联系。一月五日，杨秀清派石达开、李开芳、林凤祥、罗大纲等人率军先后用大炮、火箭、云梯攻打武昌城，清军则用火炮、唧水筒、滚木、垒石等抵御。太平军在文昌门外挖掘地道，炸毁城墙二十多丈，随即攻陷武昌。

太平军进城之后，杨秀清下令禁止滥杀，但仍杀死清巡抚、提督、总兵、按察使和布政使等官员数百人，士兵数千人。杨秀清派人把尸体全部投入江中，让其顺流而下，以威慑下游清军。九日，洪秀全到达武昌，进驻巡抚衙门。杨秀清驻布政使署，韦昌辉驻按察使署，石达开驻学政署。

太平军自制铁炮

太平军在武昌街设立圣库，收缴贵重物品，让民间缴纳，并开出收据。为了增加兵源，设立男馆和女馆，禁止夫妻生活，实行军事化管理。又设立病人馆，收治病人，无偿治病。民众踊跃参军，人数特别多。凡是新入伍的士兵，都把长衣截成短衣。于是，太平军组成十个军，依次为前一、前二、后一、后二、左一、左二、右一、右二、中一、中二。十二月二十五日，是天历二年的除夕，翌日就是洪秀全称帝一周年纪念日，太平军欢庆新年，爆竹声声，万人空巷，热闹非凡。太平军各级官吏纷纷向洪秀全进贡，从妇营挑选王妃，共得妙龄女子六十人，全部纳入洪秀全的内宫。

面对太平军即将东下的严峻形势，清廷紧急部署东部防务，命令两江总督陆廷瀛为钦差大臣，进驻江苏、安徽，布置防务，派军扼守长江沿线的险要关卡；命令徐广缙赶往武汉，中途不得停留；恢复向荣的提督职位，立即率部进攻太平军；命令两广总督叶名琛、广西巡抚劳崇光挖掉洪秀全、杨秀清的祖坟；命令在湖南办理丧事的礼部侍郎曾国藩帮助办理本省的团练。曾国藩抵达长沙，与巡抚张亮基筹划剿灭太平军的方略。

经过短期休整和扩编，太平军扩编到五十多万人，军事力量大为增强。但是，洪秀全、杨秀清急于夺取南京，仅在武昌停留二十八天，就挥师顺江东进，没有顾及防守武昌。因此，在太平军东进之后，清军重新占领武昌。

（二）太平军再克武昌

咸丰三年（1853 年）二月，太平军攻克安庆，安徽巡抚蒋文庆自杀。三月，太平军攻克南京，江宁将军祥厚、两江总督陆建瀛战死。洪秀全决定把南京改名为天京，确定为太平天国的首都。清政府调集各路军队，组建江南和江北两座大营，以夹击太平军。

为了保障天京的安全，夺取安徽、江西、湖北和湖南，太平军决定西征。五月十九日，洪秀全派丞相胡以晃、副丞相赖汉英等人，率领战船一千多艘、士兵两万多人，从天京出发，溯江而上，展开西征行动。六月二十四日，太平军抵达南昌城下，包围南昌。经过三个月的围攻，仍没有攻克南昌。九月二十四日，太平军撤离南昌，分兵两路：一路由曾天养率领，返回安庆，计划攻取皖北；另一路由石祥祯、韦俊率领，向西进入湖北。

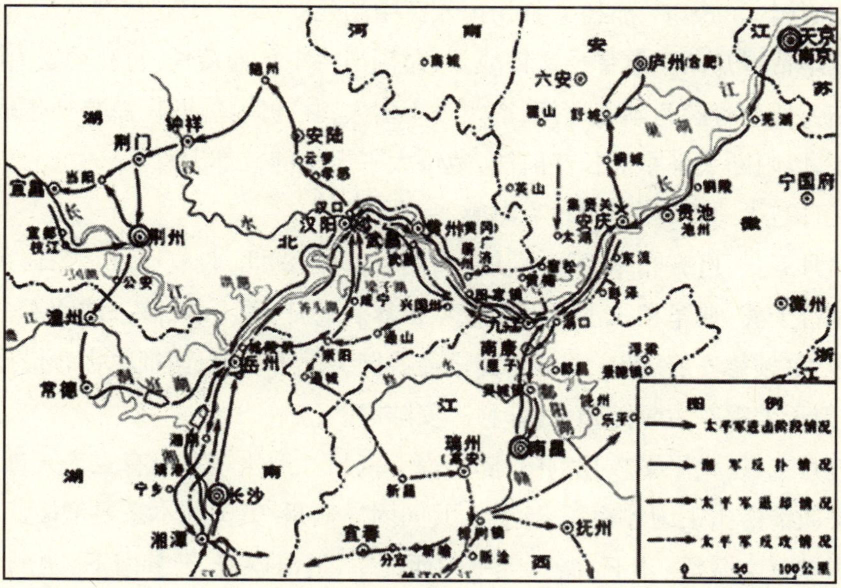

太平军西征图

十月一日，西征军进入湖北，到达广济（今湖北武穴）。二日，西征军进攻田家镇，与湖北江防军张汝瀛、劳光泰等交战。七日，西征军攻占巢县，先后将十六万石粮食运往天京。十五日，西征军击败湖北江防军，攻克田家镇和蕲州。十七日，西征军攻克黄州。二十日，攻克汉阳府。二十八日，清咸丰帝得知太平军进入湖北，急忙命令湖北提督台涌带领旗兵两千人，从荆州驰援武昌。二十九日，西征军逼近武昌，咸丰帝命令骆秉章、曾国藩率军增援。

十一月，西征军从汉阳、汉口撤退，进驻黄州府。十七日，太平军攻克大冶。这时西征军主力正在攻打庐州，所以在湖北境内基本上采取守势。

咸丰四年（1854年）一月二十九日，湖广总督吴文镕率领七千人，进驻黄州附近的堵城，派唐树义率领水军扼守上游，准备攻取黄州。西征军主力由庐州到达黄州，连同原有的守军，共有四万人。

二月十二日，韦俊率领西征军，攻打吴文镕，烧毁清军营寨十一座，杀死副将德亮等人，吴文镕被迫自杀。十六日，西征军攻占汉口、汉阳，派兵包围武昌。同时分兵两路，分别进攻湖南和湖北北部。石祥祯、林绍璋率领两万人，南下直指长沙；曾天养率领一万多人，进逼荆州、襄阳，留下攻打武昌的仅有一万多人。十八日，西征军占领通山。二十日，石祥祯从汉口、汉阳分兵攻取金口镇，缴获湖北按察使唐树义的炮船，唐树义负伤掉入江中溺死。

咸丰帝得知湖广总督吴文镕战死，命荆州将军台涌接任，暂驻德安府（今湖北安陆），任命青麟为湖北巡抚，率领一千多人，驻守武昌。两广总督征集战船进入长江，以阻断太平军的长江航线，威慑太平天国的首都天京。

三月三十一日，西征军攻克孝感。

四月五日，塔齐布率领湘军从岳州北上，进入湖北，收复通城。六日，太平天国丞相曾天养，典圣粮陈玉成率军攻克云梦。七日，曾天养、陈玉成率军击败湖北提督，占领德安府，湖广总督台涌逃往武胜关。十一日，西征军占领应山。十四日，曾天养率军占领随州，随即移军安陆府。

五月二日，太平军攻克荆门，随即南下荆州。荆州守军仅有二千人，荆州将军官文邀请游击王国才率领云南兵，共同固守荆州。王国才本来要增援武昌，路过荆州被官文截留。五日，曾天养率领西征军，退出德安、云梦南下。九日，西征军逼近荆州，官文派王国才领兵出击。双方大战于龙会桥，太平军撤退，清军分三路夹击。十二日，太平军再次攻占黄安。十八日，曾天养率军攻克宜昌府。二十七日，太平军放弃宜昌，接连攻克宜都、枝江，准备再次攻打荆州。

六月二日，西征军退出应城。三日，曾天养攻克松滋，数日后撤退，遭到清军王国才部攻击，随即南下湖南，准备与南路太平军会师。十二日，曾天养撤出湖北，抵达洞庭湖，与南路太平军会师。

西征军历时四个月，未能攻克武昌，东王杨秀清命令韦俊限期攻取。二十六日，韦俊、石凤魁、黄再兴、陈玉成等率领水路军，全力攻打武昌，陈玉成带领五百人，率先爬上城墙，清军顿时崩溃。太平军再次攻占武昌，留下两万人防守，其他转攻安陆。

在围攻武昌之时，太平军在武昌城外修筑了大量防御工事。等攻占武昌之后，又在花园一带构筑三座大营，挖掘壕沟三里多长，宽两丈。沟内侧立木城，填实以沙土，中开炮眼；沟外侧立木桩，交互连钉，桩外密布竹签，并环以荆棘。木城之内，又有砖城内壕，安放一百多门大炮。有了这些防御工事，武昌变成了一座铁城。

七月十日，因为武昌失守，咸丰帝下令把台涌革职，任命杨霈为湖北巡抚兼署湖广总督，命令塔齐布、曾国藩从岳州率领战船东下，与杨霈会合攻打武昌。十八日，清军攻陷麻城。十九日，清军攻陷沔阳。二十二日，西征军再次攻克安陆府。

九月四日，湘军水师抵达嘉鱼，西征军放弃嘉鱼，撤退到崇阳。蒲圻知县孙守信会同官文，乘胜直下金口，距离武昌六十里。五日，咸丰帝鉴于官文与杨霈意见不合，命令杨霈全权指挥清军，攻打武汉。十六日，湘军罗泽南进驻羊楼洞，曾国藩进驻嘉鱼。二十三日，胡林翼调任湖北按察使。二十四日，清军攻陷罗田、蕲水、广济。二十九日，太平天国燕王秦日纲奉命增援西征军。湘军罗泽南、李续宾等再次进攻咸宁，太平军向北撤退。

十月八日，塔齐布、罗泽南与曾国藩会师于金口，商定分兵三路，进攻武昌，先以水师控制江面，阻断武昌与汉阳之间的交通；塔齐布率领四千人，从纸坊进攻洪山，罗泽南率领三千人，从金口进攻武昌花园，副都统魁玉、已被革职的总兵杨昌泗率领荆州兵四千三百人，进攻汉阳。

十月十二日，清军发动总攻。曾国藩率军从金口出发，分兵三路：中路军由李孟群率领，其前队闯过盐关，直抵鹦鹉洲，出现于太平军水师之后，焚烧太平军战船两百多艘，乘胜攻至鲇鱼套口。太平军火药船着火，人船都被焚毁，损失惨重。东路军由罗泽南率领，会合荆州派来的李光荣部四千人，一起进攻花园。西路军由魁玉率领，进攻汉阳虾蟆矶，冲进土城，大破鹦鹉洲太平军营垒。在清军的猛攻下，太平军节节败退。陈玉成向秦日纲报告说："水路有曾妖头炮舰下来，十分厉害；陆路有塔齐布等人前来，十分作怪，小卑职所统领的后十三军士兵以及水营的前四军兄弟，苦战不能取胜，只得弃船撤退，保守蕲春、黄州。听说长江对岸武昌城内韦俊大人也守不住，大约也会退守兴国、大冶一带。"这说明当时战况异常激烈。

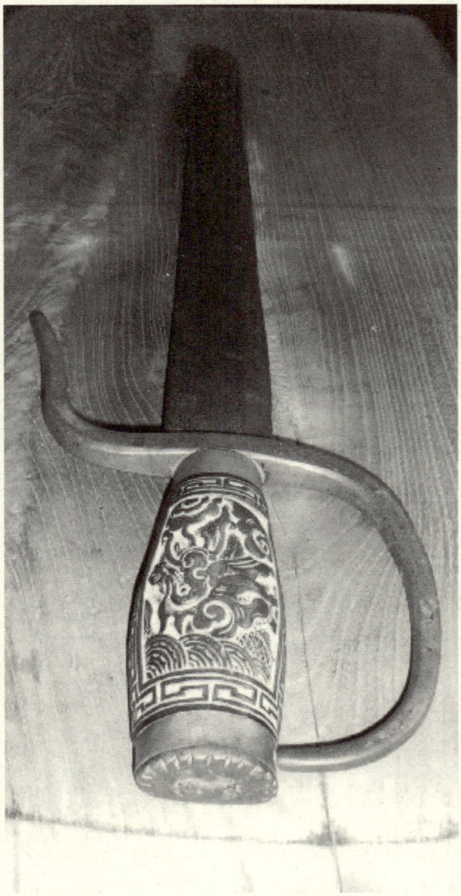

太平军西征留下的娃娃龙刀

十月十三日，湘军水师攻下武昌塘角，焚毁太平军战船三百多艘，前锋挺进到青山。罗泽南等部攻破鲇鱼套附近的六座太平军营垒。在汉阳，魁玉、杨昌泗部毁掉太平军晴川阁木栅及龟山木垒。因此，太平军战船在武汉江面消失，武汉城外没有太平军的营垒，武汉三镇完全暴露在湘军的直接攻击之下。韦俊、石祥祯、韦以德等人已经撤离武汉，返回天京，武汉太平军提督石凤魁、副丞相黄再兴等人得知消息，匆忙决定放弃武汉。

十月十四日，塔齐布、李孟群、杨载富、罗泽南等率军攻陷武昌，荆州军副都统魁玉、总兵杨昌泗攻陷汉阳。石凤魁、黄再兴分别自武昌、汉阳向东撤退，太平军死伤甚众。十五日，太平军搭乘留在汉水的一千多条船只，从蔡店顺流而下，准备冲进长江，在杨林沟、罗家墩与杨载富、杨昌泗大战，船只全部被毁，只得改由陆路，退往蕲水、黄州。

武昌、汉阳两镇的再度失守，标志着太平军西征的失败。湘军攻陷武昌之后，曾国藩声名大噪。清朝廷任命曾国藩为兵部侍郎，负责办理军务。为了准备进军天京，曾国藩决定挥师东进，分兵三路：新任湖南提督塔齐布和知府罗泽南率领南路军，沿长江南岸进攻大冶、兴国（今湖北阳新）；杨霈统领陕西提督桂明所部绿营兵，进攻蕲州、广济；参将杨载福、同知彭玉麟率领水军，沿长江东进，曾国藩和李孟群率军尾随其后。这三路军队有一万多人，直接进攻田家镇。

十二月三日，秦日纲、韦俊等下令焚毁田家镇营垒，率军向东撤退。太平军苦心经营的田家镇、半壁山江防被湘军彻底攻破。十六日，陈玉成从广济撤退。至此，西征军撤出湖北，湘军控制了湖北。

（三）太平军三克武昌

咸丰五年（1855年）一月，湘军水师进逼九江。石达开与丞相罗大纲率师驰援，分别驻扎在湖口、梅家洲，抵御湘军的进攻。曾国藩率军进攻九江未遂，转攻湖口和梅家洲。二十九日，太平军把湘军水师的快船封锁在鄱阳湖内，乘机围攻湘军停泊在长江中的大船，一举获胜，迫使湘军撤退。二月十一日，太平军进至九江，又焚毁湘军的大量船只，从而转入反攻态势。十六日，燕王秦日纲和检点陈玉成率军进入湖北，在广济击溃湖广总督杨霈部一万多人，继而攻占蕲州、黄州。二十三日，太平军占领汉阳、汉口。

东湖风景区内纪念太平军九名女烈士的九女墩

与此同时，韦俊率军从田家镇渡江，相继攻占兴国、通山、崇阳、咸宁、蒲圻。四月三日，韦俊和秦日纲部配合，再度攻占武昌，湖北巡抚陶恩培被迫自杀。随后，陈玉成率军攻占安陆、云梦等地。五月，清朝廷为了挽回败局，派荆州将军官文代替杨霈为湖广总督，胡林翼署理湖北巡抚，重新调整军事部署。六月十日，清军反攻武昌，被太平军击退。于是，湘军与太平军相持于九江和武昌之间。

十月，湘军罗泽南部进入湖北，攻陷通城、崇阳，武昌形势骤然紧张。石达开率领二万多人，从安庆驰援武昌。十一月，太平军大破罗泽南部，又夺取崇阳、通城，继而利用湘军全力反攻武汉之机，转攻江西。十二月，太平军攻占新昌、上高、瑞州、新喻、峡江、樟树等地，直接威胁南昌。曾国藩被迫从九江撤围，全力防守南昌。

咸丰六年（1856年）三月，石达开率军攻克樟树，进围南昌。曾国藩急调罗泽南部回援江西，罗泽南正在围攻武汉，不肯撤兵。四月，正当南昌危殆之际，石达开奉命率军撤出江西，回救天京。五月，石达开和秦日纲会师天京，投入天京解围战，大破清军江南大营，解除清军对天京的包围，太平天国迎来了军事全盛时期。但在随之而来的天京事变中间，东王杨秀清、北王韦昌辉、秦日纲等人先后被杀，石达开逃离天京，退回安庆。

十一月，在湘军的围攻下，太平军在武昌、汉阳粮尽援绝，再度被迫撤退。此后，武汉三镇被湘军控制。

曾国藩

咸丰十年（1860年）冬，洪秀全派英王陈玉成率领北路军，从皖北进攻鄂东，李秀成率领南路军，从皖南进攻江西，然后在武昌会师，占领湖北。咸丰十一年

(1861年)二月,北路军攻克黄州,本来可以乘虚攻取武昌,但经英国海军提督何伯(J.Hope)的干涉,转而进攻麻城、德安一带,后又把精兵调去援救安庆。四月,南路军进入湖北,攻取大冶、鄂城、通城、通山、兴国、咸宁、嘉鱼、蒲圻等地,但未继续进攻武昌,也撤往江西。七月,湘军攻陷安庆,开始向天京进攻。

咸丰十四年(1864年)六月,洪秀全在天京病逝。七月,湘军攻陷天京。轰轰烈烈的太平天国运动,经历了十四年艰苦卓绝的斗争,沉重地打击了清王朝的腐朽统治,但由于太平天国领导集团的内讧,加上中外各种势力的联合镇压,最终没能摆脱失败的厄运。

四、辛亥武昌首义

清朝末期,因为清朝统治的腐败,加上西方列强的侵略,各种社会矛盾日益激化,人民反抗斗争接连不断。先是太平天国运动,接着是义和团运动,再接着是革命党人的武装起义。孙中山领导革命党人,在南方多次发动武装起义,虽然都以失败告终,但促动了民主革命的到来。1911年爆发武昌起义,革命风潮迅速遍及全国,随着清王朝的覆灭,中国迈入了新的时代。

(一)起义的准备

武昌起义的导火索是保路运动,又称铁路风潮。1901年,英法德美四国银行团与清朝廷签订借款修路合同。1911年5月9日,在邮传大臣盛宣怀的策动下,清朝廷宣布“铁路国有”,把已经交给中国商人经营的川汉、粤汉铁路收归国有,转手卖给外国人,却拒绝归还中国商人缴纳的修路股金。修路股金的股东不仅有绅士、商人、地主,还有农民,且农民的股份占有很大比例。这种蛮横而愚蠢的做法,立即招致湘、鄂、粤、川等省的反对,形成强劲的保路风潮。这股风潮最先起于湖北,而以四川最为激烈。

1911年6月17日,四川成立保路同志会,各地民众纷纷加入该会,外地称协会或分会,会员很快达到十万人。8月,保路同志会改名为保路同志军。9月7日,新任四川总督赵尔丰诱捕谘议局正、副议长蒲殿俊、罗纶以及保路同志军和川路股东会的负责人。消息传开，数万群众到省府门前请愿，要求放人。赵尔丰下令军警向群众开枪，当场打死三十多人，造成骇人听闻的“成都血案”。

9月8日，保路同志军进围成都，成都附近民众群起响应，纷纷成立保路同志军。数日之内，保路同志军发展到二十多万人。保路同志军围攻成都十几天，没能攻克，随后分散到各地方州县。9月9日，湖广总督瑞澂奉命调派一部分新军，前往四川镇压保路运动，这使武汉的防御力量有所减弱。

9月14日，在同盟会的推动下，文学社、共进会联合起来，决定发动反清起义。9月24日，湖北文学社、共进会成立统一起义领导机构，由蒋翊武担任起义军事总指挥，孙武担任参谋长，约定八月十五日起义，并在武昌小朝街八十五号设立总指挥部。正在加紧准备起义之际，南湖炮队士兵与军官发生冲突而暴动，清政府开始加强警戒。因此，新军起义的日期被延迟到八月二十日（即10月11日）。

蒋翊武

孙　武

10月9日，孙武在俄国租借宝善里机关部制造炸弹，因安装不慎被炸伤，被紧急送往同仁医院救治。俄国巡捕闻讯赶到，发现室内烟雾弥漫，碎片满地，便知为炸弹爆炸所致，经过进一步的搜查，又发现屋内存有炸弹、旗帜、印信、文告等物品。俄国巡捕告知捕房，再次派人仔细查看，得知革命党人正在准备发动起义。于是，清廷派出大批警察骑马在武汉三镇大肆搜捕革命党人，顿时一片恐怖。

邢伯谦得知孙武装弹爆炸，赶紧告知蒋翊武。刘复基对蒋翊武说："事已至此，应该立即发动起义，不能犹豫。否则，清廷会趁机消灭革命党人。况且新军中十分之八九都是革命同志，武汉三镇可以趁此机会一举而得。取得武汉之后，其他各省都会传檄而定。"蒋翊武问怎么办？刘复基回答说："革命就要流血，我们作为先导，有什么不可以的呢？还拖延干什么？"蒋翊武指着弹箱，又问炸弹造好没有？地图制好没有？有没有具体方案？刘复基回答说："制造好的炸弹已经分发给各营，剩下的还没有装上底管。"随即拿出地图和行动草案给蒋翊武看，蒋翊武看后连连称善，于是以总指挥的名义拟出一道命令，指派专人分送到各标，约定于当晚（十八日，即 10 月 9 日）发动起义。

蒋翊武下达命令之后，就在机关部楼上守候。彭楚藩取出腰里的钞票，分给各位同志，每人七元。楼下放留声机，以免他人发现动静。晚上九点多钟，牟鸿勋匆匆赶来，说外面风声很紧，让把门窗全部关上。大约十点，有人敲门，声音紧急。刘复基知道大事不妙，在门被撞开时扔出一个炸弹，反把自己的手炸伤。蒋翊武、彭楚藩趁乱走到屋外。院子已经被警察包围，蒋翊武穿上宪兵的制服，假称是来抓捕革命党人，侥幸逃脱。等到清军宪兵赶来，蒋翊武已经走远。刘复基、牟鸿勋、龚霞和张廷辅的岳父、妻子、女仆全部被捕。有个名叫陈洪浩的革命党人因其父亲是巡警道科长被释放。

杨洪胜经过乔装打扮，负责分发炸弹，在往工程第八营送炸弹时，初次由于守卫人员是革命党，得以顺利送达。第二次前往时，正赶上换班，守卫人员不是革命党，见到杨洪胜赶来，就加以盘查。杨洪胜心里害怕，转身逃跑。卫兵追赶，杨洪胜投掷炸弹，引来警察。杨洪胜逃回，还没有来得及藏好炸弹，警察尾随赶来，把他逮捕送往督署。瑞澂得知之后，派武昌知府双寿、汉阳知府陈树屏会同督练处铁忠一同审讯杨洪胜。

王宪章运炸弹回分营，分发给张廷辅、徐达明，先行准备，忽然发现新军第八镇统制长张彪散发油印传单，称"有大批革命党人藏匿武汉，凡是我军人员应该知道亲上死长、忠君爱国，切勿听信匪言，受到他们的蛊惑，轻易冒犯军法"等等，就知道出事了，随即离开军营。他得知小朝街机关已经警察搜查，就藏到胭脂山，等听到炮声之后再出来，好久听不见，又越过小东门，躲到四十二标交通处，再做下一步的打算。

各标营接到命令之后，都在等着夜里十二点的炮声，到时发动起义。被捕的革命党人也在等待炮声，希望能够借此得救。谁知，邓玉麟接到传递给炮队的命令之后，害怕被捕，不敢过中和门，在其附近徘徊不前，一直到城门关闭，命令也没有送到，十八日的起义计划流产。就当时的情形而言，虽然很紧张，但是城门口的哨兵对普通市民并不盘查，而邓玉麟如此胆小，以致延误时机。

铁忠、双寿和陈树屏三人奉命会审革命党，同到督署请求指示，瑞澂要求严加惩处。双寿、陈树屏见牵涉到大批军人，害怕办理过急，会引发兵变，对自己也没好处，就三次请求瑞澂，烧掉名册，从宽办理，瑞澂坚持不可。当时，已经四鼓时分，在审问完彭楚藩、刘复基、杨洪胜之后，将他们全部斩首示众。铁忠又审问龚霞初和刘同，这两人见室内陈列各种刑具，就叛变革命党，一一说出实情。

蒋翊武逃走之后，赶往蔡大辅的住处。蔡大辅与王守愚、陈磊等人因没有听到炮声，正焦急等待。见蒋翊武来到，忙问事情怎么样？蒋翊武把机关被破坏的情形告诉了他们。王守愚建议再次通知各处，定在明晚再次举事。蒋翊武则要求探听一下具体情形，然后再做决定。蔡大辅的妻兄外出探听消息，得知外面风声异常紧急，瑞澂派人全城搜捕，凡是剪掉辫子的一律缉拿。蒋翊武把文件全部焚毁，打算与众人分头出逃。蔡大辅、王守愚早就剪掉了辫子，因而无法出去，就藏匿在城内。蒋翊武从武胜门雇了一条小船，渡过汉水逃走。

张廷辅在军营值班，见没有发生起义，十分不安，并不知道机关被破坏和刘复基等人被捕的消息。早操的时候，瑞澂派宪兵直接到三十标操场逮捕张廷辅，送入督署。同时，派宪兵和警察逮捕熊楚斌等二十多人，仍由铁忠等人审问。瑞澂上报朝廷说，武昌革命党企图叛乱，逮捕了革命党头目三十二人，处死了三人，一切已经归于平静。清朝廷下令嘉奖，瑞澂沾沾自喜，不知此时的武汉已经成为一个火药桶，一触即发。

瑞澂处死和逮捕革命党人之后，下令按照名册清查，实行戒严，各标营封锁营门，不准士兵出入，不准交头接耳，派长官轮流巡查，集合各营队伍，宣布镇压经过，如有附和革命党者，一律格杀勿论。这份名册中涉及的革命党大多是军人，他们得知已有三人被害，且名册被搜去，顿时惊恐不已，就决意孤注一掷。

武昌起义门

打响第一枪

(二)新军发动起义

10月10日晚上九点,第八镇工程第八营后队熊秉坤、金兆龙等准备行动,率先发动起义。该队二排排长陶启胜见事态紧急,走到金兆龙的面前,大声呵斥说:“你想造反吗?”金兆龙说:“造反就造反!”陶启胜动手捆绑金兆龙,金兆龙大喊身边的同志动手,乃群起殴打陶启胜,陶启胜当即被打死。全队蜂拥下楼,排长张文涛拿着手枪上前阻止,当场被击毙。方兴听到动静,手扔炸弹,全营都聚集到操场上。当时,管带王永泉被调往北洋观操,督队官阮鸿发暂时代理,闻讯赶来镇压,被乱枪打死。熊秉坤等整理队伍,杀往楚望台。

熊秉坤

驻守在塘角的混成协炮队十一营代表晏柏青、符玉龙等人与工程十一营同时发动起义,放火焚烧营舍,一时火光冲天。辎重十一营也应声而起,由混成协炮工辎总代表指挥工辎两营,掩护炮队十一营进入武胜门,占领了凤凰山。

驻守通湘门的三十标代表张鹏程望见塘角起火,又听到从工程营传来的枪声,立即率队赶往楚望台,与原驻守楚望台的工程第八营代表冯荣联络,将楚望台占领,打开军械库分发子弹。

二十九标排长蔡济民听到工程营传来枪声,马上出来整理队伍,然后由保安门攻打督署。

工程营发难处

三十标排长吴醒汉带队起义，管带郝翔冥见大势已去，率领一百多个旗兵，从西营门逃走。吴醒汉带领部队，赶往楚望台补充弹药，占领了蛇山。

起义军占领楚望台军械库

工程营旁边的测绘学堂学生听说发生起义，纷纷四处奔逃，李翊东大声喊道："今天夜里，革命党发动起义。我就是革命党，我们整队前往楚望台领取军械。如有逃跑者,军法处置。”于是整队赶往楚望台,领取军械之后,驻守通湘门和楚望台。

工程营三十标及测绘学堂各部队抵达楚望台之后,派三十标钟仲衡、卢雅清率队从中和门出来,迎接炮队。刚到中和门外一里远的长虹桥,遇到蔡汉卿率领炮队前来,钟仲衡引领入城,进驻楚望台,分队占领蛇山、黄鹤楼等地。

马队第八标徐国钧、黄冠华得知炮队起义,当即率队进入武昌城,分兵在各城门巡逻,负责传递战况。

三十二标代表单道康、孙昌富听说起义后,也率领留守部队从保安门进入武昌,协同二十九标攻打督署。

黎元洪听说军人发动起义,下令第四十一标绕墙固守,若有革命党人前来,立即开枪痛击。当时,有个穿长衣的革命党人,暗中传递消息,被黎元洪撞见,当即用刀杀死了。但没过多久,黎元洪又下命令:等革命党前来,不要开枪,而要好言相劝。接着又下令称:等革命党前来,可以退入营房。显而易见,黎元洪已经方寸大乱,准备暗中逃跑。

黎元洪

第三营代表阙龙、胡培才、王世龙等人聚集在操场上,阙龙大喊站队,右队队官胡廷佐同情革命党,听到喊声就出来吹笛子,召集士兵集合。胡廷佐从士兵手中拿出一支枪，装上子弹，朝管带谢国超射击，没有射中，谢国超吓得逃跑。与此同时，第四十一标第二营廖湘云、姚均也挺身而起，队官李铭鼎赞同，就出来集合队伍。二营管带趁机逃走。廖湘云、姚均、胡廷佐、李铭鼎一起率队赶往督署，协助提前到达的革命党人进攻。三十一标代表江光国见四十一标起义，也集合留守部队，守卫宾阳门和忠孝门。

瑞澂得知工程兵起义，召来张彪商议，并用电话向各标营调兵，没有一个服从命令，只得命令辎重第八营萧安国派兵分别守卫各个街口，抵御革命党人。张鹏程见楚望台、通湘门都有测绘学生把守，就与马云卿率队前往督署，协助攻打。途中遇到萧安国队，双方交火，相持不下，马云卿受伤。张鹏程张贴安民告示，放火焚烧王府口，火势越来越旺，暂时遏制住敌人的进攻。这时候，阙龙率队已经攻入东辕门左侧，虽然受伤流血到脚面，仍然不肯撤退。王世龙见萧安国用机关枪扫射，就用火油焚烧督署前的钟鼓亭。炮队占领阵地，对着火光发射，瑞澂、张彪且战且退，由文昌门逃到停留在江中的军舰上。革命党人攻下督署，王世龙不幸牺牲。革命党人转而攻下藩署，藩台连甲得知大势已去，就在后墙上挖洞逃走。在督署关押的革命党张廷辅等人全部得以出狱。

（三）起义的进展

10月11日上午，革命军占领整个武昌，各方负责人齐集谘议局议事，谘议局议长汤化龙前来参加。当时，文学社、共进会的领导人刘公在汉口生病，孙武受伤，蒋翊武不在武昌，难以确定都督一职，就决定由二十一混成协统领黎元洪为都督，设立参谋部、军令部。湖北军政府就此宣告成立。其实，黎元洪本不是革命党人，是革命党强迫他担任都督一职，所以刚开始，黎元洪不肯就任，军事事务仍由革命党主持。

下午，第八镇辎重营管带萧安国率领残部，随从瑞澂、张彪逃往汉阳，驻守在西门外的小校场，情形十分狼狈。汉阳四十二标一营管带命人送帐篷到该部，王谠承怂恿班长派文学社同志前往。袁金声奉命送公文到汉口，王谠承嘱咐他绕道武昌，察看一下那里的情形，回来城门已经关闭，城外有大都督黎元洪的布告，守城士兵臂上缠有白布。

武昌起义后成立湖北军政府

胡玉珍听到袁金声的报告，当即转告本营的同志，约定于当晚九时发动起义，各人撕裂白帐作为符号。等计划商定之后，胡玉珍乔装打扮，离开军营，又到汉口与王宪章商定：秘密通知汉口四十二标二营代表赵承武准备在晚上九点由一营派人到居仁门准备发枪。胡玉珍回营准备。

革命军攻占武昌后，在汉阳门站岗巡视

鄂军都督府

辛亥革命武昌首义纪念碑

晚上，王宪章从汉口赶到，胡玉珍发枪，士兵纷纷响应。排长瞿焕明不同意起义，袁金声把他枪杀死。邱文斌等人占领兵工厂，搬运大炮，占领了龟山。梁炎昌等人占领炼铁厂和黑山。胡玉珍派李金山率人渡过汉水，前往汉口居仁门发枪。四十二标二营代表赵承武听到枪声，率领革命党响应，统带张永汉逃跑。赵承武奉命带人前往汉阳西门外小校场，联合第一营革命党人，击溃萧安国的残部。到这时候，天色已经大亮，武汉三镇全部光复。

武昌起义胜利之后，在短短两个月之内，革命浪潮从湖北席卷全国，湖南、广东等十五个省纷纷宣布独立，脱离清朝廷的统治。1912 年 1 月 1 日，中华民国临时政府在南京成立，孙中山被推举为临时大总统。1912 年 2 月 12 日，清末帝溥仪退位，清王朝宣告灭亡。

第八章　民　国

中华民国创建伊始，各种战争就持续不断，国民党人对北洋政府、国民政府对北洋军阀、国共两党之间和中日两国之间相继发生战争，给中华民族造成难以估量的损失。这些战争的背后都少不了外国势力的阴影。日本、俄国和西方资本主义势力都在中国寻找自己的代理人，他们甚至出兵侵略或蚕食中国。经过数十年战争的洗礼，中国的军事技术大大提高，民众的民族意识日益觉醒，虽然国际形势异常严峻，但中国人仍然取得最后的胜利，赶跑了外国侵略势力，建立起一个崭新的中国。

一、北伐战争

北伐战争，又称第一次国内革命战争，是广州国民政府及其领导下的国民革命军讨伐北洋政府及其领导下的各路军阀，以使中华民国实现统一的战争。1926年7月9日，蒋介石就任国民革命军总司令，誓师北伐。北伐军从广州出发，一路北上，势如破竹，基本上消灭了北洋军阀。1928年12月29日，盘踞东三省的张学良宣布归顺中华民国，将北洋政府的五色旗改为国民政府的青天白日满地红旗，并将保安委员会改为东北政务委员会，史称"东北易帜"。北伐战争至此结束，中华民国在形式上完成了统一。仅从军事上看，这次战争有五个战场，分别为两湖战场、江西战场、福建战场、浙皖苏战场和河南战场，其中主战场是两湖战场。因此，湖北是北伐战争的重要区域，在这里发生了三次著名战役：汀泗桥战役、贺胜桥战役和武昌战役。

（一）汀泗桥战役

1926年8月22日，国民革命军第四军第十师进入湖北境内，攻陷通城。其前锋追击敌人进入大沙坪，敌军退往汀泗桥。第七军也尾追敌人至大沙坪，与第四军会师。至此，国民革命军的主力进入湖北境内。

23日，第四军在通城获得吴佩孚的密电，得知吴佩孚正率军南下增援，估计从通城退往羊楼司的敌军将会沿着铁路向北退却，遂决定向中伙铺急进占领铁路，以阻断敌人的退路，并趁吴佩孚的援军没有到来之前，攻取汀泗桥。

汀泗桥

24日，独立团从通城出发，抵达崇阳。

25日，独立团占领中伙铺车站，截断了羊楼司和蒲圻方面敌人的退路。下午，第四军全部抵达该地区。晚上，第四军司令部发出次日进攻汀泗桥的命令：第十二师三十五团沿铁路两侧向汀泗桥西面和西北方向前进，与第十师一部从左翼围攻；第十二师三十六团和第十师一部从右翼围攻；独立团为预备队。

当日，吴佩孚率刘玉春的部队，赶到汉口。他是在得知平江、岳阳失守，汀泗桥紧急后，从河北省长辛店南下增援的。

与此同时，第七军、第八军集中在蒲圻附近，以策应第四军攻打汀泗桥。第六军在通城待命，准备伺机增援。第一军第二师集结于岳阳、城陵矶，以防止洞庭湖方面和江西方面的敌军。第一军主力抵达长沙。右翼军第二、第三军仍然在湖南东部，以防御江西的敌军。左翼军第九部推进到津市、丰县。第十军先锋队到达桃源。

26日，吴佩孚率领卫队独立第三混成旅嫡系部队乘火车赶赴前线督战，在贺胜桥设立司令部。企图以亲自督战来挽回颓势，固守汀泗桥，等待北方大部援军来到后，再全力反攻。

汀泗桥为湖北南部的第一门户天险，它西南北三面环水，东面又有高山重叠。东西横贯河流，河水很深。南北有粤汉铁路桥可以通过，桥上架设重重铁丝网。桥北起伏的山陵上处处设防，桥南地势比较平坦，只有猪姆冈小高地，是由湖南进入湖北的要冲。吴佩孚派湖北暂编第一师师长宋大霈指挥四旅，在陆地上死守汀泗桥，并命令京汉线上的吴俊卿和高汝桐两师紧急南下增援。

北伐军得知吴佩孚援军将至，认为如果不尽快攻克汀泗桥，等到敌人援军一到，进攻会更加困难。岳阳方面第八军的情况又没有得到消息。情况紧急十分，北伐军众将领非常焦急。有人建议联络友军后再共同行动。叶挺认为，虽然第四军尚未集合，但应该以快打慢，速战速决。众将领无法决定，正在犹豫时，第三十六团团长黄琪翔率军赶到，在共同研究了敌情和地形之后，决定迅速发动进攻，争取在敌军援军到来之前，各个击破汀泗桥的守军，重点攻打汀泗桥东面最高峰的敌人阵地，其他侧边低山的敌人阵地就可迎刃而解。于是，众将领商定：第十二师为左翼队，叶挺独立团进攻铁路正面，第三十五团进攻铁路左侧，第三十六团攻打最高峰，务必在拂晓前拿下；第十师为右翼队，第二十九团进攻玛瑙岭，第二十八团从右翼迂回朱家铺，绕过铁路，截断敌人退路，第三

叶 挺

十团为总预备队。具体部署商定之后，决定27日拂晓前发动总攻。

第三十六团整日行军，官兵十分疲劳饥渴。正巧，该团辎重队副队长黄和春率领全团行李、伙食担迅速赶到，便赶快做饭。吃完饭后，因任务紧急，第三十六团立即前进，派出善于游泳的几个士兵前往侦察。侦察兵前往汀泗桥东边较远的地方，秘密察看汀泗桥的河水，看看哪里可以徒步渡过。探测好多地方，水都很深，深过人的头顶，无法徒步渡过。最后，得到一个农民的协助，发现了一处较浅的河段，河水仅到人的腰间，可以轻易渡过。第三十六团侦察队队长梁秉枢遂率领六十多个士兵，冒着敌人的枪林弹雨，迅速渡河。梁秉枢身体受伤，有一个排长和一些士兵被水冲走，不幸牺牲。当时是黑夜，伸手不见五指。第三十六团第三营营长欧震和第一营营长李少霞率队陆续渡河，遭遇少数敌人，没有开枪，只用刺刀拼杀，并衔枚徒步快跑。

敌军的主力集中在最高峰，山坡上的敌人很少。北伐军趁天黑，摸索着前进，悄悄接近敌人，没有经过激烈战斗，就轻易夺取四个山峰。当时夜深人静，第三十六团前进的时候很少发出枪声，北伐军觉得自己的行动没有被敌军发现。谁知，等到接近最高峰阵地时，忽然枪声大作，两军白刃相接，展开肉搏。山顶上杀声四起，敌人顿时乱作一团，四散溃逃。拂晓前，第三十六团成功占领最高峰敌人阵地，随即以猛烈火力向汀泗桥方向的敌人阵地扫射。处于低地的敌人阵地完全暴露在北伐军的视野之内，敌军斗志丧失大半，军心开始动摇。

与此同时，第三十五团和独立团沿铁路向两侧的敌人发动猛攻，引来了大批敌人。双方激战了一整夜。敌人把炮火全部集中到铁路方面，致使两团伤亡惨重。夜里12点，第十师第二十九团向玛瑙岭发动进攻，经过数小时的激战，先后攻陷敌军数处高地，敌军全线崩溃。第二十八团从右翼迂回包围敌人，途中在朱家铺附近与敌人遭遇，第一、三、四营与敌军展开激战，战斗十分激烈，最终仍将敌人击溃。

27日拂晓，北伐军发动总攻。此时，北伐军已经夺取很多敌军高地和村庄。叶挺独立团士兵或游水过河，或直接冲过铁桥，突破敌人正面坚固阵地，敌人全线崩溃，汀泗桥遂被攻克。第三十五团、第二十九团、第三十团相继过河，一起将敌军残部重重包围，迫使其缴械投降。

叶挺独立团从古塘角尾追败退的敌军，在向咸宁追击的途中，接到张发奎的命令，要求独立团追击不得超过十五里。所谓“将在外，君命有所不受”。叶挺认为机不可失，失不再来，果断决定继续北上追击。27 日上午 11 点时，叶挺独立团攻克咸宁城，敌人向贺胜桥逃去。第四军副军长陈可钰得知后，说叶挺“好胜鲁莽，过于急进”。等到陈可钰沿粤汉铁路前往咸宁时，途中看到路两旁一片汪洋，绵延三十多里，只有一条铁路可以通行。如果狭路相逢，就很难前进，展开兵力作战也困难。陈可钰见此，不由得赞叹叶挺“具有军事天才，能见机进取”。

汀泗桥一战，击毙敌军约一千多人，俘虏敌军军官一百多人、士兵两千多人，缴获大炮六门、长短枪三千多支、马十余匹；北伐军伤亡官兵 390 人。经此一役，北伐军士气更高，吴佩孚精锐尽失，两湖战局大为改观。

汀泗桥北伐纪念碑

（二）贺胜桥战役

8 月 28 日，吴佩孚率领增援部队，从武昌赶到贺胜桥督战。贺胜桥的兵力有：吴佩孚率领的第十三混成旅，陈嘉谟第二十五师改编的一个团，刘玉春第八师的第十五旅及补充团、军官团。此外，还有从汀泗桥逃回的残部。吴佩孚命令陈嘉谟在桥头率领数万人抗拒北伐军。

贺胜桥地势险要，山岗丘陵高低起伏，茶树丛生。桥东有梁子湖，桥西有黄塘湖，两湖之间地域狭小，其间又河流交错，低洼地区被水淹没，成为一片汪洋。吴佩孚还在贺胜桥以南十多里的地方修筑有坚固的纵深防御工事。粤汉铁路纵贯南北，为鄂南第二门户要冲。

蒋介石、白崇禧、李宗仁、唐生智、陈可钰、张发奎、陈铭枢、夏威和胡宗铎等北伐军将领在咸宁开会，讨论攻贺胜桥的具体作战计划，决定由李宗仁指挥进攻贺胜桥，第四军和第七军担任主攻。第四军沿铁路前进，从贺胜桥正面进攻，直逼武昌。第七军攻打贺胜桥以东的敌人，并派一部在金牛方面警戒，准备攻打鄂城。第一军第二师和第八军第八团为总预备队，沿铁路线推进到咸宁附近。第六军一部对大冶、兴国方向警戒，其主力在第七军之后，负责掩护其右侧背的安全。当晚，第七军越过汀泗桥向咸宁前进，会同第四军开始行动。

29日晚上，第四军三十五团进到大路廖、吴家湾时，遭到敌军的顽强抵抗。第七军第八旅在袁家铺同敌军发生激战。叶挺独立团和第十二师作为攻击队抵达黄石桥。

贺胜桥之战是吴佩孚与北伐军的决战，面对北伐军的凌厉攻势，吴佩孚竭尽全力固守，他让秘书张子武起草一条命令，目的在于鼓舞士气，命令的大意是：赤军进犯，贺胜桥右靠长江，左傍梁子湖，防务坚强，在此坚守下去，即可歼灭赤军。由此可见，吴佩孚的决心和对贺胜桥战役的重视。

30日拂晓，北伐军发动总攻。进攻号声响起，北伐军全线出击，发动冲锋。当时，天色朦胧，敌人在丛林中用机枪扫射，形成了一道严密的火网，根本看不到敌人的影子。北伐军冒着敌军的炮火，直冲敌阵，双方展开肉搏战。有的连排长们全部伤亡，而士兵在政治指导员率领下，仍然继续前进，无一人后退；有的连伤亡惨重，仅剩十多个人，仍然斗志不减，大喊着冲入敌阵；有的连弹药用尽，士兵就冲入敌阵，去夺敌人的枪弹，来补充自己，以打击敌人。在阵地肉搏战中，北伐军把“红蓝白”三色识别带系于项上胸前，背后有竹笠雨帽。因此，很容易分辨敌我，相互联系也非常容易。

叶挺独立团突破敌人一线阵地，攻占印斗山、袁家湾附近地区。吴佩孚乘火车率领卫队团护卫，往来督战。卫队团每人驳壳手枪一支和大刀一把，见到后退者，立即处死。前线敌兵进退皆死，因而拼命反抗。独立团作战异常凶猛，不畏牺牲，前仆后继，勇猛冲杀。正面敌人虽然竭力抗拒，仍不免节节败退。

忽然，北伐军左侧翼出现一千多人的敌军，该处湖沼较多，运动不易。第三十五团便利用水网地带有利地形，全力阻击优势之敌，将其击退。

叶挺独立团杀到黄家窑附近，遭到大批敌军援兵的反扑。独立团反复冲杀，战斗十分激烈。第三十六团第二营和第三营沿铁路两侧进军，协同独立团全力杀入敌阵。当地地形复杂，茶树遍野，双方短兵相接，虽然杀敌很多，但我军伤亡也不小。同时，第十师在独立团右翼进军，攻击杨林塘敌人。杨林塘一带树林荫蔽，绵延十多里，联络十分困难，但第十师仍奋不顾身，冲入敌阵，并向敌军侧翼移动攻击。攻击部队前进迅速，伙食部队赶不上，便由各级政治工作人员发动当地农民煮饭煮粥送上前线。见到百姓的热心支持，北伐军士气更加振奋。

上午，北伐军基本上占领敌军二线阵地，敌军纷纷败退，被吴佩孚督战队射杀及跳水逃跑溺死的人数以千计。躲藏起来的敌军士兵全部缴械投降。在贺胜桥北端，吴佩孚所乘火车被北伐军炮火击中，一节车厢受伤，但仍能开动逃跑。北伐军士兵冲到离火车约两三百米时，从烟雾中看见车上有一面“吴”字大旗，又见贺胜桥北面的树上挂着一些好像灯笼的东西。走近一看，才知悬挂的是敌军的人头。这些都是吴佩孚杀死的退却的旅、团、营长，共有九人，在此悬首示众。据被俘的敌军军官称，吴佩孚派大刀队，分别扼守各个主要道路，监视各部队作战，大量退下来的官兵都被杀死，仍然不能阻止前线的溃败。退兵越来越多，大刀队反被退兵围攻，互相厮杀，乱成一团。

经过一天的血战，北伐军占领贺胜桥，打破了吴佩孚据守贺胜桥，保卫武汉的计划。北伐军第十师第三十团团长戴戟、第十二师第三十五团第一营营长马少屏、第三营副营长薛纯武等军官受伤，其余官兵共有 497 人伤亡。此役歼灭敌人一千多人，俘虏敌军军官一百多人和士兵几千人，缴获大炮二十门，机关枪三十多挺，步枪几千支。贺胜桥车站抛弃的粮食、弹药等物品，堆积如山。贺胜桥战场上，敌军抛弃的武器、子弹和其他军用物品，满地皆是。除了物品之外，战场上尸横遍野，道路都被尸体堵塞，只能踏着尸体过去。

北伐军进到贺胜桥车站时，见有一桌完整未吃的饭菜，估计是吴佩孚没来得及吃，便仓皇逃窜了。陈铭枢大声喊道：“大家不要吃，提防有毒！”因此，没有人敢吃这饭菜。

（三）武昌战役

8月31日，第四军第十师先锋队逼近武昌洪山。敌军大部已经渡过长江，一部分退入武昌。第十师主力进到李家桥，第一军第二师进到五里界。第七军一路攻占鄂城，另一路先锋队进抵土地塘，向武昌逼近。

吴佩孚任命刘玉春为守备军总司令，陈嘉谟为武汉防御总司令，共守武昌。同时，任命靳云鹗为武汉警备司令，后改任为守备军副司令，以靳云鹗部和刘佐龙部守卫汉阳。

9月2日，前敌总指挥唐生智决定3日攻打武昌城，派第一军第二师攻打忠孝门，第四军第十师攻打通湘门至宾阳门，第七军第二路攻打中和门至望山门，第四军第十二师为预备队驻守洪山附近，炮兵驻守洪山阵地。黄昏时分，北伐军开始行动。

准备进攻武昌的北伐军

9月3日凌晨，第二师炮兵从小龟山轰击武昌城，步兵抵达城墙下。由于梯短城高，北伐军伤亡很大，战斗到天明，也没有登上城墙。第十师各团攻打中和门，直到天明同样没有攻克，伤亡也很大。第七军第二路动作缓慢，黎明时分才到达攻击位置，没有能够接近城墙。早上六点，全线停止攻击。在战斗过程中，蒋介石、唐生智、加伦亲临阵地。晚上，开会决定5日凌晨再次发动攻击。

5日凌晨，北伐军开始攻城。第十二师第三十六团奋勇队架梯攻城，梯子高度不够，没有能够攻破，战况极其惨烈，奋勇队伤亡三分之二。独立团奋勇队也攻到城下，同样没有登上城墙。天色已亮，幸存下来的奋勇队队员只得躲到城墙外边的壕沟中。晚上，各军团再次发动攻击，伤亡大半，依然没有能够攻克。

汉阳方面，守军将领刘佐龙原来就与北伐军有联系，到此时宣布参加国民革命，并率部与北伐军合力打退驻守汉阳的敌军第十四师高汝同部，攻克汉阳。

6日上午，蒋介石到洪山视察，决定暂停进攻，各部队相继撤退。

7日，吴佩孚率军撤退到孝感，刘佐龙部进驻汉口。

10日，唐生智命令第八军第三师师长李品仙率军追击吴佩孚，攻占武胜关，切断了敌军的退路。

在北伐军层层包围下，武昌城内粮食短缺，敌军弹药不足，军心不稳。9月21日，陈可钰下令再次攻城，仍然没有攻克。

孙传芳派来的援军被北伐军击败，武昌成了一座孤城。敌军见外无援军，更加恐慌。10月10日，守城的河南第三师打开保安门，迎接第四军入城。守军全部缴械投降，刘玉春、陈嘉谟被俘虏。经历四十多天的围困，北伐军终于攻占武昌城。

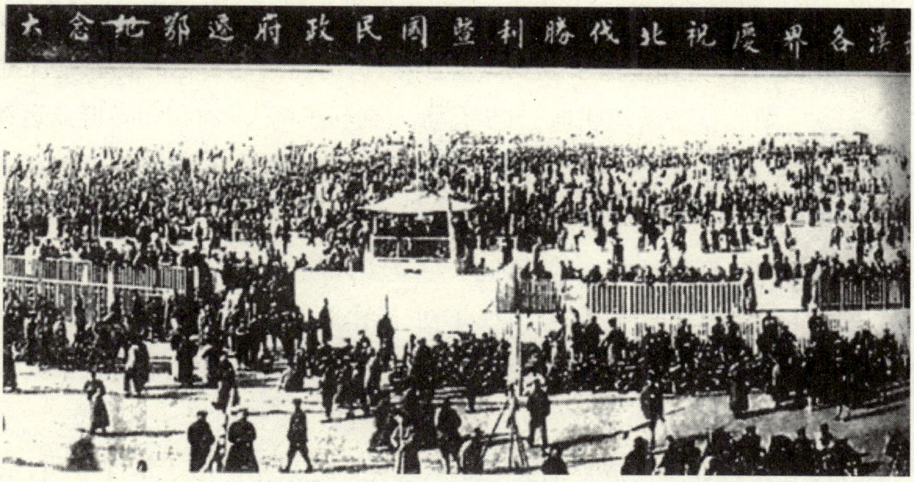

武汉各界庆祝北伐胜利暨国民政府迁鄂纪念大会。

两湖战场的胜利，消灭了吴佩孚的主力，为江西战场和整个北伐战争的胜利，奠定了坚实的基础。1927年1月1日，国民政府从广州迁往武汉，武汉成为全国革命的中心。

二、红色根据地

第二次国内革命战争时期，许多地区产生了共产党领导下的革命武装、革命政权和革命群众组织，这些革命力量公开合法存在，能够行使各自的职权，包括各种制度、法令、政策和措施的制定和实行，这样的地区被称为革命根据地。湖北人民素有光荣的革命传统，荆楚地区拥有四大块根据地：湘鄂赣革命根据地、鄂豫皖革命根据地、湘鄂西革命根据地和湘鄂川黔革命根据地。

（一）湘鄂赣革命根据地

湘鄂赣革命根据地位于湖南、湖北、江西三省的边界地区，其中处于湖北境内的属于鄂东南地区，包括大冶、阳新、通山、广济、黄梅和蒲圻等十多个县。1923年，湖北省委派胡梓、王一飞等人到此开展革命工作。1924年5月，中共黄梅县委成立，开展了轰轰烈烈的群众运动。大革命失败后，这里的革命转入低潮。

1927年2月，胡梓领导黄梅数万农民，发动秋收暴动，抗击国民党的大屠杀，给予敌人沉重的打击。但由于敌我力量悬殊，黄梅和湖北各地的秋收暴动陆续失败。11月，湖北省委派胡朝珠、方步舟等人到鄂东南，发动和领导群众运动。他们先后建立了阳（新）大（冶）县委。阳大县委被破坏后，方步舟等人重新建立了阳新县委。

1929年3月，在阳新县委的基础上，成立了以胡梓为书记的大冶中心县委，积极扩大人民武装，开展游击战。1929年初，游击队四处出击，取得不少的战果，控制了阳新县的北乡和大冶县重镇刘仁八。为了加强武装斗争，中共中央派谢振亚前来指挥游击队。当时，游击队骨干共有数百人，长短枪一百多支。

10月，在平江起义后成立的红五纵队攻克湖北崇阳。由于情况不明，红五纵队停留了仅三天，便继续北上黄沙镇。在黄沙镇，大冶中心县委和五纵队党委举行扩大联席会议，会议决定：积极开展武装斗争，扩大红军主力，开辟和建立鄂东南革命根据地。

11月，五纵队攻打通山县城。城内驻军有一个营，在地方武装的协助下，很快消灭敌人，俘虏三百多人，缴获三百多支步枪和大批弹药。五纵队乘胜出击，接连攻克大冶县城、刘仁八、白沙铺、三溪口、阳新县城等十几个市镇。一个月之内，消灭了通山、大冶和阳新三县所有的敌人，缴获十多门迫击炮、三十多挺重机枪、一千多支步枪和大批弹药物资。有了这些武器装备，队伍很快扩充到四千多人，扩编了两个支队。

12月，五纵队在何长工、李灿的指挥下，智取大冶城，全歼守军一千多人，缴获九百多支枪，活捉敌团长朱麻子。一千多俘虏自愿加入红军，被编入第二支队。谢振亚领导的游击队与原第二支队合编为第三支队，谢振亚任支队长。到这个时候，五纵队共有六千多人，鄂东南革命根据地初步形成。

1930年4月，彭德怀率领红五军的三、四、五纵队，从井冈山撤到湘鄂赣革命根据地，进入鄂东南，陆续攻陷大冶、黄石港、鄂城等地，直逼武汉。6月，红五军军委在大冶刘仁八召开扩大会议，会议传达了中共中央的决定。中央要求红五军扩编为红三军团，配合红二、四军团攻克武汉。经过激烈的争论，会议决定放弃武汉，攻占湖北南部的几个县，然后再挥师南下。

彭德怀

会后，红五纵队扩编为中国工农红军第八军，何长工担任军长。下辖三个纵队，分别由刘文棋、程子华和谢振亚任司令员。同时，成立红军第三军团，下辖红五军和红八军，彭德怀担任总指挥。这时候，红八军有八千多人，红五军有九千多人。部队扩编后，主力南下，在鄂东南苏区活动的仅有红八军的两个营。这两个营后来扩编为红十五军，编入红四方面军。

6月，鄂东南的大冶、阳新、通山、通城和崇阳基本上都成为革命根据地，仅有小部分地区除外。

1931年7月，国民党对湘鄂赣革命根据地发动第三次“围剿”。红十六军和红一、二、三师在游击队的配合下，在阳新玉岭山战役中打败国民党军队，歼灭敌人一千多人，取得了重大胜利，为第三次反“围剿”的胜利做出了重大贡献。当月，中共湘鄂赣省委成立，李宗白担任书记。

10月，湘鄂赣省苏维埃政府成立，赖汝樵担任主席，刘建中为副主席。

湘鄂赣省委和省苏维埃政府的成立，标志着湘鄂赣革命根据地的正式形成。全区共有二十多个县，东西有三百多里，南北有一千多里，人口有三百万。湘鄂赣根据地的湖北部分包括阳新、大冶、通城、通山、崇阳和蒲圻、咸宁、鄂城的部分地区。

在湘鄂赣革命根据地进入全盛时期，王明“左”倾冒险主义盛行，不仅使红军遭到重大伤亡，而且由于肃反扩大化，全省错杀五千多人。赖汝樵、张警吾、胡筠、李幼军、吴天骥等许多领导干部都被以反革命论处，被捕和处决的各级干部有一千多人。

1933年2月，鄂东南地区成立了新的红三师。不久，新红三师调往它处，鄂东南地区失去了保卫能力。在敌人的第四次“围剿”下，大片根据地被敌人占领，使得第四次反“围剿”斗争失利。10月，国民党发动第五次“围剿”，红军在鄂东南地区遭到重大损失。

1934年8月，湘鄂赣革命根据地基本上全部被敌人占领，红军主力陆续撤离，转入湘赣革命根据地，留下来的残余部队组成游击队，继续坚持战斗。

（二）鄂豫皖革命根据地

鄂豫皖革命根据地位于湖北、河南、安徽三省的边界地区，以大别山为中心。湖北地区的黄安（今红安）、麻城、黄陂、新洲、孝感、黄冈、罗田、蕲水（今浠水）、蕲春、黄梅、广济都在这一革命根据地之内。这一根据地全盛时期，包括二十多个县、三百五十多万人，主力红军发展到四万多人，地方武装有二十多万人。红四方面军是中国工农红军三大主力之一。

1927年11月3日，鄂东特委在黄安县七里坪文昌宫召开黄安、麻城两县的活动分子会议，会议部署起义的准备工作，成立了起义总指挥部，由潘忠汝、吴光浩等人组成,潘忠汝担任总指挥。经过组织与发动,起义队伍迅速扩大,总人数达到二十多万人。

黄麻起义遗址

13日,黄麻特委在七里坪文昌宫举行第二次会议,决定立即发动起义,夺取县城。总指挥部命令黄麻两县起义队伍两万多人到七里坪集结,然后奔赴县城。里应外合之下,起义军像潮水一样涌入县城,全歼敌人,迅速夺取县城。敌人随之发动反扑,调集军队攻打黄安,起义军力战不敌,被迫撤离。黄麻地区被敌人占领,吴光浩、戴克敏等人集合残余部队,已经不足一百人,转移到黄陂县木兰山。

1927年12月29日,工农革命军到达木兰山。起义部队被改编为工农革命军第七军,吴光浩担任军长。敌人得知之后,多次派军到木兰山“围剿”。吴光浩决定北上河南,到柴山堡开展鄂豫边武装割据斗争。次年7月,中央将第七军改编为中国工农红军第十一军第三十一师,吴光浩担任军长兼师长。

1929年3月,蒋桂战争爆发。桂系十八军撤离黄安、麻城,红三十一师趁机占领黄麻地区,组织了苏维埃革命政权。鄂豫边革命根据地宣告成立。5月,徐子清、肖方、周维炯、徐其虚等人在河南商城领导农民、士兵,发动商南起义,开辟了豫东南革命根据地。11月,舒传贤、周狷之、余道江等人在安徽六安、霍山领导农民、士兵,进行皖西暴动,开辟了皖西革命根据地。豫东南和皖西革命根据地分别有一个师的红军。

1930年春,中共中央决定将上述三个革命根据地划为特别区,建立了中央鄂豫皖边特别区委员会,并组建红一军。6月,成立了鄂豫皖苏维埃政府,甘元景为主席,鄂豫皖革命根据地正式形成。11月,鄂豫皖边特委改组,曾中生任书记。

12月,红一军奉命南下,抵达鄂东北,夜袭黄安城,但没有攻下,受到很大的伤亡。部队随即向东南转移,夜袭新洲,一举攻占县城,消灭敌人一个旅,缴获大量军用物资。之后,红一军进入商南苏区,与皖西红三师会师。红一军奉命改编为红四军,邝继勋担任军长,全军共有一万两千多人。

红四军成立之后,立即南下攻打黄安,全歼守军六十九师,俘虏五千多人,缴获五千多支长短枪。黄安县县长、民团团总以及商会会长等各级官吏全部被擒,无一漏网。红安之名就是为了纪念这一战役而由黄安改称的。随后,红四军北上,离开湖北,进入河南。

1932年1月,中共鄂豫皖省委成立,沈泽民担任书记。因为王明"左"倾冒险主义的影响和肃反扩大化,红四方面军没有打破敌人的第四次"围剿"。10月,红军主力被迫撤离,向西转移。吴焕先、徐海东、王平章等人领导重组的红二十五军,留下继续坚持战斗。

鄂豫皖苏区首府革命博物馆

1934年6月，中共中央派程子华来鄂豫皖根据地，传达了中央的决定：认为鄂豫皖根据地的人力物力已经消耗殆尽，应该到适宜的地区重新建立革命根据地。11月，红二十五军北上。未撤离的人员重组为红二十八军，在高敬亭等人领导下，继续展开游击战。

（三）湘鄂西革命根据地

湘鄂西革命根据地位于湖南、湖北两省西部边界地区，是第二次国内革命战争时期割据范围最大的三块红色根据地之一。这一根据地鼎盛时期，包括五十八个县市，拥有正规军两万多人、地方武装约五万人。

湘鄂西革命根据地分为洪湖区、湘鄂边区、鄂西北区、巴兴归区、荆当远区、松枝宜区、洞庭特区、鄂北区和黔东区。洪湖区包括石首、监利、沔阳（今仙桃）、江陵（今荆州）、公安、华容、南县、安乡、潜江、天门、京山、汉川、汉阳、应城、云梦、孝感等县全部或大部；湘鄂边区包括鹤峰、桑植、石门、慈利、五峰、长阳、恩施、宣恩、建始、巴东、大庸、龙山等县大部或一部；巴兴归区指巴东、兴山和秭归；鄂西北区包括房县、均县、竹山、谷城、保康等县大部或一部；荆当远区包括荆门、当阳、远安、宜昌和南漳等县；松枝宜区指松滋、枝江和宜都；洞庭特区包括华容、南县、安乡、常德、汉寿、岳阳、湘阴、益阳、沅江等县；鄂北区包括襄阳、枣阳、宜城和钟祥等县。由此可见，湘鄂西革命根据地绝大部分属于湖北省。

1927年12月，天门、汉川两县县委领导游击队，联合发动秋收起义，攻占了分水嘴、南河渡等地；沔阳游击队攻占了县城，在石首、监利、荆门、长阳、当阳、松滋、咸丰和巴东等县，也都掀起了声势浩大的农民起义。鄂西各地纷纷建立了农民武装。监利、沔阳等地集中了三百多人，成立了工农革命军第五军，在拖船埠建立了活动据点。石首的吴仙洲、咸宁的黄之全和南昌起义后返回洪湖的贺敬斋等二十多人，也都建立了革命武装。

鄂北地区的枣阳、襄阳、随县等地也先后发动了武装起义，建立了几十支到上百支枪的革命武装。许多地区还成立了“红枪会”群众组织，由党员直接控制。为了推动革命形势的进一步发展，省委派张学武、李富春和王一飞等人前往鄂北指导工作。

1928年春，荆江地区成立了中国工农革命军第四军，又称河郧军，共有四百多人。革命军成立后，组织了华容、石首、南县、安乡、监利等县农民的年关暴动。经过几十天的战斗，相继攻陷石首县城、调关、高基庙等地，缴获了大量军火，队伍很快发展到一千多人。年关暴动的成功极大地推动了洪湖地区的革命斗争。

1929年春天，中国工农革命军第四军正式改编为红四军，贺龙担任军长，恽代英担任党代表。5月，红军解放了桑植县城，把鹤峰、桑植两县连成一片，建立了两县的苏维埃政权。又在龙山、宣恩、五峰边界开辟了根据地，建立了革命政权。9月，红军先后解放了五峰、长阳，使得与桑植、石门等地连成一片，并建立了县、区、乡各级苏维埃政权，巩固和发展了以鹤峰为中心的湘鄂边革命根据地。

1930年7月，中国工农革命军第四军和洪湖革命根据地的红六军在公安会师，联合组建为中国工农红军第二军团。贺龙担任总指挥，周逸群任政治委员，孙德清任参谋长，李克明任政治部主任。邓中夏、汤慕禹、刘鸣先、朱勉之等人加入到红军指挥部，荆江地区一时掀起了巨大的革命洪流。从此以后，湘鄂边根据地与洪湖根据地连成一片，形成了湘鄂西革命根据地。中共中央湘鄂西分局、中共湘鄂西省委、省苏维埃政府、省革命军事委员会等机关同时成立。湘鄂西苏区前期和中期的首府在石首，后期迁至洪湖瞿家湾。

贺　龙

1931年3月，根据中共中央的指示，红二军团改编为红三军，贺龙任军长，邓中夏任政治委员（后由湘鄂西分局书记夏曦兼任），孙德清任参谋长，柳直荀任政治部主任。全军下辖第七、第八、第九师，教导第一、第二师等5个师6个团，共有5000多人。

1932年5月，夏曦先后发动了四次大规模的“肃反”，一大批革命同志遇害，严重削弱了红三军的战斗力，致使第四次反“围剿”失败，洪湖苏区被敌人占领。夏曦、贺龙、关向应率领红三军，移转到湘鄂边区。

1934年10月，红三军与任弼时等率领的红六军团会师，创建了湘鄂川黔根据地。湘鄂西革命根据地开创和坚持数年之久，至此完全丢失。

（四）湘鄂川黔革命根据地

湘鄂川黔革命根据地位于湖南、湖北、四川、贵州四省边界地区，亦称为湘鄂川黔苏区。根据地绝大部分都位于湖南境内，包括永顺、大庸、桑植三县大部地区和龙山、保靖、桃源、常德、慈利五县部分地区，东西长约两百公里，南北宽一百二十多公里，拥有五十万人口。各级县、区、乡都建立了革命政权和共产党组织。红军主力有一万多人，还有大量的独立团和游击队。

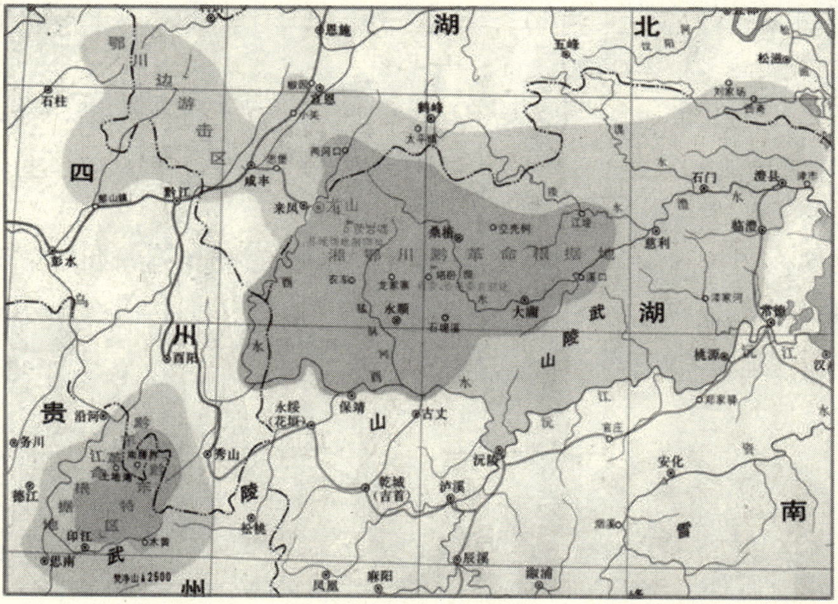

湘鄂川黔根据地

由于王明“左”倾冒险主义的干扰和破坏，湘鄂西革命根据地没有能够打败敌人的第四次“围剿”。1932 年 9 月，红三军主力突围之后，会合于大小洪山一带。10 月，中央分局在枣阳召开扩大会议，决定避开敌军主力，绕道豫西南、陕南，重返湘鄂边区。11 月，红三军在贺龙的率领下，从随县开始转移，经过三个月的行军，转战七千多里，在 1933 年 1 月抵达鹤峰。红三军由最初一万七千人减少到九千多人。

红三军在湘鄂边区长期处于流动游击状态，部队遭到严重损失，到 1933 年底，全军减少到三千多人。在敌军的围追堵截下，红三军不得不转移到黔东，创建川黔边苏区。此后，红三军在湘鄂川黔边区流动作战，以寻找新的立足点。

1934 年 5 月，红三军西渡乌江，进入贵州。10 月，红六军团经过艰苦转战，进入黔东，与红三军胜利会师。11 月，中共湘鄂川黔省委成立，任弼时担任省委书记。至此，湘鄂川黔根据地以大庸为中心正式形成。

1935 年 1 月，敌人"围剿"湘鄂川黔革命根据地，红军处境日益困难，遂决定北上。4 月，红军主力攻克江垭，又西进湖北，在咸丰忠堡打败敌人第四十一师，生擒敌纵队司令兼师长张振汉。8 月，红军在板栗园打败敌人八十五师师部和两个团，击毙敌师长谢彬，又在芭蕉坨击溃陶广纵队十个团。国民党对湘鄂川黔根据地的"围剿"以失败告终。

1935 年 9 月，湘鄂川黔根据地中心区域和游击区已扩大到湖北咸丰和恩施。10 月，敌人重新组织了三十万人，再次"围剿"红军。红军主力只有两万多人，被迫向贵州地区转移。11 月，红军主力部队开始突围。

1936 年 1 月，红军进入贵州，留守在湘鄂川黔根据地的湘鄂川黔特委和红十八师，经过浴血奋战，也突破重围，到达贵州，与红六军团主力会合。从此，湘鄂川黔根据地完全陷落。

三、武汉保卫战

武汉保卫战，是以武汉地区为中心，在皖中、皖西、赣北、赣西北、鄂东、豫南等地抗击日本侵略军进攻的大会战。中国方面投入了两百多万兵力，以抗击畑俊六指挥的三十五万日军。战场分布在长江两岸，横跨安徽、河南、浙江、湖北四省。这次会战从 1938 年 6 月 11 日日军突袭安庆开始，到 10 月 27 日武汉沦陷，历时四个半月。这次会战是整个抗日战争中时间最长、规模最大的一场战役。

（一）战前的形势

1938 年 7 月底，日军进入湖北，攻打鄂东南的小池口，国军一一九师的六九一团奋力抵抗，几乎全数阵亡。

8月1日，日军第六师团三千多人进攻黄梅，与国军第六十八军一部和第三十一军第一三五师发生激战。同时，在双河口、独山镇等地，日军与国军第六十八军主力交战，双方伤亡都很惨重。2日，第六十八军撤离苦竹口，日军趁机进到黄梅城郊，攻打下河桥和鲍家山。日军出动飞机轰炸黄梅，先后出动了两百多架次，把黄梅县城炸成废墟。3日，日军从东、南两个方向攻打黄梅城，国军誓死抵抗，伤亡过半。黄梅城墙被轰炸为数段，日军大批涌进县城，遂即展开巷战。国军伤亡一千四百多人，终因寡不敌众，黄梅陷落。

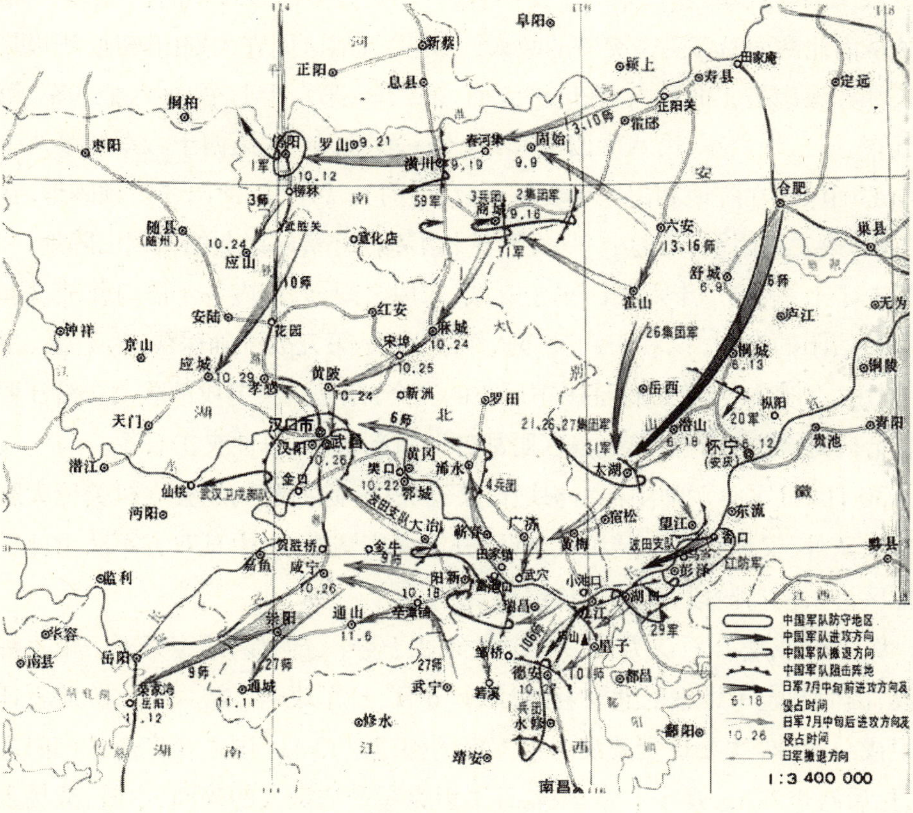

武汉会战要图

3日，日军开始空袭武汉，国军空军随即迎战，以损失七架的代价，击落日机十一架。11日，日军再次出动七十多架飞机，轰炸武昌、汉阳，城内建筑很多被毁，百姓伤亡数百人。

22日，日军华中派遣军分兵五路，从大别山北麓、长江北岸依次西上。长江南岸方面，在九江西南集结兵力，切断平汉路和粤汉路，企图直接攻占武汉；第十一军在海军的配合下，沿长江两岸进攻武汉；日军主力放在江南，一路从瑞昌向武汉以及粤汉路前进，另一路从德安出发相机占领永修等地；第二军主力从大别山北麓出发，向信阳进攻，另一路从商城向汉口东北方开进；第二军与第十一军作战地区延伸到天望山、英山、罗田、道观河、柳子港。五路大军向武汉扑来，武汉会战即将全面展开。

国民政府虽然不了解日军的作战方略，但根据敌我双方的作战态势，制定了保卫武汉的新计划。新计划的主要内容为：一是力争摧毁日军的包围，集结精锐部队从南北两面沿江夹击突进的敌人；二是第五战区固守大别山阵地，积极打击沿长江和豫南进犯的敌人。在广济方面，第二军、第六十七军、第六十八军、第五十五军、第二十六军、第八十四军、第三十一军、第七军、第四十八军和第八十六军等部确保现在阵地和田家镇要塞，并可适时在浠水、巴河两线占领阵地。在豫南方面，第二集团军、第七十一军、第五十九军固守黄麻以北的大别山阵地，并控制第七十七军、第二十六集团军于麻城、宋埠之间，以策应各个路口作战。同时，确保对信阳的控制，以利于武汉部队作战；三是第九战区确保德安、箬溪、星潭铺、通山、汀泗桥要线，以保证国军后方的安全；四是武汉卫戍部队改守沿江要点及核心阵地，配合第五、第九战区野战部队重新部署，以便夹击日军。

30日，日军第六师团在黄梅地区集结完毕，除原配属的独立机关枪大队和山炮大队外，又增加2个装甲车中队，开始向广济进攻。中日双方军队由此在广济地区进入僵持阶段，展开了拉锯战。

9月4日，蒋介石认为日军的作战企图已经十分明显，断定其下一个目标是武汉，因而制定了详细的武汉会战计划。6日，日军攻陷广济。9日，陈诚就任武汉卫戍总司令，主要负责武汉附近工事的构建。13日，国军在广济外围阻击日军，先后八进八出，战斗十分惨烈。日军坦克履带沾满人的碎肉、内脏，战场上弥漫着一股浓浓的臭味。由于缺少火炮和重武器，为了炸掉日军一辆坦克，国军往往要牺牲很多人。虽然武器不如日军，但是在国军的英勇抗击下，双方各自伤亡三千多人，日军没有占到便宜。

1937年12月，国民政府首脑会集武汉，决定武汉会战和政府迁渝。
图为当时国民政府主席林森发表讲话时的情景

(二)防守武汉

9月25日，日军继续西进，向半壁山、阳新一带进攻，国军奋勇阻击，战斗激烈，双方死伤枕藉。28日，日军攻打阳城山、凤凰山、玉屏山，出动十多架飞机助战，很快攻陷阳城山。国军一九八师第三四二团一连与日军在玉屏山展开白刃战，几乎全部阵亡，玉屏山失陷。此时，田家镇三面被围。日军出动飞机七十多架，使用一百多门大炮，向田家镇及其附近国军阵地狂轰滥炸，镇内被炸得一片焦黑，各个炮位和指挥所都被摧毁。晚上，日军在夜色掩护下，同时向冯家山、田家镇发动冲锋，以致国军通信断绝，遂与日军发生混战。

田家镇是鄂东广济县的一座古镇，位于大别山南麓，地形险要，素有天险之称。长江江面在此陡然转窄，江流如束，只有一百七十多丈宽。田家镇要塞是保卫武汉的锁钥，西上进攻荆楚的门户，也是沿江最坚固、最大的要塞。因此，在武汉保卫战计划中，田家镇被赋予战略意义。但遭日军的猛烈进攻，国军无法抵御下去。29日凌晨，蒋介石命令国军撤退。日军第六师团冈山、池田大队冲进田家镇，其海军陆战队也随之到达。田家镇的失守，致使武汉门户大开。

10月6日，日军一部进犯阳新的龙港。8日，日军沿龙港公路到达富水的辛潭铺。同日，李宗仁抵达夏店，指挥前线战事。10日，日军沿德星、瑞武公路向国军发动进攻，第九战区第一兵团司令薛岳指挥国军，歼灭日军一〇六师团，取得了万家岭大捷。

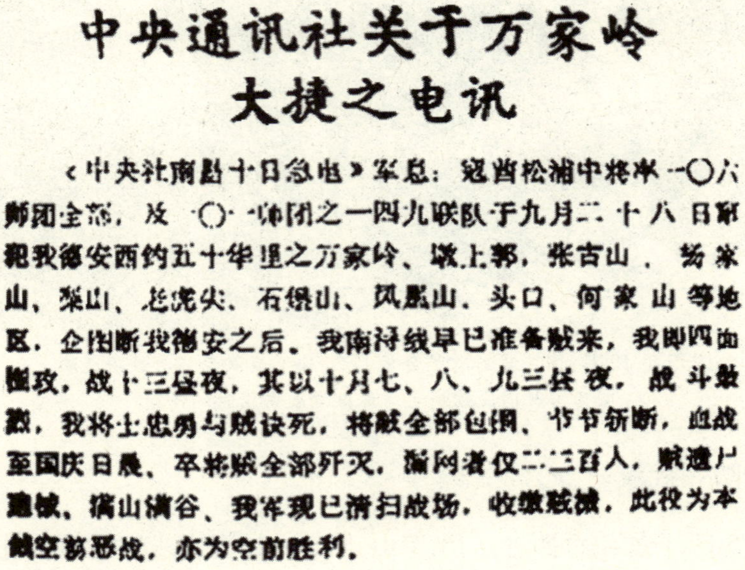

中央通讯社关于万家岭大捷之电讯

《中央社南昌十日急电》军息：敌酋松浦中将率一〇六师团全部，及一〇一师团之一四九联队于九月二十八日窜犯我德安西约五十华里之万家岭、城上郭，张古山、扬家山、梁山、老虎尖、石堡山、凤凰山、头口、何家山等地区，企图断我德安之后。我南浔线早已准备敌来，我即四面围攻，战十三昼夜，其以十月七、八、九三昼夜，战斗最烈，我将士忠勇与贼决死，将敌全部包围、节节斩断，血战至国庆日晨，卒将贼全部歼灭，漏网者仅二三百人，贼遗尸遍野、横山满谷，我军现已清扫战场，收缴敌械，此役为本战空前恶战，亦为空前胜利。

万家岭大捷通讯

万家岭大捷虽然重创日军，但是就整个战场而言，经过数月的连续作战，国军伤亡也非常大，特别是缺乏增援，以致国军陷入困境，作战态势十分紧张。在北线，日军从信阳兵分两路，一路继续西进，一路企图经过沙窝、达权店，突破大别山，与第六师团一起攻打汉口。在南线，日军逼近阳新、浠水和黄石一线。南北两线日军正逐步逼近武汉。

（三）武汉撤守

10月14日，蒋介石召集何应钦、徐永昌、林蔚文和刘斐等人，商议下一步的作战计划和部署，随后命令第五、第九战区在一周内改变态势，重新部署部队。自此，蒋介石决定放弃武汉，实行战略大撤退。

19日，蒋介石致电李宗仁和陈诚，命令第五、第九战区转移兵力，先转移后方的兵力，而对前线的兵力，应该在25日准备转移。武汉近郊的第十三、第三十三师和第一八五师一个旅都被调往大冶西南的金牛，罗卓英奉命调往金牛指挥作战。第九战区的李汉魂部第六十四军和叶肇部第六十六军，共有五个师，全部被调往广东。日军进攻黄石港和胜阳港，日军战舰在江中助战。港内的国军与日军进行巷战，经过一番冲杀，几乎全部阵亡，余部向保安湖、梁子湖一带转移。日军高品支队攻陷黄石港之后，乘胜向鄂城前进，企图抢占攻入武汉的首功。鄂城西边是西山，北边是长江，南边与黄州赤壁相望，地势十分险要。21日，日军派多艘战舰向鄂城两岸轰击，派便衣队五十多人在黄州东两公里处登陆，出动九架飞机在鄂城上空盘旋，丢下炸弹，以压制国军和毁掉要塞。

国军第一八五师一个旅经过贺胜桥，开往金牛，归张发奎兵团指挥，另一个旅开往武昌长春观附近集合待命。当高品支队和其他日军从南、东、北三面逼近鄂城时，国军第五十五师和要塞部队已经完成撤退，仅留下两个连在西山仰山庙一带阻击敌人。守军在东门外与日军恶战数小时，最终弹药耗尽，全部壮烈殉国。

22日，日军分兵两路，向鄂城发动进攻。一路从燕矶登陆，沿江西进；一路从还地桥，途经仙人山、邵家大湾，攻打鄂城南面。日军在仙人山以东遭到国军第五十五师一部的迎击，伤亡很大。日军战舰从三江口西上，因触到鱼雷被炸沉两艘。

23日，罗卓英下令死守鄂城与葛店之间的阵地。葛店位于武昌东部，是鄂城县的一个小镇。葛店镇东边的白浒山、黄家矶地势险要，国军设有炮台，可以轰击沿江进犯的日军战舰。24日凌晨，陈绍宽从武汉赶到葛店，指挥作战。日军派出数十架飞机，轰炸葛店，随后在赵家矶登陆，但被国军炮火逼退。

中国统帅部下令撤退武汉外围的国军，放弃武汉。政治部第三厅和国际宣传处在汉口怡和街主持召开外国新闻记者招待会，说明武汉保卫战的重要作用和放弃武汉的原因。《扫荡报》发表郭沫若写的社论，指出武汉面临垂危的时刻，但是抗日战争的中心力量没有减弱，反倒是争取了主动；武汉不是佛朗哥的马德里，而是拿破仑的莫斯科。

随着撤退令的下达，武汉三镇的人力车、马车车夫及其家眷约有三万人陆续撤离,所需给养由赈济委员会负责供应。难民们先由汉宜公路到达沙市,然后再等待命令分散。同时,武汉卫戍总司令部成立了伤兵运输指挥部,设立两处集合所,向受伤官兵发放途中费用,并负责将其运往后方。为了不使壮丁被日军所利用,武汉大部分壮丁都依照预定计划,在向西部迁移。为了不给敌人留下物资,并在精神上打击敌人,武汉卫戍总司令部下达命令,决定破坏一些重要物资。

1938 年 7 月,保卫大武汉。图为妇女献金的场景

同日,日本华中派遣军下达攻打武汉的命令,日军飞机继续进行轰炸。第六师团佐野支队从黄陂西上,又转道横店一带南下。

25 日凌晨,日军先头部队通过滠口,抵达道贯泉。武汉卫戍总司令部开始以焚烧和爆炸两种方式,对重要物资进行破坏。国民党湖北省党部、武昌行营、汉阳兵工厂、汉口机场站、大智门车站、原日租界的日本领事馆、原日本海军大本营和三镇各处的桥梁都被炸掉,武昌各政府机关、交通机关及工业区等被烧成一片废墟。上午,日军不断以飞机、大炮向岱家山、谌家矶等地发动猛攻,并使用毒气弹,致使国军伤亡很大。国军军委发言人会见中外记者,指出中国抗战的方针是持久战,不在乎一城的得失,也不在乎一时的进退。进攻半年的抗战,国军已经达到消耗日军的目的,已经完成掩护后方的任务,所以决定从武汉转移兵力。下午,日军援兵陆续赶到,其飞机、大炮以更加猛烈的势头向国军守卫的堤角、横堤、岱家山阵地发动攻击。武汉三镇的撤退已经完成,国军炮台望见退却信号,就在夜里将炮闩拆除,撤离葛店。晚上,日军独立山炮兵第二联队向国军岱家山阵地密集射击，以掩护两百多只汽艇、民船向阵地两侧的金银滩、藤子岗前进。岱家山阵地缺乏纵深，经过日军的密集轰击，其钢筋水泥工事全部被摧毁，国军力战不支，被迫向西撤退。

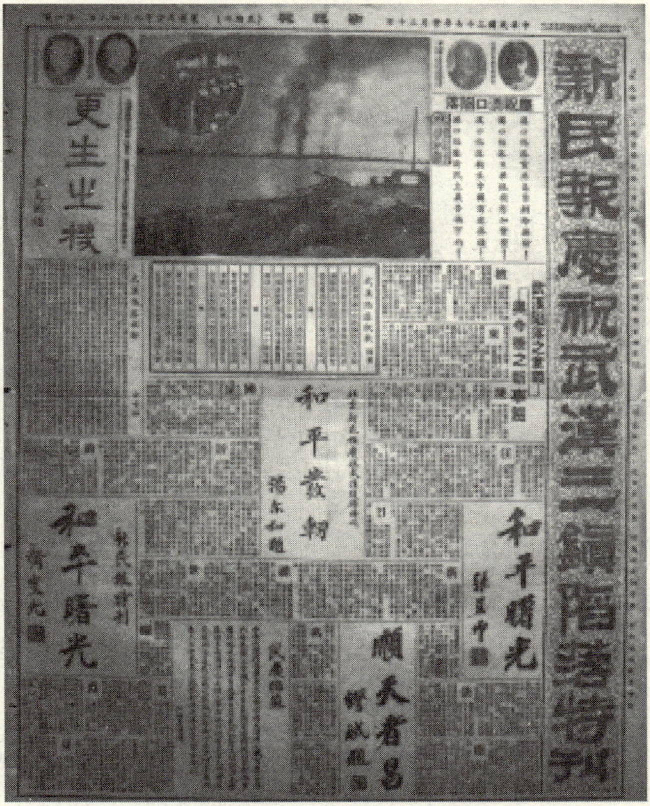
新民報慶祝武漢三鎮陷落特刊
更生之機
和平曙光
和平曙光
和平曙光
順天者昌

伪政权报纸对武汉沦陷的报道

26 日凌晨，日军高品支队从石门峰到达武昌东门宾阳门，波田支队在武昌大堤口和武胜门外各个码头登陆。下午，佐野支队从岱家山和刘家庙一带的市街进入汉口。27 日下午，高品支队渡过长江，占领汉阳。武汉三镇至此沦陷。

武汉保卫战结束之后，抗日战争开始进入战略相持阶段。日军虽然攻占武汉，但其妄图摧毁中国军队主力，达成速战速决，迫使中国屈服的计划成为泡影。中国两百多万人参加武汉保卫战，极大地考验了中国军队的持久战能力，增强了中华民族的凝聚力，为夺取抗战胜利打下了良好的基础。

四、湖北的解放

湖北的解放是全国解放战争的重要一环，它以刘伯承和邓小平、陈毅和粟裕、陈赓和谢富治统率的三支大军挺进中原为标志，拉开了全国解放战争转入战略反攻阶段的序幕。1947年11月12日，陈赓、谢富治率领四纵十二旅进入郧阳。11月16日，解放郧西，使郧西成为湖北最早解放的县。随后，中国人民解放军把目光投向襄樊，展开了解放襄樊的战役。

(一)解放襄樊

襄樊是控制湖北、河南、陕西和四川的门户，是守卫武汉的军事重镇，战略地位十分重要。1948年3月，蒋介石把襄阳、樊城、枣阳、宜城、南漳、谷城、老河口、竹山、竹溪、房县、郧县、郧西等地划为第十五绥靖区，派康泽担任司令官。国民党襄樊驻兵两万多人，并有地方民兵三千人。康泽利用襄阳城三面环水，一面靠山的地理优势，构筑了坚固的阵地。襄阳城外挖掘了三道壕沟，深宽各有三米；在襄阳周围的岘山、凤凰山、虎头山、真武山等地的制高点上，都构筑了碉堡，并辅以地堡、交通沟，还在开阔地带和死角布满地雷。

6月13日，刘伯承、邓小平下达襄樊战役的作战部署，但鉴于白崇禧命令胡琏兵团增援开封，中央军委在15日、17日连续两次命令刘伯承、邓小平派兵攻打胡琏，以钳制其北上增援，因此推迟了攻打襄樊的计划。

国共双方主力在中原一带对阵，襄樊、老河口一带守军力量减弱。刘伯承、邓小平趁机恢复攻打襄樊的计划。7月2日，中原野战军冒雨从新野出发，攻打老河口。经过一夜急行军，前进八十多公里，当先头部队在夜间抵达老河口时，敌军已经撤至谷城。第六纵队随即渡过汉水尾追，于次日夜晚赶到谷城北边。敌军又弃城南逃。陕南军区第十二旅进到谷城以南，截住了国军的退路，俘获了一千八百多人。

4日，第六纵队和陕南军区部队沿着汉水两岸，秘密向襄樊前进。5日，第六纵队、陕南第十二旅和桐柏第三军分区部队组成“襄阳集团”，负责攻打襄阳；桐柏军区第二十八旅、第一军分区第八十八团、襄阳独立团负责攻打樊城；决定次日黄昏发起攻击，力争六天之内结束战斗，占领襄樊。

7月6日，“襄阳集团”包围襄阳城，第六纵队攻克南漳、宜城。7日，开始攻打襄阳城外的国民党军队据点，先后攻占了琵琶山、凤凰山和岘山等地。国民党军队依据险要地形和坚固的堡垒，发射炮火、毒气拼死抵抗，解放军受到很大伤亡，以致进展十分缓慢。

9日，白崇禧鉴于解放军人数众多，襄樊守军孤单，命令康泽立即放弃樊城，暗中集中全力固守襄阳，以等待援兵。在空军的掩护下，国民党军队第一六四旅放弃樊城，转移到襄阳。根据作战态势的变化，解放军决定重新部署攻打襄阳的作战方案，要求各部队在14日完成攻击准备，黄昏时发动总攻。

7月13日，第六纵队控制了西关大石桥，这是攻击襄阳城西门的唯一通道。14日，康泽将山地部队撤退到城内，誓言与解放军决一死战。解放军攻城部队把突击队和火力队推进到攻击出发位置。

15日，解放军用火炮轰击襄阳，经过三十分钟的炮击，襄阳城西门及其以北三百米地段上的碉堡、地堡大部分被摧毁。突击队在炮火的掩护下，将城墙炸开一个缺口，迅速冲到城下，架起云梯登城。第一架木梯被打断，遂搭成人梯将两名战士送上城楼。后续部队在登上城楼的士兵掩护下，迅速冲入城内，与敌军展开巷战。在解放军强大的攻势面前，国民党守军纷纷投降。康泽指挥残部仍然坚守司令部，企图拼死相抗。

16日，解放军用迫击炮平射、工程兵爆破和步兵攻击相结合的战法，对康泽发动最后攻击，全歼国民党守军，第十五绥靖区中将副司令官郭勋祺被俘，康泽趴在尸体堆中装死，被解放军查获。

襄樊战役开始之后，华中“剿匪”总部命令整编第七、第二十师增援襄阳，预计18日可以赶到，但在16日，整编第七师抵达乐乡关，襄阳已经解放。为了保持主动态势，中原野战军主动撤出襄阳，让整编第二十师进入襄阳。

襄阳战役历时近半个月，解放军伤亡三千七百多人，却歼灭第十五绥靖区司令部、第一〇四旅和第一六四旅全部，第一六三旅大部及三个保安团，共计两万一千人，俘虏了康泽、郭勋祺以下八名高级军官。老河口、光化、谷城、南漳、宜城、襄阳、樊城等地得到解放。

(二)解放鄂西

1949年1月,国民党西安绥靖公署主任胡宗南为掩护其主力在关中地区侧翼的安全,派出四个师,构建四道防线,其中白河至竹溪防线位于湖北境内,驻守竹溪的是其第一一七师和第一五八师。解放军陕南军区为配合主力作战,打乱敌军的作战部署,决定派第十二旅和西北民主联军第三十八军第十七师第五十团等部队进攻房县、竹山,再乘胜解放竹溪。国民党第一一七师得知后,紧急调遣第三四九团争夺竹溪东部锣鼓洞山峰,以阻截解放军前进的道路。

1月24日,敌军第三四九团占领了锣鼓洞西北部的长胜寨、三家寨、大燕山、红家坡、阳坡寨及西南部的锣鼓洞寨等险要据点,解放军第十七师第五十团抵达锣鼓洞东南部的廖家坝,该团第一营迅速占领了锣鼓洞。距离锣鼓洞八里远的黄家垭有敌军一个排,驻扎在老百姓家里。第五十团立即出发,俘虏该排排长以下三十多人,缴获一门小炮、一挺机枪和一支步枪。

25日凌晨,敌军第三四九团向锣鼓洞高地发起进攻。解放军陕南军区司令员刘金轩率领第十二旅第三十六团及时赶到,与第十七师第五十团一道,打退了敌人的五次进攻。敌军第一一七师第三五〇团前来增援,集中炮火猛击解放军阵地。这时雨雪交加,气候十分恶劣,加上道路泥泞不堪,锣鼓洞阵地多次易手。中午,解放军在敌人的强攻下,不得不撤退到擂鼓台一带。黄昏,敌军第三四九团、第三五〇团从锣鼓洞出发,妄图包围解放军,解放军边打边退。敌军以为解放军在佯退,以诱敌深入,所以没有敢继续追击。解放军第十七师第五十团退至竹山,第十二旅第三十六团撤退到房县,竹山、房县随之解放。

3月29日,解放军江汉军区独立第一旅攻打王家店,以诱使敌军第一七一师北上增援。30日凌晨,解放军消灭了王家店民团六百多人。平汉铁路交通被解放军切断,解放军继续攻击王家店火车站东边驻守磨山的敌人,桂系第三兵团得到磨山守军求援的电报,驻守在花园镇的第七军一七一师立即奉命北上增援。解放军在义子城、憨山寺一带布下埋伏,以等待桂军的到来。敌军一七一师兵分两路:第五一一团沿铁路北上,五一二团沿云梦、憨山寺一线公路北上。31日黄昏,解放军张才千将军在周家大湾向桂系五一二团发动突击,一举突破五一二团的防御,抢夺了制高点,把五一二团包围起来。敌军五一一团迅速向五一二团靠拢，企图救出五一二团，但在罗家松林受到解放军江汉独立一旅的猛烈阻击，双方展开了激烈的战斗。

4月1日，在解放军强大炮火的攻击下，敌军五一二团几近崩溃。解放军随之歼灭了五一二团，并击毙其团长李存瑜，敌军五一一团停止救援，撤离战场。21日，桂系军队放弃了花园镇。

花园西一战，解放军重创桂系军队一七一师，歼灭五一二团全部和五一一团一部，共计毙伤敌军七百多人，俘获一千三百多人，并缴获大批军用物资。

（三）解放武汉

4月21日，解放军发动大规模的渡江作战。23日，解放了南京。南京的解放，标志着国民党在大陆的统治宣告结束。

南京解放之后，驻守武汉的白崇禧集团以一部兵力延缓第四野战军渡江，掩护主力军队撤退。武汉地区的守军有计划地向南撤退，企图在汨罗江以北，长沙、衡阳以东组织新的防线，以确保湖南、江西、广东的安全。驻守宜昌的宋希濂部向西撤退，主力驻守在恩施地区，扼守川陕门户，以阻止解放军进入四川。白崇禧派第一二六军担任团风、蕲春的长江防御；派第十九兵团第一二七、第一二八军担任武昌至嘉鱼的长江防御；派第五十八军担任武汉三镇的城区防御。

中共中央军委预料白崇禧集团可能撤退南下，放弃武汉。28日，由于接收武汉的工作尚未做好，中央军委指示第四野战军，不要让先遣兵团和中原局过早接近武汉，以免国民党军队撤走之后，出现权力真空，引起社会混乱。同时要求中原局赶快做好接收武汉的准备，以免到时仓促无措。

5月4日，第四野战军命令先遣团在本月底进抵团风、武穴一线，或征集船只立即渡江，迅速占领长江南岸阵地，逼退国民党守军；还应大量地征集船只，以供主力部队六月中旬渡江之用。

6日，解放军决定派第四十军从团风至韦源口，第四十三军从韦源口至龙坪段发动渡江作战。这两个军各派一个师提前到长江边进行侦察，征集船只、水手；派军、师副职或参谋长率领得力的侦察分队，到长江边上组织侦察站，以收集敌军情况和船只，训练水手和争取敌军投诚等工作。

8日，萧劲光得知汉口国民党守军正在安排撤退，遂命令第四十军先头部队第一一八师向汉口推进，并建议第四野战军立即派接收武汉的部队或指令第四十军接收汉口，江汉军区一个旅接收汉阳；第四十三军和第四十军的两个师立即向浠水方向前进，绕道鄂城、蕲春渡江，再直奔武昌；或指令第四十军接收武汉，第四十三军从团风至武穴段渡江。林彪、萧克则不完全同意萧劲光的建议，认为国民党军如果没有退出武汉，就不要接收汉口，主要原因是接收人员赶不到；如果已经撤退，就应该迅速入城，负责接收，以免流氓无赖抢劫破坏。于是指令第四十军接收汉口，第四十三军从浠水出发，经鄂城、蕲春渡江。第四十三军采取宽正面沿江袭击，夺取船只，趁对岸空虚立即渡江。

9日，中共中央军委命令林彪、萧克：第四野战军应该在下月十日前后渡江。其决策依据主要有二：一是长江北岸地区的粮食不多，大军长久屯驻势必增添困难；二是考虑到白崇禧集团南撤，不是在衡阳以北与解放军作战，而是打算逐步撤退到衡阳以南。

10日，林彪、萧克下达命令：先遣团两个军力争提前到达江边，第四十三军和第四十军两个师应在五天后从团风、武穴一线渡过长江，第四十军的两个师向汉口前进。先遣团接到命令之后，立即向江边推进。

14日黎明，第四十三军向驻守长江北岸的国民党军发动突然攻击。晚上，团风、黄冈、兰溪、蕲春和田家镇等地相继解放。国民党第一二六军第三〇四、第三〇五师共有两个团全部被消灭。长江北岸的要点都被解放军占据，从团风到武穴的沿江地带都被解放军控制。解放军夺到木船一百多只，为大军渡江创造了有利的条件。

15日清晨，第四十三军突击队从兰溪及其东西地区渡过长江，迅速突破敌人防线。国民党第一二六军第三〇五师第九一三、九一五团在黄石港、铁山地区宣布起义，接应第四十三军第一二八师顺利渡过长江。第四十军第一一八师为配合第四十三军等部渡江，向武汉发起了进攻，歼灭了标子湾、刘家庙地区的敌军。

在中共地下党长期争取下，国民党河南省政府主席、华中军政长官公署副长官兼第十九兵团司令官张轸率领第一二八军三个师、第一二七军一个师共计两万五千多人，在武昌南边的贺胜桥、金口地区起义，随后起义部队被改编为人民解放军第五十一军。

16日黎明，第四十军第一一八师抵达滠口附近，因为汉口国民党军已经南撤，就向汉口急行军，迅速占领汉口市区。下午，第一二〇、一五三师与第四十三军攻陷黄冈、团风一线之后，迅速渡过长江。江汉军区独立第一旅和第五十八军第一七二师解放汉阳。

17日，第四十三军陆续解放鄂城、黄石、大冶和阳新等地，第四十军第一五三师攻克武昌，武汉三镇全部解放。

1949年5月16日、17日，武汉三镇先后解放，5月24日，武汉市人民政府成立。图为入城的中国人民解放军行进在中山大道

武汉庆祝解放大会

(四)进军鄂西南

5月18日,第四十军第一二〇、一五三师进抵贺胜桥,消灭了河南保安第三旅。第四十军军部和第一一九师渡过长江。19日,第四十军解放咸宁,消灭国民党第一二七师四个营。

20日,湖北省委、省政府、省军区在花园孙家畈祠堂成立,李先念任湖北省委书记兼省长。23日,第四十军占领通山,随后攻占崇阳、通城、蒲圻。

7月,解放军相继占领远安、当阳、宜昌、江陵、宜都、宜昌、枝江、公安、石首、松滋诸县。8月,兴山、秭归两县解放。

截至10月下旬,除鄂西南外,湖北省辖其他地区全部解放。解放军以湖北军区第一副司令员王宏坤、参谋长张才千为首组成了鄂西南战役指挥所,统一指挥第四野战军第四十七、五十军和第四十二军一部、湖北军区独立一师、独立二师。10月28日,解放军兵分两路,向鄂西南进军。30日,北路大军进入恩施。

11月3日,巴东解放。独立二师第四、八团攻打娃娃寨阵地,八团从正面进攻,遭遇敌火力阻击;四团从右翼进攻,绕过娃娃寨北端,向敌军发起袭击,很快攻克娃娃寨。鄂西南战役首战告捷。

5日，建始解放。6日，独立二师逼近恩施，攻克凤凰山、五峰山，恩施解放。9日，第二野战军十一军从湖南龙山进抵来凤，来凤随即解放。10日，独立二师解放宣恩。14日，独立二师解放利川。第四野战军五十军、第二野战军十一军和独立二师向被围困在沙道沟、高罗、麻阳寨一带的敌军残部发动攻击，俘虏一万两千多人，击毙五百多人。18日，鹤峰解放。鄂西南战役胜利结束，湖北省辖区全部解放。

主要参考文献

1.左丘明撰,杨伯峻注:《春秋左传注》,中华书局,1981 年。
2.司马迁:《史记》,中华书局,1959 年。
3.班固:《汉书》,中华书局,1962 年。
4.范晔:《后汉书》,中华书局,1965 年。
5.陈寿:《三国志》,中华书局,1982 年。
6.房玄龄等:《晋书》,中华书局,1974 年。
7.沈约:《宋书》,中华书局,1974 年。
8.萧子显:《南齐书》,中华书局,1972 年。
9.姚思廉:《梁书》,中华书局,1973 年。
10.姚思廉:《陈书》,中华书局,1972 年。
11.李延寿:《南史》,中华书局,1975 年。
12.魏征等:《隋书》,中华书局,1973 年。
13.欧阳修等:《新唐书》,中华书局,1975 年。
14.司马光等:《资治通鉴》,中华书局,1956 年。
15.脱脱等:《宋史》,中华书局,1977 年。
16.宋濂等:《元史》,中华书局,1976 年。
17.张廷玉等:《明史》,中华书局,1974 年。
18.顾祖禹:《读史方舆纪要》,中华书局,1955 年。
19.毕沅:《续资治通鉴》,中华书局,2009 年。
20.台湾三军大学编:《中国历代战争史》,军事译文出版社,1983 年。
21.军事科学院主编:《中国军事通史》,军事科学出版社,1998 年。
22.章开沅等主编:《湖北通史》,华中师范大学出版社,1999 年。